北京民俗论丛

第六辑

北京民俗博物馆 编

中国社会科学出版社

图书在版编目(CIP)数据

北京民俗论丛. 第六辑／北京民俗博物馆编. —北京：中国社会科学出版社，2019.4

ISBN 978-7-5203-4214-8

Ⅰ.①北… Ⅱ.①北… Ⅲ.①风俗习惯—北京—文集
Ⅳ.①K892.41-53

中国版本图书馆 CIP 数据核字(2019)第 053400 号

出 版 人　赵剑英
责任编辑　王　茵　张　潜
责任校对　胡新芳
责任印制　王　超

出　　版　中国社会科学出版社
社　　址　北京鼓楼西大街甲 158 号
邮　　编　100720
网　　址　http://www.csspw.cn
发 行 部　010-84083685
门 市 部　010-84029450
经　　销　新华书店及其他书店

印　　刷　北京明恒达印务有限公司
装　　订　廊坊市广阳区广增装订厂
版　　次　2019 年 4 月第 1 版
印　　次　2019 年 4 月第 1 次印刷

开　　本　787×1092　1/16
印　　张　15.5
字　　数　287 千字
定　　价　88.00 元

卷 首 语

“民俗”一词作为专门学科术语，是对英文“folklore”的意译，是英国学者汤姆斯1846年创用的新词。民俗即民间风俗，是人们在各自所处的自然环境、人文环境和社会活动中逐渐形成或约定俗成的生活方式和惯例、规矩；是一个国家或民族中广大民众在长期的历史生活过程中所创造、享用并传承的物质文化与精神文化。

民俗文化是典型的传统文化。传统是能够活到现代的过去，是现代不断获得意义，以及在社会生活当中，起着重要作用的过去。中国梦的实现需要进一步发掘民族认同、倾注民族情感、培养文化自觉、点燃文化自信，从而激发民族自豪感、凝聚力。本刊正是通过“各地民俗研究”“非遗保护研究”“文物文献研究”“博物馆理论与实践”“节俗专题研究”“东岳文化研究”等栏目反映丰富多彩的民俗事象、民间记忆、民间表演，物质与非物质文化遗产，探索博物馆创新发展之路，达到宣传、展示、保护、传承、弘扬优秀传统文化之目的，同时为学科研究者提供交流、讨论、实践、展示的平台，推动博物馆事业和民俗文化的发展。

《北京民俗论丛》第六辑倾注了前辈学者的潜心研究、博物馆同仁的理论实践、学界新秀的独到见解，一并呈奉给读者。北京民俗博物馆作为主办单位始终立足于文博事业的发展，致力于优秀传统文化的传承与保护工作。可以说“文物文献研究”和“博物馆理论与实践”栏目是本刊的特色；而“各地民俗研究”“非遗保护研究”“节俗专题研究”则是本期的亮点。“民俗新观察”是本期的初次探索，力求感悟当代视角下的多元表达。“会议观点揽要”反映学术研究动态，体现相关行业实践成果。

我们期待这些传承文化脉络、风格各异的隽永文字，能够得到读者的认可，成为文化大繁荣的实践者，希望《北京民俗论丛》踏着时代的节奏，不断成长。

目　录

各地民俗研究

非遗保护研究

文物文献研究

博物馆理论与实践

节俗专题研究

北京方言与北京民俗[*]

吴 菲 冯 蒸[**]

摘要： 北京方言中的俗语、歇后语与俏皮话蕴含着丰富的民俗文化特质，与北京传统民俗有着密切的关系。从方言角度研究民俗文化，不仅有助于对方言更准确的理解与释义，也有助于对民俗文化的传承与保护。

关键词： 北京方言 民俗 俗语 歇后语 俏皮话

一 北京方言及其与民俗的关系

北京方言指的是住在北京城区一带的当地人所说的方言，其以北京城区为中心，所涉范围东至通州，西至门头沟，南至丰台，北至怀柔。北京方言的形成历史众说纷纭，但至晚在元代已经形成。由于北京特殊的历史地位与地理位置，遗俗杂陈、维新革命、域外交流、民族交融，数百年间各种因素不断的冲击与融合，使北京的民俗文化有着厚重的积淀。

语言是民俗的重要载体，在历史文化发展进程中，语言和民俗相互依存，相互作用。对某一地区方言的记录，是从语言层面上对其民俗的保护与传承；同样，对某一地区民俗的整理，也有助于该地方言的准确释义与科学研究。本

* 基金项目：本文系2017年度国家社科基金重大项目“北京方言形成的历史音韵层次研究”（项目号：17ZDA312）的阶段性成果。

** 吴菲，河北大学文学院博士；冯蒸，首都师范大学文学院教授、博士生导师。

文试从方言的角度来探讨民俗，通过对北京方言中极富特色的俗语、歇后语与俏皮话的介绍来窥探其中所蕴含的独特的历史风貌与民俗风韵。

二　俗语中的民俗

俗语，也称常言、俗话，指约定俗成，广泛流行，形象精练的语句，具有口语性和通俗性的特点。北京方言中俗语数量很多，且多与老北京的传统民俗有着密切的关系，下面按照类别来举例介绍。

（一）与婚嫁有关的俗语

北京城区内传统的婚俗主要是汉族风俗，其流程是：首先男方请媒人到其看中的姑娘家提亲；在经双方家长同意之后，由其家长分别拿儿女的八字帖儿合婚；如这门亲事对双方两无妨害，即为议妥；之后男方送女方定礼，先放小定儿，之后通信过礼，放大定儿；最后知会亲友，搭棚办事，娶聘完婚。与婚嫁有关的俗语有“办事是两头儿等”“喝冬瓜汤”“大姑娘临上轿穿耳朵眼儿”等。

“办事是两头儿等”，“办事”，即指举行婚礼。举行婚礼的时候女方等候男方去接亲，男方等候将新娘接回，在这个过程中，双方都要友好相处。损公小说《鬼吹灯》：“打算不要他，就把他驱逐出门，不然可就别跟他结恶感，办事是两头儿等（这话对）。这孩子没有好心眼儿，人多大坏有多大。”这句俗语是形容关系复杂，要保持谨慎、友好相处。

“喝冬瓜汤”，指说媒。损公小说《花甲姻缘》中有：“孙四哈哈一笑，说：‘我喝碗冬瓜汤罢。’”这句北京土话源于旧时以“冬瓜汤”为谢媒酒席的习俗。

“大姑娘临上轿穿耳朵眼儿”，婚礼举行前，应做好所有的准备工作。这句话比喻事先没有准备，临时才想办法。老舍先生《老张的哲学》：“闹散了会并不要紧，要紧的是假若政府马上实行自治。我们无会可恃，岂不是大姑娘临上轿穿耳朵眼儿！”

（二）与医疗疾病有关的俗语

旧日京城称医生为老爷，也称治病先生，可见当时医生极受尊敬。看病可以到医生的诊所，也可以请医生到病人家中诊治。医生出诊称为“出马”。请医生出诊的费用称为“马钱”。病痊愈之后，讲究给医生“道乏道谢”，即给医生送礼物或者钱。因此，对穷人来说，看病是极为奢侈的事情，而也有的医生会按照病人的穷富来区别对待，这也反映在当时的俗语之中。

“穷汉子吃药，富汉子还钱”，是指旧时医生看病时，依据病人的经济条件来收费的不端行为。损公小说《小额》："穷汉子吃药，富汉子还钱，我挣你这几个钱，我可没都肥己……我竟等着买不起药的主儿，白送给他呢。"

"穷不离卜，富不离医"，意思是穷人总想问卜算卦，富人总想医治疾病。损公小说《鬼吹灯》中："俗语云：穷不离卜，富不离医，越困难越爱掉这宗空杵。"

"痟痨气臌噎，阎王请的帖。""痟"，是与血液有关之病。"痨"，指肺或肠等部结核的慢性传染病。"气臌"，中医认为是鼓胀之由于气滞者。"噎"，噎膈，中医称胃癌。这句俗语意思是说在过去，得了这几种病是无药可治、必死无疑的。

"病人受罪，好人出花儿"，"出花儿"，指出天花。形容长期的慢性重疾，令病人和家人都很痛苦。损公小说《鬼吹灯》："得这宗症候，就是病人受罪，好人出花儿。"

（三）与吃食有关的俗语

北京传统的吃食很多，也有很多关于吃的讲究。随着时代的发展，很多食物在日常生活中已经不常见了，如豆汁饭、油炸果、烂肉面、果子面、炒菜面、烂头肉夹火烧等，有些虽然保留下来，但是改换了名称，如"馒头""饽饽"等，其本义可能保留在俗语当中。

"大馒头堵嘴"，"馒头"，即今天的包子。冷佛小说《春阿氏》中："老太太，不用问了，大馒头堵了嘴了！"指人因为某事丢了面子，却无法向他人说明。

"上马饽饽下马面"，旧时旗人一般统称除面条外的面食为"饽饽"；也专指满族点心，如萨琪玛、粘饽饽、蜜供、缸炉等。而这句俗语里的"饽饽"不是点心，而是煮饽饽，即今天的饺子。损公小说《忠孝全》中："第二天早晨，岳魁替他爸爸弄了顿炸酱面，（他爸爸给他预备上马饽饽，他给他爸爸预备下马面，算是不该）。"旧京习俗，指在出远门前，要吃煮饺子为其送行；从远方归家，要吃面条为其洗尘迎接。

（四）与行业有关的俗语

随着社会的进步，旧京的许多民俗行业，特别是手工行业已经消失匿迹，随着行业的消失，人们对这个行业的叫卖、规矩也都不甚了解了。这也使得有关这个行业的俗语变得不易理解，甚至产生误解。

"卖盆的自寻的"，指人要小聪明，无故自找麻烦，自讨苦吃。《儿女英雄传》中："这位何玉凤姑娘……好端端的又认的是甚么干娘！不因这番，按俗语说，便叫做'卖盆的自寻的'，掉句文，便叫'痴鼠拖蓍，春蚕自缚'！"这是源于旧时沿街卖盆的人，不光吆喝本业，还兼学口技，以招揽生意。蔡绳格《一岁货声》注："有人卖盆，则学一阵老鹳打架，先叫早，后争窝，末像群鸦对谈，嬉笑怒骂中有和解意，无不笑者。"口技与卖盆本无任何关联，因此实属多事。

再如"扫地出门"，齐如山先生释："做事做彻也，管到头也。如代人做一件事，恒说'这件事扫地出门都归我啦'，意思就是都归我包办了。"《儿女英雄传》中安水心老爷欲娶何玉凤（十三妹）作儿媳，正在筹议之中，请邓九公帮忙，九公满口应承，说："老弟，不必犹疑，就是这样定了……从明日起，扫地出门，愚兄一人包办了。"邓九公说"从明日起，扫地出门"，意思是说安、何两家的喜事操办，开销花费，自己愿意全部承担下来，后边又说到"愚兄一人包办了"，正好以作补充。"扫地出门"是源于旧京木厂子承包工程时，在与雇主所签的合同里，最后一句话要写"扫地出门"，意思是说此项工程，从开始到完工，制造厂负责到底。而非今"将某人彻底赶走"之义。

（五）与满族及八旗相关的俗语

努尔哈赤建立后金，统一女真地区后随即进入辽沈。其后不久，大量满族人迁入关内，在北京城区内，政府下令将内城（前三门以内）的原住户全部迁至外城，内城用以安置旗人。至雍正和乾隆时代，关内满族人使用满汉双语。满族人在学习汉语的过程中与汉族人在生产生活诸方面密切交际，过程持续百年之久。满族人的生活习俗和八旗制度虽今已消失，但有些却保存在俗语之中。

"拿猪头找不出庙门来啦"，这是好心帮助别人，却被拒绝的时所说的抱怨话。损公小说《一壶醋》："人家好意给他求信，倒听了他这们几句，真是拿猪头找不出庙门来啦，只好散了罢。"其源于满族人崇尚以猪为牺牲的祭祀风俗。清乾隆皇帝曾制定《满洲祭神祭天典礼》，规定爱新觉罗氏、伊尔根觉罗氏、锡林觉罗氏诸姓满族人祭神、祭天均须用猪。

"吃官饭放私骆驼"，指拿着工资却干私活儿，或利用办公事之机办私事。其源自八旗军饲养驼马的制度，清代八旗兵在各地执行任务时，需用大量的马匹和骆驼，每一旗的参领都配官马和官骆驼，佐领配官马无官骆驼。军用马匹和骆驼数量极大，因此饲养工作极为重要。八旗军在关外和口外有大面积的牧场，并设有专门饲养员。到了清后期，各项定制渐趋松弛，有私人花钱委托公家的饲养员在公家牧场中代为牧养马匹和骆驼。后称这样的饲养员为"吃官家饭放私骆驼"。

"官马屁股"，形容人胖，特别是形容人脸又胖又圆时说："成了官马屁股啦！"这句俗语也来源于八旗养马制度。八旗兵所饲养的军马称之为官马。"马银子”（即每匹马所需的饲养费）由国家拨经费供给。由于官马吃的草料粮豆，供给充足，所以肥胖。马肥起来，其臀部成大圆球形，由此而形成这句俗语。“一个戥子吃饷”，“戥”音 děng 上声，即戥秤，用来权称金珠药品等重量不大之物。“吃饷”，即旗人的钱粮，凡旗人都有钱粮，按月发放。

“一个戥子吃饷”，说明二人关系亲近，不仅是同一个旗、同一个编队的，还在同一处领钱粮。《春阿氏》中普二说：“大哥你又来啦。我们是同旗，同牛录，一个戥子吃饷，认一门子干亲，岂不更近乎了吗？”

三　歇后语中的民俗

歇后语是熟语的一种。前一部分是“引子”，即比喻部分；后一部分是“后衬”，即说明部分。北京方言中的歇后语极具风味，其中也保存了许多传统民俗。

（一）与年节有关的歇后语

旧时北京人讲究“三节两寿”。三节指端午节、中秋节和春节，两寿是孔子生日和老师生日。在这些节日中，有关春节的歇后语较多。

“三十晚上吃饺子——没有外人”，过阴历新年，除夕晚上吃完团圆饭，全家人就忙着包饺子。旧时的规矩此时不许串门、走亲戚。到了子夜新旧交替、更岁交子，全家人开始吃饺子。这时候家中是没有外人的，由此产生了这句歇后语。

“正月十六贴门神——来迟了半个月”，这是由正月初一贴门神的习俗而来。小说《金瓶梅》中月娘叫薛嫂押祭礼到陈家来，陈敬济却嫌来晚了，因此用到这句歇后语。

“外厨房里的灶王爷——独坐儿”，这是因为旧时在厨房里贴的神祇只有灶王爷，没有别的，所以说是“独坐儿”，也就是一个座位，孤家寡人的意思。《儿女英雄传》中写安公子回家省亲，安老爷布置迎接，在中堂北面只安放了一把椅子，舅太太不解其意，纳闷儿道：“怎么今儿个他又‘外厨房里的灶王爷’闹了个独坐儿呢。回来叫我们姑太太坐在那儿呀？”“独坐儿”也作“独一份儿”，指只此一家，别无分号。

（二）与物件有关的歇后语

旧日京城百姓生活中的一些极具民俗特色的日常物件，今天已经不再使用了，但是依然保留在歇后语之中。

“支炉儿烙剩面——不是好饼”，“支炉儿”是烙饼用的炊具，圆形陶质，正面微凸遍布小孔，烙饼时表面不加油。支炉儿烙的饼上面会有孔的印迹。剩面指不新鲜的面。“不是好饼”，此处指不是好家伙。损公小说《鬼吹灯》中：“崇儿这孩子，简直是支炉儿烙剩面，不是好饼，趁早把他解回原籍。”

“没嘴儿的葫芦——两片儿瓢”，意思是说人的两片嘴唇，就像锯开没嘴的葫芦，做成的两片瓢一样，即形容人没有口才、不善辞令。《儿女英雄传》中：“我这锯了嘴的葫芦似的，大约说破了嘴，你也只当是两片儿瓢。”过去北京人常在院子里搭葫芦架，结出来的葫芦有两种，一种形是下大上小，称为有嘴葫芦，可做酒器。另一种是桃形的，称为没嘴的葫芦，北京话叫葫芦瓢，俗语说“有嘴的葫芦没嘴的瓢”。瓢成熟后，经过风干，然后将其锯成两半，用以舀水，就是水瓢，用以扤面，就是面瓢。

（三）与玩艺儿有关的歇后语

老北京人特别是旗人讲究提笼架鸟，其所提笼中是黄雀之类的鸣禽，而所架之鸟是鹰类的猛禽。除此之外，还有很多供人消遣娱乐的玩艺儿，今天都不多见了，有些老北京歇后语是与此有关的。

“黄雀儿母子——算不了麻儿。”“黄雀儿”，读作 huángqiǎor，是北京人常养的一种鸣禽，雄鸟鸣叫（北京话称为“哨”），雌鸟不鸣；所以雄鸟值钱而雌鸟不值钱。母子，“子”字轻声，非指母与子，而是指雌性黄雀儿，因为不值钱，所以说算不了麻儿。“麻儿”音 már，什么。即言这件事算不了什么。损公小说《小额》：“就说这件事，跟您说句外话，黄雀儿的母子，怕算不了麻儿。”

“隔年的兔儿爷——陈人儿”，《北京谐后语研究》中：“你在这儿几年了。差不多二十年了。那么你也算是隔年的兔儿爷、陈人儿啊。”并加释义“兔儿爷 = 八月节玩儿的玩艺儿”。

“买鼻烟不闻——装着玩”，鼻烟是由西洋传教士带到中国的，在老北京极为流行，并由此形成鼻烟文化。鼻烟气味芬芳，有明目提神之功效，还可以通窍、避疫、活血。鼻烟铺数前门大栅栏内的天蕙斋最为有名，社会名流有不少是那儿的常客。鼻烟壶种类繁多，用料讲究，有翡翠、玛瑙、玻璃内画等极为精致。买了鼻烟不闻只是搁在鼻烟壶里。“装”有放进的意思，也有假装的意思。这句俗语是表示装蒜、装傻充愣之意。

（四）与行业有关的歇后语

旧京的行业，如“锯碗儿的”“江湖艺人”等，今天已消踪匿迹，但在歇后语中却有所保留。

“钢口条子——卖的就是嘴”，“钢口条子”，指江湖春点。以好刀的刀刃锋利，比喻人的嘴能说会道。特别指江湖卖艺的人能凭嘴欺哄人。损公小说《鬼吹灯》中："那位说了，你们卖药的，竟是钢口条子，卖的就是嘴，告诉您说，惟独我这个卖药的厉害。"

"锯碗儿的戴眼镜儿——找茬儿"，"锯碗儿"是一种传统手艺，指把瓷器、陶器等破裂的地方锔合在一起。茬儿，指裂缝。找茬儿，即言寻衅滋事，无理取闹。损公小说《铁王三》："王英一瞧这宗神气，心说这两块料，跑这儿唱《法门寺》来啦，这是锯碗儿的戴眼镜儿，找岔儿①来了。"《北京歇后语研究》中收"锯碗儿的挑子，不幌不响"条，也与此行业有关。

"客木匠——一锯"，意思是说人木讷，只有一句话。"客"读 qiě，是客人的意思。北京人家里来了客人，常说"来 qiě 了"。"锯"谐音"句"。老舍先生《骆驼祥子》："连个好儿也不问！你真成，永远是客（怯）木匠——一锯（句）。"

（五）与"属……的"有关的歇后语

在老北京话中，还有一些格式化的歇后语，常说的如"属……的"。"属凤凰的，无宝不落""属磕头虫儿的，会装死儿""属驴车的，往后哨""属黄花儿鱼的，溜了边儿啦""属狗的，打胜不打败"，等等。"属……的"内容灵活，多为天马行空的虚设，带有幽默讽刺的意味，表义与后一分句密切关联，给人以形象之感。

在《金瓶梅》中便有此类歇后语，李瓶儿挨西门庆的打，潘金莲对李瓶儿说"属扭孤儿糖②的，你扭扭儿也是钱，不扭也是钱"，意思是说其别别扭扭的也是挨打，伏伏贴贴的也是挨打。

"属凤凰的，无宝不落"，意思是无论是什么好事都想沾到好处。损公小说《小额》："再说这位王亲家，也是属凤凰的，无宝不落。"

"属驴车的，往后哨"，"哨"，应作"shào"，指骡马等稍微向后倒退。指人没有勇气做某事。损公小说《鬼吹灯》中："那天毛春子一瞧，二成在头里跪着，说：'少爷，你属驴车的，往后哨呀，让你哥哥在头里。'"

"属狗的，打胜不打败"，讽刺人像群狗一样，占上风时极为猖狂，一出事就四散奔逃。损公小说《小额》中："平常没事的时候儿……狗仗人事……赶到楼子一出来，您瞧吧，属狗的，打胜不打败……全不露面啦。"

（六）与"马二巴"有关的歇后语

"马二巴"是旧京的一个回民，有种说法是解放前北京一个有名的贼。"巴"应为"巴巴"，即爸爸，回民话指叔叔，二爸（二巴）就是二叔。

---

① 找岔儿，今写作找茬儿。《北京歇后语研究》中该条写作"找碴儿"。

② "扭孤儿糖"在《红楼梦》中作"扭股儿糖"。

“马二巴下河，拿鸭子”，“拿鸭子”谐音“拿丫子”，也说“挠丫子”，表示放开脚步快走或小跑。“鸭子”即“丫子”，指脚丫。损公小说《小蝎子》：“我的少爷，你别哄了，你要马二把[1]下河拿鸭子，我可就猴儿舐蒜罐子，干翻白眼儿。”

《北京谐后语研究》中收有“马二巴啃猪蹄儿，熬头恶心烦”“马二巴挑钱，没好乜帖”，例句：“他那个人，你别瞧面子上好，可是马二巴挑钱，没有好乜帖。”并注：挑钱＝挑不好的钱给花，乜帖子＝钱、心。“马二巴打嘎儿，滚球的”，“打嘎儿”，即抽陀螺，老北京话也称“抽汉奸”。

（七）与域外人或外地人有关的歇后语

利用外国人或外地人的某一特点来构成歇后语，带有幽默的色彩。歇后语多具有口语性、通俗性的特点，歇后语与域外人相关，也说明了旧时北京与域外的文化交流已非常深入。

“俄罗斯打官司——一点儿照应没有”，意谓无人关照。是说俄人在华打官司，因在衙门中无人可托，故无照应。“罗”读 le，轻声；“斯”字读 sù。也作“俄罗素打官司，一点儿照应没有”。如损公小说《小额》：“到了北衙门，一进门儿就是开锅儿烂（就是挨打），打完了一收，俄罗斯打官司，一点照应没有。”

“日本人说睡语，跟我勾钢哪”，“睡语”，梦话。“勾钢哪”，模仿日语发音，此为谐谑语。谐音“勾”，表示串通，勾搭，为贬义。损公小说《一壶醋》：“这小子是日本人说睡语，跟我勾钢哪。勾也是瞎勾，我先送你那四色礼，我是瞧瞧你甚么变的，以后咱们是长虫摘嚼子，少套拉笼。”

北京是五方杂处之地，各地人汇聚京城，同时也将其方言带至此地。另外由于曲艺的广泛流行，使得某些方言的语汇成为当时的流行语，妇孺皆知。

“奉天人有话——要露露意思”，“奉天”，是沈阳市的旧称。“露”，音 lòu，让人看见，当众显耀之义。可能是当时流行的东北方言，意思是让别人瞧瞧自己的厉害。损公《忠孝全》：“他想了一个买知事的法子……他好当大拿，让本处绅士们好瞧一瞧。奉天人有话，要露露意思。”

“天津卫有话——老先生就算抖起来了”，指人事业有成，较之从前，变化显著。“抖”，天津方言，表示某人发迹。如损公小说《非慈论》：“兰谷在内务部，混了二年，居然得了科长，还兼着别的差使，每月三四百块。天津卫有话，老先生就算抖起来了。虽然没坐马车，六个电灯的自用车，算是坐上了。”

---

① 马二把，也作“马二巴”。

四　俏皮话中的民俗

俏皮话，即讽刺调侃、诙谐解颐之语。常是借用别人的一言一词来硬打岔，且岔得很远，风马牛不相及。如：“甲：谢谢您。乙：不用谢，套着喂吧。”乙这句话的意思是“不用谢”，“谢”谐音“卸”，指卸掉牲口的套项；“套着喂”，是说套着套项喂牲口。

（一）“抬杠比打幡挣得多”

郭德纲、于谦相声中有：“甲：你这不是抬杠吗？乙：抬杠比打幡挣得多。”这里甲说的“抬杠”，指“各执一词，互相争辩、斗口”。（《国语词典》）而乙说的“抬杠”是指旧京丧仪中雇佣杠夫来抬棺材。旧京殡葬业称为杠房，专门出赁杠、罩、执事，并代雇杠夫、执事夫、响器（即鼓手）。“抬杠的”需要四个壮劳力，前后各两个，分别用杠子抬着棺材的一头儿。“打幡儿的”指的是出殡时举着“幡儿”的人。“幡儿”即一根长竹竿，上面扎很多白布。说抬杠比打幡儿挣得多，一方面是因为抬杠更费力气；另一方面是因为抬杠的可以敲竹杠。抬杠的中途停住，孝子贤孙就得跪下大哭。东家若不打赏，他们就可能会停在石头或雨水成堆的地方，是为讹钱。旧京俗语有“气死抬杠的，不让车豁子”，形容人极其下流。损公小说《小额》：“专会玩笑……玩上笑下贱极啦……气死抬杠的，不让车豁子。”“车豁子”，指车夫。从事这些行业的人，行为诡诈，常做恶事。所谓“车船店脚牙，无罪也该杀”极言其恶。

（二）“有事儿？为什么不搭棚？”

冷佛小说《春阿氏》中的俏皮话儿，三蝶儿央道：“好妹妹，别揪我，我家里还有事呢。”蕙儿冷笑道：“有事么——不搭棚？既往这里来，就是没事。”

“有事儿？为什么不搭棚？”，是以“有红白喜事”之“有事儿”调侃“有安排”之“有事儿”。“有事搭棚”是老北京的传统习俗，红白喜事包括婚丧嫁娶、喜庆寿诞，搭棚是办事的标志。旧时北京人住四合房，办事时就在院子里搭起临时的大棚，根据自家的居住环境、院落大小、季节冷热及办事的规模来搭出不同形式的席棚。主要目的是设茶座、饭座，招待亲戚朋友。因娶、聘、生日、满月等红事所搭的棚，称“喜棚”“红棚”；因办丧事所搭的棚称“丧棚”“白棚”。办白事一般比办红事持续时间长，棚种类和花样也更多、更讲究，有些能把棚匠的全套手艺都用上，行话叫“全棚”。

（三）“别打听啦，下宝是报的”

损公小说《小额》中的俏皮话：“小额一听，喝，登时荒啦，说：‘兄弟你瞧，我瞎打听打听（别打听啦，下宝是报的），你别生气呀。’”当时说了些个别的，这个岔儿就揭过去啦。

这个括号里的“别打听啦，下宝是报的”，是损公以对话者的语气加入文中的，类似相声中的捧哏。“下宝”指赌博时摇动宝盒，赌客猜骰子的点数。赌的是点数，因此庄家当然不能先告诉别人。“下宝是报的”是反问句，意为“难道会预先告诉你点数”。因此这句话的意思是“不用打听，不能告诉你”。这里用赌博时不可能告诉玩家点数的话，来讽刺金针刘不可能告诉小额真实病情之义。

（四）“不过摔家伙”

损公小说《小蝎子》中的俏皮话，孙二狗说：“毛大哥，自己哥儿们，咱们俩不过呀。”毛豹说：“不过摔家伙，你倒底作甚么来了。”

“不过摔家伙”，意思是以“不过日子”之义调侃“不开玩笑”之义。小说中毛豹是正义之士，孙二狗是个碎催，毛豹鄙视孙二狗，因此每句对话里都充满了讽刺。孙二狗不想得罪毛豹，于是说他俩是“自己哥儿们，咱们俩不过”。《汉语词典》释义“过”：过得着，如言过财、过玩笑。如损公小说《小额》中有：“交情过的多。”小说《非慈论》：“老弟要是有钱，我花你的原过的着。”“不过”，即言对方不要跟自己开玩笑，不要骗人。《一壶醋》：“钟社哈哈一笑，说：‘妹丈啊，咱们是至亲，你是谁我是谁？咱们不过这个，你冤别人行了，你跟我怎么也闹起腥活来了？’”因此，孙二狗说“不过”意思是说他和毛豹不过这种玩笑，而毛豹说的“不过”意思是“不过日子”。“家伙”，《北京土话》释：家伙者，物器也。凡各种兵器，各种手使物器，皆曰“家伙”。如出赁碗碟磁器之买卖，曰“家伙铺”。由此可见，“不过摔家伙”是说日子不过了，家里的东西都摔碎砸烂的意思。毛豹以此来讥讽孙二狗，并向他提出挑战，不服气的话就打一架。

（五）先生？为什么不拿马竿？

常锡桢先生《北京土话》中收录了一句俏皮话：“先生？为什么不拿马竿？”

这是以“算命先生”的“先生”调侃表敬称的“先生”。当对方说某人是“先生”时，说话者以此来讥诮此人是瞎子或讽刺其妄自尊大。先生是对老师、年长者、司账者的敬称。除此以外，还可用以称呼瞽者、或方伎之士，如风水、星象、卜者等（《汉语词典》）。“马竿”，或作马杆，指盲人行路所用之拄杖。《北京谐后语研究》中收：“瞎子的马杆儿，胡杵。”盲人不一定会做这种方伎之士，而方伎之士却多为盲人（或假盲人）。《中国传统相声大全》第四卷：“右手拿着马杆，后边背着弦子，左手拿着‘报君知’。”报君知是算命的盲人手里拿着的响器，用铜做成。由此可知，拿马竿的先生，就是“算命先生”，皆为江湖术士，口吹竹笛，手持马竿儿，穿街走巷，替人打卦算命。

五　结语

本文以举例分析的方式对北京方言中的俗语、歇后语与俏皮话中所蕴含的北京传统民俗进行整理与阐释，并在大部分释义后，给出了在京话作品中具体文献用例加以佐证。

通过上述例证不难发现，方言与民俗之间相互依存、相互作用。随着历史的发展，社会的进步，许多传统民俗已经销匿，或者发生变化。但与这些民俗相关的俗语、歇后语与俏皮话却保留了下来，数百年来在民间口头流传。这些语句形象精练、幽默诙谐，其中所蕴含的老北京民俗，风韵独具、饶有趣味，可谓北京民俗文化中的瑰宝，值得更为深入的研究与保护。

参考文献

文康：《儿女英雄传》，齐鲁书社 1989 年版。

松友梅著，刘一之标点/注释：《小额（注释本）》，世界图书出版公司 2011 年版。

周建设：《损公作品》，首都师范大学出版社 2014 年版。

冷佛：《春阿氏》，吉林文史出版社 1987 年版。

齐如山：《北京土话》，北京燕山出版社 1991 年版。

弥松颐：《京味儿夜话》，人民出版社 1999 年版。

常锡桢：《北京土话》，文津出版社 1992 年版。

徐世荣：《北京土语词典》，北京出版社 1990 年版。

［日］河野通一：《支那谐谑语研究［谐后语］》，燕尘社 1925 年版。

彝族古籍长诗《海腮耄启》中的道德教育[*]

罗　曲[**]

摘要：彝文古籍《海腮耄启》是流传于贵州彝区的一部教育经典，由若干长诗文本构成，其中包括了彝族传统孝文化内容的若干篇章，反映了彝族先民对父母老人生前“事之以礼”和对亡故先人“葬之以礼、祭之以礼”的孝文化。在相关篇章中，强调在人的社会化过程中进行孝德教化。

关键词：彝文古籍长诗　《海腮耄启》　传统孝文化

《海腮耄启》是“彝文文献经典系列”中的“教育篇”，由若干长诗文本构成，涉及天文、地理、哲理、信仰文化等多个领域，包括“文化教育”“数理教育”“道德教育”“致富教育”四个部分，每个部分又包括若干篇章。从彝族传统孝文化的视角看，其中“道德教育”是对彝族传统孝道的教化，主要从树立孝德、悼念逝者等方面反映彝族对父母老人、祖先“生，事之以礼；死，葬之

* 基金项目：本文系2016年度国家社科基金西部项目“彝族孝文化研究”（项目号：16XMZ038）阶段性成果，2017年度国家民委人文社会科学重点研究基地——少数民族哲学思想与文化传承创新研究基地重点项目“彝族古籍文献《海腮耄启》研究”（项目号：2017SZJD01）成果。

** 罗曲，西南民族大学教授，四川省文史馆特约馆员。研究方向为彝族文化、民俗文化。

以礼，祭之以礼”的传统孝文化，[1] 至今有一定的积极意义。

一 强调孝德修养

从《海腮耄启》所载文本看，“道德教育”部分所占的比重最大，包括法家治国、行为道德、一生美好、富贵荣华、孝德篇、贤妻祭夫君、臣民祭君、君主悼亡、大臣悼亡、师人悼亡、工匠悼亡、君王悼民、领主悼师、师悼领主、彝悼汉人、孝亡献牲、建寺院、拓道摩崖文、修桥补路、祭文、细怀碑记等篇章。从道德教育部分看，彝族历史上在人的社会化过程中，很重视伦理道德的教化，尤其重视对孝的教化，所以有不少篇章是直接阐述家庭人伦领域中孝道文化的。在“行为道德”篇中，对历史上彝族人如何才能做一生好人给出了标准：

> 人生的道德，要尊老爱幼，崇善莫惹祸，伴贤莫跟愚。
> 注意言和行，讲伦理道德，要文明礼貌。
> 事之为众人，要诚心诚意。聪明要贤慧，一生衷贤良。
> 行善莫作恶，语言要优美，切莫欺负人。
> 心良行为正，凡事要三思，做一生好人，就是这样的。[2]

孟子说：

> 世俗所谓不孝者有五：惰其四支，不顾父母之养，一不孝也；博弈好饮酒，不顾父母之养，二不孝也；好货财，私妻子，不顾父母之养，三不孝也；从（纵）耳目之欲，以为父母戮（羞辱），四不孝也；好勇斗很（狠），五不孝也。[3]

孟子所说的“五不孝”现象，在彝族历史上，如果做到了《海腮耄启》中“行为道德”篇所提倡的做好人的标准，也就会避免对父母的“五不孝”行为，从而成为孝敬父母的人了。可以说，“行为道德”篇对于历史上彝族人来说既是

---

① 《论语·为政》中孔子回答学生关于什么是孝时说：“生，事之以礼；死，葬之以礼，祭之以礼。”在《孟子·滕文公上》里进一步明确地说：“生，事之以礼；死，葬之以礼，祭之以礼，可谓孝矣。”

② 赫章民宗局、赫章县民族古籍翻译办：《海腮耄启》，贵州民族出版社 2002 年版，第 149—150 页。

③ 金良年：《〈孟子〉译注》，上海古籍出版社 2004 年版，第 187 页。

伦理道德教化工具，也是教化的目的。

在“一生美好”和“富贵荣华”两个篇章里，不是讲人的一生中要过什么样的物质生活才是美好的，要有什么样的物质享受才是荣华富贵，而是指出人的形象、行为、为人处事、担当、风度、气魄、遵纪守法等，是针对人的精神文明方面的修养而言的，孝伦理的教化明显。

“孝德篇”是彝族传统孝文化的突出表现，教化目的明显。文中提到的“二十四孝”，是否指的是汉文化中的二十四孝待考。在阐释彝族孝道文化时，文本采取了彝族传统的“托古”叙述模式进行，把孝的源头追溯到上古时代的彝族六祖以前“道弭尼”时代：“上古的时代，道弭尼天下，彝族的六祖，传二十四孝，播四十八经，孝经造文明，传为道德经。”最为特别的是，“孝德篇”在对老人敬孝方面，主张重点应当是在世时的“养”，这和轻养厚葬习俗相比，是值得赞赏的。对此，文本如是阐释说：

> 在生不赡养，死后献祭牛，是献牲之道，但有人会说：
> “你父母孤苦，在生赡养好，安排妥后事，才是孝心人，算他有道德。
> 在生不赡养，不问温和饱，不问寒和暖，不管吃与穿。
> 如此不道德，这样无孝心，天地都不依。”①

在指出轻养重葬其实是一种不孝的行为，会受到天地谴责后，指出什么行为才是真正地对老人行孝，才称得上是有孝心的人：

> 孝敬生父母，赡养的义务，行为是这样：
> 尽心的恭敬，尽力去照料。
> 崇敬其教诲，依教导行事。
> 孝敬父母的，才是孝心人。
> ……
> 赡养父母，照料义务，一生最欢乐，一生都快活。
> 好菜不忙食，先给父母吃。福禄和好景，先给父母享。②

文本还列举了在彝族上古的“武洛撮时代”，人们都很重视孝道，武洛撮的

① 赫章民宗局、赫章县民族古籍翻译办：《海腮耄启》，贵州民族出版社 2002 年版，第 156—157 页。

② 同上书，第 158 页。

父亲寿终，还很年轻的武洛撮继承大位后，日夜思虑社会治理的事，担心治理不好社会被人们视为不孝的人。于是，武洛撮苦心深造，认真学习，研究历史，终于成为熟知天下事、“廉政不纵容，法家而治国”的贤明君王。据译者注释，这里的法家不是指诸子百家中的法家，而是指“以孝德治国必先法于家庭”。因此“廉政不纵容，法家而治国”蕴含了贤明的统治者必是孝子的命题。这个例子也说明，在彝族历史上，是把能很好地继承父业，把祖业发扬光大视为孝的表现。彝族六祖在彝族民众心里是很受崇敬的，凡事以六祖说起，显得更有可信度，更能产生“上行下效”的效果。所以文本在进一步阐述彝族传统孝文化时，以彝族六祖为例展开：

彝族的六祖，最讲孝敬心。

父母在世时，常问寒问暖，问吃又问喝。

孝顺父母言，尊崇父母令。

敬老爱幼，弟兄和睦，团结友爱。

苍天作庇佑，庇佑赐福禄。

大地祝喜悦，喜悦传远方，就是这样的。①

在这段文本里，不仅阐述了彝族六祖孝敬父母的事迹，还阐述了因为六祖真心孝敬父母，所以得到了应有的回报：苍天庇佑他，赐予他福禄。什么是孝敬，什么叫作忤逆不孝，如何才算是孝敬，“孝德篇”中的“孝令”有如是记述：

孝敬还有令：

世上人间里，人生讲孝心。不孝顺父母，不崇敬父母，实在太丢底。

无伦理道德，家国事不顺，不求友谊事，不顾祖名声，常不务正业，得过且过的。

脾气像牯牛，自嚎自嚣张，喜欢出风头，如天上星星，失去不复现。

时之到最后，人死绝后代，人人咒骂他，败迹不可传。

孝令还再有：

为人在世间，无有孝敬心，出言不思索，作文瞎杜撰，张歪风邪事。

不依人劝告，自己说了算，自个占风头，说话不栽根。

① 赫章民宗局、赫章县民族古籍翻译办：《海腮耄启》，贵州民族出版社 2002 年版，第 162—163 页。

抬出父大名，自不识抬举，不受人尊重，忤逆不重孝。

世间此种人，不孝又无道。①

在这两个“孝令”中，指出不孝顺父母和不崇敬父母的，都是很“丢底”的人。再加上平时行为轻浮无公德，损坏祖上名声，最后会落得千夫所指，因为不孝又无道，等待他的是死绝后代。彝族信仰祖先崇拜，所以最忌讳亡故后无后人祭祀。因此，在重男轻女的传统社会里，无男性子孙后代即视为断子绝孙，是最为悲哀的事情。不孝敬父母的人，行为轻浮无公德的人，就会受到这种悲哀的惩罚。“孝令”在阐述了什么是不孝及不孝会落得的下场后，指出了行孝的标准行为和行孝的好处。

有道行孝心，必须这样做：

为人在世阿，对父母孝心，恭敬族邻人，学知识文化，树重望德性。

出门走亲戚，遇着的君子，当领主尊敬，遇见的臣王，当生父崇敬，逢上青年人，拜作亲兄弟。

任何场合，随合去尊重。事事恭敬人，文理要切合，作事要在礼，言行都要美。

为人要孝道，贤能做善事，如青松苍翠。

为人在世间，思前要顾后，延年又添寿，也就满足了。

日落西山坡，到了老殁时，人们都赞誉。②

俗话说：豹死留皮，人死留名。要使他人今后不诅咒自己，儿孙不受社会歧视，自身在世时的行为至关重要。按“孝德篇”中的“孝令”要求，一是要对父母孝敬，二是家庭成员间要和睦，三是与邻里和善，常做善事，尊重他人。做到这样几点，就会“延年又添寿”，当“老殁”之后，会受到人们的赞誉。

二　缅怀祖先

如果说“孝德篇”是对人在世时立身处世方面的基本要求，“悼亡献牲”篇

① 赫章民宗局、赫章县民族古籍翻译办：《海腮耄启》，贵州民族出版社 2002 年版，第 163—165 页。

② 同上书，第 165—167 页。

则强调人们对亡故老人要行祭之以礼的孝道，其中献牲敬孝的情节描述，可视为孝道教化的重要演示。从文本看，彝族献祭牲厚葬的习俗源远流长。在传统社会中，娘舅作为姻亲是亲族集团中的重要力量，如果一个人受到外人欺负，娘舅家是要积极而主动地为之撑腰的。如果因为纠纷而死亡，娘舅家会主动而积极地参加复仇。至今在彝族社会中，娘舅受到特别的尊重。“悼亡献牲”篇以倍受尊敬的娘舅为对象，阐述献牲敬孝礼仪的重要性。文本首先介绍了献牲祭祀对象生前是“倡文明道德、树正气行事、留名千古功德传万代”之人，但因为病魔缠身而去世了。对于生前倍受尊敬的娘舅逝世大家都很悲痛，要以习俗礼仪悼念他，晚辈尽孝道，亲戚、平辈朋友悼念尽情义，出现了“死后作大祭，祭场宽又大。孝贤子祭父，孝心人祭母，贤妻祭祀夫，贤孙孝祭祖，姑娘悼念父，姑娘悼念母，赴悼表思念，悼念行祭奠”的现象。

从文本描述看，前来悼念娘舅者除亲族、朋友、邻居外，还有官兵以及异民族的人。从献给亡者的祭牲看，有牛、羊、猪、鸡等，而且因为凡参加葬礼者都可能向亡者献祭牲，所以出现了“牛牲多如枇杷果，羊牲堆如白石山，猪牲堆如黑陶山，鸡牲像挖翻茅草，牲血流成河”的状况。① 这一方面说明彝族历史上对“葬之以礼”的孝的重视，另一方面说明当时亡者所在地区，民族间关系融洽，奠祭亡者是一种人们都要有的“礼”。俗话说，言教不如身教，所以这种“葬之以礼”的孝，通过人们的耳濡目染，其教化作用是很大的。

“建寺院”篇的明确目的是把寺院作为教化的场所，祭祀的道场。“拓道摩崖文”，主要张扬奢香夫人当年的功德，内有“上朝廷敬贡，奢香夫人她，敬皇修福路，以表功德”等语，可视为移孝于忠的典型。文中说：“彝人的教化传统，世袭传承，记载于书上，多写好人事，多载治理事。”这不仅是对奢香夫人历史功绩的肯定，也是在强调要发扬光大奢香夫人的精神。

“祭文”篇，用于葬礼则可视为悼词，如果用于祭祀则可以视为对祖先的缅怀和孝敬。从文本看，祭祀的对象是一位清廉的执政者。文本通过其清廉德性好，名誉好，受民尊重而表达彝族先民的价值观，即为人在世要行善为民，后人要对祖先尽孝道之礼，对其事迹“以祭文讲述，沉痛作悼念”。

文本中提到的“史楚”，指彝族历史上文化人恒史楚，据传说他是彝族历史

---

① 赫章民宗局、赫章县民族古籍翻译办：《海腮耄启》，贵州民族出版社 2002 年版，第 212—213 页。笔者曾多次到凉山州田野调查，其中的美姑县的殡仪馆在一山包上，山包下有一小沟流向美姑河。遇到同时有几家人举行葬礼时，宰杀牲口的血、特别是粪便水、洗肉的污水等，会像流水一样不断从小沟流向美姑河里。平时小沟里没水时，所流淌的是粪便水和污水；下雨小沟里有点水时，从山包上殡仪馆里流出的污水会得到一定的稀释，不会散发出多大的味道。由此推之，“悼亡献牲”里所说的“牲血流成河”虽然是夸张之辞，但也从另一个侧面说明了宰杀祭牲的数量一定很多。

上的乾阳运年时代的教化圣师，所以在文本中有“史楚圣典”之说。文本认为逝去的故祖之所以值得纪念歌颂，是因为他是继承史楚的圣典，“传经作教化”，而且执政贤能廉洁，德高望重，他的品行事迹值得以祭文的方式讲述。由此可见，彝族的传统孝文化里，是把祖先的“品德精神”作为一个重要的方面的。文本在阐述了“汉人树形象”和奠祭故祖主要是拜佛念经，缅怀故祖主要是拜像的文化现象后，指出了彝人祭奠祖先的礼仪特点：

有史以来，彝人树形象，给至亲报丧。
舅辈来致悼，甥辈致祭文。依伦理排位，舅辈最致尊。
如雄伟高山，致高受尊重。长次来致悼，恭敬酒一杯。
酒敬老和长，酒淡心意浓。当净水解渴，受我这片心。
敬老表孝德，如此来作礼，礼仪这样行。①

接着，文本以姻亲中的舅辈、甥辈的伦理次序对故祖的祭奠进行了描述。舅辈、甥辈的祭文内容，都离不开赞颂享祭者生前的人品和德高望重。对贤能一生、廉洁一生的逝者，因克星降临，寿柱受刑克，最终刑克体生病，疾病夺生命而悲痛不已。文本中特别提到姻亲的祭献场面：

舅家献魂马，甥家到场来，到场来献牲。
族邻相聚来，共同办致丧。布置祭祀场，祭幛图满堂。
甥家来祭悼，组队来歌舞，为故祖颂德，恭敬酒一杯，孝敬长辈人。②

在接下来，文本对医药于人健康的作用以及疾病的医治、寿命的延长作用以历史人物为例进行了阐述。并指出“制成药，男女都可用。良药物，用了体康复，流血用药止，生疮用药敷，断筋用药疏，骨折用药接”。但是，出现了怪气候，生怪病，加上药物准备不充分，以致出现“笃外公去世，雾气徐徐升，灵体难升天。子媳悲哀哭，子孙来瞻仰，舅甥来致悼，友来瞻仰”的现象。同时又认为，人的生死是自然现象，主要是因为五行及属相相克，天运没法改变的原因。

十二地支、阴阳五行是彝族先民对世界构成和运行的认识，在关于人的生

① 赫章民宗局、赫章县民族古籍翻译办：《海腮耄启》，贵州民族出版社2002年版，第251—252页。

② 同上书，第257页。

死寿命方面，彝族先民将“会动有生命，至死为一生”的自然现象，与地支、阴阳五行融为一体而统而论之，表现了彝族先民特别的生死自然观。如果将地支、阴阳五行视为彝族先民描述自然运行规律的符号，则可以将彝族先民生死自然观以文本中的“自开天辟地，有根会开花，枯萎一生终”“人生是枝花，鲜花凋由天。人生的寿元，依时运限度”，视为一种客观规律。一般祭文仅限于对享祭者生前的事迹肯定或颂扬，表达祭者的缅怀或孝道之情。这里所论的“祭文”篇，除了表达对享祭者生前事迹的肯定或颂扬，祭者的缅怀或孝道之情外，还有这样的内容：

外公的逝世，六神道逢吉，亲族不受克，六畜无刑克，凡事都顺利，大吉又大利。

贤子祭葬父，孝媳敬姑父，臣民祭君王，奴仆祭领主。

这一场丧祀，死者心满足，孝者也尽责，人人都平安。①

在彝族先民看来，好人生前行善，德高望重，受到人们的敬爱，就是亡故之时，也是善良的。在彝族传统文化中，以十二生肖记年、月、日、时，并配以五行以定生克。所以每一个人的出生年决定了他的年属相与五行，出生月决定了他的月属相与五行，出生的日子决定了他的日属相与五行，出生的时辰决定了他的时属相与五行。十二生肖配上五行后，存在着冲、三合、六合、刑、害的关系。这篇祭文里称受祭者就连逝世的日子也与亲族无克，与六畜不相刑，所以受祭者是一个行善始终的人，最值得缅怀祭祀。作为表现对祖先孝道的传统孝文化而言，彝族传统祭文中的这种表达方式，表现出特别的个性。

本篇祭文还有一个特点，就是抒发了祭者的祈愿与祝福：

牲品祭亡灵，牲品献死者，祭悼表孝德。

现在这时候，日落西山坡，去世一贤人；日出东山头，出世十贤人。

祀丧人团聚，地肥草茂盈。

逝者有贤能，祭者有美德，子孙千载盛，后代万世兴。②

“缅怀碑记”也是阐述彝族传统孝文化的，而且和其他关于彝族传统孝道文

---

① 赫章民宗局、赫章县民族古籍翻译办：《海腮耄启》，贵州民族出版社 2002 年版，第 269—270 页。

② 同上书，第 271—272 页。

化的文本一样，也是以溯源的手法，从彝族神话中的至尊天神举祖说起，交代了婚嫁开始的时代后才进入正文。之所以将“缅怀”的对象或者说孝文化的开始定位于男娶女嫁的婚姻，这与四川彝区流传的《石尔俄特》关于做祖灵位，祭祀祖先后即可生子见父的传说所蕴含的文化内涵是相同的，即都是反映进入父系社会后的文化现象。

从文本看，这篇缅怀碑记所缅怀之人，是从外地搬迁到贵州“祭山”后长住贵州的。做缅怀碑记者，是其后裔中彝名濮举肥着、“汉字姓安”的人，其祖父于戊申年老殁升天，他于丁未年为祭祀祖父而作。[①] 他“錾石修墓茔”和传记碑文的目的，一是要达到“仙灵久安，后世吉昌”，二是要“竖碑列传，留垂千古，启蒙后代，代代闪金光”。由此可见，祈福和教化的目的明显。

文本在溯源后记述道：

> 人死留三魂，一魂守坟墓。
> 细怀作祭奠，把传记碑文，竖在坟墓前。
> 告诉给万代子孙，让后人知道，光辉的形象，如秋谷放金色。
> 铭文垂千古，同天地常在。
> 人勤修道德，能保一方平安。
> 有德孝敬母，孝敬是道德，道德讲文明，贤能道德好，说来就这样。
> ……
> 彝人有传统，虔诚敬祖妣。
> 代代相传承，福禄永不丢，就是这样的。[②]

文本在宣扬孝德教化中，受溯源思维的影响，也是从古代圣贤说起：

> 古代的名人，是这样说的：
> 人要有孝德，虔诚孝敬祖妣，诚心孝顺父母。
> ……
> 寿终凋谢时，升天有归路。
> 给予祭祀超度，指路列名谱，排于祖灵台，不时受敬拜。

① 译文为“到丁辛未年，为祖父祭祀，超度和指路，尽孝诚之道”。从干支纪年看，似有误，所以本文以“丁未年”记之。

② 赫章民宗局、赫章县民族古籍翻译办：《海腮耄启》，贵州民族出版社 2002 年版，第 275—277 页。

信仰成规矩，灵体守坟墓，逢春作祭拜。

在生和过世，孝敬一样待。①

在这段文本里，强调了子孙后代应当对祖先“缅怀敬孝”，永远延续。

在《海腮耄启》中的“数理教育”“致富教育”中，也有孝文化的内容，在此不赘述。

三 《海腮耄启》中的彝族传统孝文化特点

从前述可知，《海腮耄启》中所负载的彝族传统孝文化的特点主要表现在以下三个方面。

首先是强调对老人的孝应重在生前，强调“生，事之以礼”的孝。正如“孝德篇”所说，“你父母孤苦，在生赡养好，安排妥后事，才是孝心人，算他有道德。在生不赡养，不问温和饱，不问寒和暖，不管吃与穿。如此不道德，这样无孝心，天地都不依”，在平时，要“好菜不忙食，先给父母吃。福禄和好景，先给父母享”。对于生前的孝，还包括不让父母处于忧愁之中，作为有孝心的人，应当像“行为道德”中所强调的那样，做好人，不做让父母担忧之事。

其次，在“祭之以礼”的孝中，反映了彝族包括祖灵崇拜在内的“灵魂观”。彝族信仰文化中的“三魂观”和“祖界”观，是彝族“祭之以礼”的孝文化认识基础。历史上各地彝族的信仰里对三魂的职能归宿认识基本一致，只是表述略异。一般认为在三魂中：一魂守焚场或坟墓，一魂归祖界与先祖灵魂相聚，一魂居家中供奉的祖先牌位上。贵州大方、赫章县的《指路经》中说，人死变三魂，一魂往密尼，一魂守焚场，一魂留宗祠，享子孙祭奠。云南武定和乌蒙地区的“指路经”认为人的三个魂分别是焦魂、操魂、寅魂，其中焦魂赴阴曹，操魂守墓，寅魂在祭台。四川彝族的三魂观认为：第一个魂经过祭司诵经指路后奔赴祖界，第二个魂守护在火葬坟场，第三个附在灵牌上接受着家族成员的长年供奉，经过数年后，其子孙后裔择吉日请祭司举行的“尼姆”送灵仪式送往祖界。正因为彝族有这样的传统灵魂观文化背景，《海腮耄启》中才有以祭祀亡故祖先的“祭之礼”的孝。如“缅怀碑记”，虽然缅怀的对象是祖先，但其思想基础是彝族传统信仰文化中的“三魂观”。从文本中“人死留三魂，一魂守坟墓。细怀作祭奠，把传记碑文，竖在坟墓前”看，缅怀者所缅怀

① 赫章民宗局、赫章县民族古籍翻译办：《海腮耄启》，贵州民族出版社 2002 年版，第 280—281 页。

的对象是守墓的祖灵，所以把传记碑文竖在坟墓前。这可能与人们通过碑文形式表达对祖先缅怀之情时，碑不可能立于家中的祖灵牌位处，也不可能立于野外遥向天上祖界。所以，对于缅怀祖先的物化表达的碑刻，只能立于坟墓前，让守坟墓之祖灵独享。

最后，重视孝的教化。从前面所述例子中可知，多处出现“教化”一词。据文献记载中国的教化思想萌芽于周代，至战国末期形成了一定的理论形式。所以在中国，“教化”一词出现的时间相当早，有的学者认为最早见于《诗大序》：“风，风也，风以动之，教以化之。”“教化”与“教育”虽然只是一个字的差别，但“教化”的手段高明程度远非“教育”可比。“教化”把政教风化、教育感化、环境影响等有形和无形的手段加以综合运用。尤其是涉及社会伦理道德，各种形式的教化显得极为重要。彝族传统孝文化在传承中，也离不开“上行而化成以下”的教化。比如彝族传统社会中的祭祀活动，其实可视为前辈对后辈子嗣进行孝道教化的一种形式。从社会教化看，《海腮耄启》可以说是彝族传统社会中的教化课本，而其中所负载的孝文化文本，是彝族先民对以“上行而化成以下”的教化记录和总结。这里的“上”包括前辈、有经验的老人以及社会管理者，“下”则是当时彝族社会生活里享受教化之益的所有人。

月子禁忌与父系权威的相向作用

——对闽南泉州A村个案的经验分析

周泽鹏　蒋国伟[*]

摘要： 本文从功能主义视角出发，基于闽南泉州A村个案的经验，以“村庄结构—社会需要—习俗禁忌”为分析框架，分析了在市场化的社会变迁背景下，受到人口流入冲击的“团结型”村庄结构产生了维系村庄尊严与社会秩序的社会需要，这种需要在家庭情境中内化为父系权威的维系。以月子禁忌为例与父系权威产生相向作用：一方面，月子禁忌作为一种家庭社会化手段的“通过仪式”，对父系权威产生建构与维系的功能；另一方面，父系权威的维系需要强化了对月子禁忌的实践与传承。在这种相向作用中，可以发现传统意识浓厚地区的人们在民俗实践中的“尊严与秩序”取向。

关键词： 月子禁忌　父系　功能主义　相向作用　民俗实践

一　问题的提出

“坐月子”在中国常常被认为是女人一生中十分重要的时段，是产后必须进行的仪式性阶段。与西方女性的产后休养不同，中国女人的月子充满了仪式、禁忌与规范，带有鲜明的超验性特征。月子仪式与禁忌在科学主义盛行的当今

---

* 周泽鹏，北京师范大学社会学院社会学专业本科生；蒋国伟，北京师范大学社会学院社会学专业本科生。指导老师：鞠熙，北京师范大学中国社会管理研究院/社会学院副教授。

社会常常被当成违背科学、自然的对象而遭受抨击。

尽管如此，经过调查与访谈，我们发现：在科学当道的当代社会，月子禁忌依旧在一定程度上被传承、信奉与运用，尤其是在传统根基较为稳固的华南、闽南地区，人们仍然极其重视月子中的仪式与禁忌。在福建对闽南地区泉州A村的月子禁忌调查的过程中，我们接触到一个关于外来媳妇因拒绝遵守月子习俗和禁忌而与婆婆发生冲突，从而引发两个家庭之间的矛盾的个案。这引起了我们的兴趣：为什么对月子禁忌的打破足以引发家庭矛盾？经过对这个冲突性个案的深度挖掘，我们发现婆婆对儿媳妇遵循月子禁忌的要求不仅仅是出于对儿媳妇的健康关怀，还出于对自己背后的父系家庭权威的维护，具有对个体控制的特点。月子禁忌对她们来说不仅是一种生育信仰，还意味着尊严与秩序，是一种维系家庭秩序和父系权威的手段，具有实用性功能。而月子禁忌之所以能够被传承，维系秩序与权威的社会需要在其中也起到了不可替代的作用。

本文不对月子禁忌本身的仪式内容与意涵作描述与呈现，而将重点放在月子禁忌这种习俗的功能性上。以个案的经验出发，本文从功能主义的视角分析月子禁忌与父系权威之间如何进行相向作用，以及这种相向作用背后反映的人们进行民俗实践时的观念取向。

二　文献综述

（一）月子禁忌的研究进路

学界对“坐月子”的定义普遍趋于一致，认为它是一种行为实践，在中国更是一种传统观念。本文引用章梅芳等学者对“坐月子”所作的定义，① 并稍作补充，我们认为：“坐月子”是关于妇女产后一定时间内进行健康护理的一种传统知识实践与信念系统。这一定义能够反映出“坐月子”的实践性、传统性与观念性。在这一基础上，我们对“月子禁忌”作出如下界定：月子禁忌指在“坐月子”期间所要遵守的禁忌。它是前人的经验总结，带有超验信仰的特征。

月子禁忌实际上属于生育禁忌的一部分。目前对月子禁忌的研究大部分是作为生育禁忌的一部分被提及。在对生育禁忌的研究中，学界主要分三个层面进行研究：对生育禁忌的概述性研究、地方性研究与民族研究，普遍属于描述性研究，对生育禁忌的内容、特征、地区性、民族性进行描述与呈现。生育禁忌一般可分为产前、产中与产后的禁忌，月子禁忌便属于产后禁忌的主要组成

① 章梅芳、刘兵、卢卫红：《“坐月子”的性别文化研究》，《广西民族大学学报》（哲学社会科学版）2009年第6期。

部分。此外，部分学者还对生育禁忌的起源与意义进行了解释，认为生育禁忌来自于生殖崇拜的演变、万物有灵的趋吉避凶心理、象征与联想的交感心理等。[①]

专门对月子禁忌进行研究的成果很少，集中于两个方面。一方面是证伪研究：大多数学者从医学、健康、科学等角度审视月子禁忌，认为月子禁忌是陋习，是非科学的、对产妇健康有害的传统行为。另一方面是描述性研究：对月子禁忌的来源、禁忌类型与形成原因作全面的归纳和阐述。一般说来，月子禁忌分为饮食禁忌、服饰禁忌、行为禁忌、环境禁忌几种。[②] 但由于各地区，甚至具体到各村各寨，月子禁忌都各有不同，因此对月子禁忌内容的全面呈现不太可能。

（二）功能主义视角的引入

目前尚未有学者对月子禁忌的功能进行研究。但对民间习俗、仪式、信仰等社会现象的功能主义研究由来已久，可追溯到涂尔干（Émile Durkheim）对宗教仪式的功能论研究，他发现宗教仪式有利于社会整合，[③] 这与本文要探讨的禁忌与秩序之间的关系十分契合。而马林诺夫斯基（Bronislaw Malinowski）和拉德克利夫—布朗（Alfred Radcliffe-Brown）则专门将功能主义视角引入到社会人类学与文化社会学研究中，关注人类文化的社会功能，对后来民俗的功能论研究起到开创性作用。目前，中国学者主要从整体和部分两个角度对民俗的功能进行研究。整体的视角上，学者主要在宏观上对民俗这个极大的概念的社会功能进行概述性研究。陈建宪总结认为，民俗的功能取决于它与社会生活需要之间的关系，认为民俗的功能可分为规范功能、教化功能、维系功能、调节功能。[④] 在部分的视角上，则主要对民俗的各个组成部分，比如婚丧习俗、人情仪式、巫术、风水等具体民俗形式进行功能探讨。

本文关注月子禁忌与父系权威的关系。本文语境下的父系权威是指父系亲属在家庭中的权威，也就是婚姻中丈夫一方家庭的权威，父系权威深刻影响着家庭秩序与社会秩序。已有研究对本文的关系研究有借鉴意义的，一方面是民俗整合社会秩序的功能研究，如巫术对社会秩序的维系作用；另一方面是文化习俗对家庭关系、成员地位的塑造作用研究，如许烺光在《祖荫下》中认为在

---

① 高梓梅：《生育禁忌文化心理阐释》，《江西社会科学》2004 年第 1 期；陈华文：《生育禁忌研究——生育文化研究之一》，《浙江师范大学学报》（社会科学版）1993 年第 3 期。

② 代乐乐：《月子习俗的仪式分析与禁忌解读》，《牡丹江大学学报》2014 年第 8 期。

③ ［法］埃米尔·涂尔干：《宗教生活的基本形式》，渠东、汲喆译，上海人民出版社 1999 年版，第 549—561 页。

④ 陈建宪：《试论民俗的功能》，《民俗研究》1993 年第 2 期。

现今个人之间、家庭之间的竞争与矛盾中，一些习俗、仪式有其被世代留存下来的必要性——它们能够维系家族、大家庭的存在与和睦；① 木克代斯·哈斯木关于塔吉克族婚姻习俗对妇女家庭地位影响的研究以“村庄结构—婚姻习俗—家庭妇女地位”的研究框架揭示了在社会结构下形成的婚俗如何型塑妇女在家庭中的地位；② 刁统菊对汉族社会文化中的龙牌仪式进行研究，发现仪式中的性别分工强化了男性的权威地位和女性的从属地位。③ 这些研究对本文在“村庄结构—社会需要—习俗禁忌”的框架下探讨月子禁忌对父系权威的作用起到了启发性的作用。

然而，已有研究更多集中在“民俗—社会”的单向功能视角上。本文引入相向作用的视角，探讨“月子禁忌—父系权威”二者之间的双向作用，增加了父系权威对月子禁忌的反向功能视角。

三　研究方法与个案介绍

笔者于2018年5—6月对福建闽南地区泉州A村的月子禁忌进行调查，在访谈过程中接触到了本研究的主要个案，后续就该个案的当事人、旁观者进行了多次访谈，以深入挖掘个案。访谈形式主要为电话访谈。此外，我们还对该村的整体村庄情况进行了资料搜集与内容分析，以充实个案资料。文中涉及村庄名称、个案中的人物均进行了匿名化处理。

（一）A村的概况与月子禁忌

A村是闽南地区泉州市鲤城西郊的一个小村庄。村内以吴氏为大族。A村受闽南文化与宗族文化影响深厚，依旧保留着大量的风俗习惯。A村祖先于五百多年前迁入闽南地区，后来有部分人外出前往中国香港和澳门地区以及东南亚等地经商，是著名的侨乡。改革开放后，村里有人带头兴办皮革厂和汽车配件厂，渐渐形成同乡同业现象，这些厂家也创造了大量的就业机会，吸引了许多外乡人来此就业。也有许多人外出经商，村内人互相帮扶，在外也形成同乡同业现象。

---

① 许烺光：《祖荫下：中国乡村的亲属、人格与社会流动》，台北：南天书局有限公司2001年版；吴艳、金丹：《从〈祖荫下〉看石头苗寨婚丧习俗中的父系观念》，《晋城职业技术学院学报》2017年第2期。

② 木克代斯·哈斯木：《从婚姻习俗透析塔吉克族女性的家庭社会地位》，硕士学位论文，新疆大学，2011年。

③ 刁统菊：《女性与龙牌：汉族父系社会文化在民俗宗教上的一种实践》，《民族艺术》2003年第4期。

传统文化氛围浓重的闽南地区的人们尤其重视传宗接代，因此，闽南地区有非常丰富而详细的生育习俗和坐月子禁忌。闽南地区的月子禁忌大体相同，但村寨之间也各有区别，为方便研究开展，本文中的月子禁忌内容主要为受访者提供的 A 村流传的月子禁忌。

A 村的月子禁忌内容包括以下几个方面。

（1）时间：即“坐月子”期间，从生产当时到产后恢复三个月以内的时间。

（2）地点：“坐月子”的地点一般是本家。本家指夫妇居住的地方。而父系观念较重的闽南地区强调“从夫居”，因此大多数夫妇都是住在丈夫这边的家中。

（3）禁忌内容：忌吹风；忌冷水；忌洗头；忌饮食油腻；忌长时坐卧、行走；忌会客等。

（4）受访者对月子禁忌的原因解释：生产之后，孕妇全身的毛孔打开，外部物质世界的“气”非常容易进入孕妇身体内——如风和冷水带来的寒气会在孕妇体内堆积，从而影响孕妇身体健康；饮食节制是因为孕妇产后“生”气减弱，自我恢复能力非常低，油腻、重油重盐的饮食使得孕妇难以消化；长时间坐卧、行走会导致孕妇身体内“气”的环流不顺畅；坐月子过程中会客会带来晦气，等等。

此外，除以上提及内容外，闽南地区还流传着一些说法，某些难以根除的疑难杂症只有在妇女坐月子的时候才能彻底根除，如妇女气虚血亏，则需要在坐月子期间进行合适的补充和调理，才能彻底解决妇女气虚血亏的病症。

（二）冲突性事件的来龙去脉

A 村个案中的冲突事件发生在蒋某（女，婆婆）和王某（女，儿媳妇）之间，并波及婆家和娘家两个家庭。2017 年 2 月，蒋某的儿子吴某在一家修车厂做修车学徒期间，与来自贵州的王某一见倾心并期望结成夫妻关系。然而，吴某的母亲蒋某并不大同意二人成婚，原因有以下几点。

（1）地域差异。王某生长于贵州，是目前在 A 村打工的外来务工人员。蒋某认为其不曾接受闽南当地文化模式，是没有文化、没有信仰的人。

（2）生活方式。王某按照贵州的生活习惯生活，与闽南地区生活方式差异较大。蒋某认为王某的生活方式是低人一等的异乡人没教养的表现。

（3）家庭地位。蒋某与丈夫依靠年轻时自己的打拼，人到中年过着相对稳定而满足的生活，因此认为儿子吴某的家庭条件相对较好；然而，来自贵州山区的王某家庭经济条件非常差，蒋某质疑王某存在攀附的可能（并且通过一系列的生活细节“自证”了这一观念）。

（4）经济现实。近来蒋某家庭经济状况不佳，而王某与吴某着急结婚，在仪式丰富的闽南地区，蒋某头疼筹措资金的同时，王某催促吴某说服蒋某尽快完成婚礼，并尽可能风光大办。

然而事情的发展并没能如蒋某的意。为了使蒋某同意两人的亲事，吴某与王某发生了婚前性行为，王某因此怀孕了。所以，蒋某不得不同意这门亲事。

由于吴某尚未完全经济独立，婚后与妻子必须在父母家中居住（从父居）。从确定结婚到孩子出生这段长达 8 个月的时间内（2017 年 5 月至 2018 年 1 月），蒋某和王某因为上述原因曾发生过多次争吵，这些争吵到最后大都悬置争议，双方对这些敏感话题都主动保持一定距离。2018 年 2 月，在王某产下男婴后不久，蒋某与王某就王某是否需要坐月子，是否需要遵守月子禁忌的问题发生了一次激烈的争吵。王某坚持在贵州地区，并不存在蒋某所说的月子禁忌，而且是不需要长时间坐月子的；而在闽南地区强调月子禁忌的浓厚氛围影响下的蒋某认为，王某必须坐够三个月的月子才可以自行活动，如果不遵守当地的习俗，就是“没教养”。两人之后关于月子禁忌问题发生了多次激烈的争吵。期间，王某寻求外人帮助，与其父亲、姐姐、姐夫等多位亲属一同对蒋某等父系亲属进行反抗，两个家庭因此产生了正面的争执。最后王某通过说服吴某带其回娘家，成功避开了接下来的坐月子时间。但是也造成了婆家和娘家之间的矛盾。

本个案体现了外来媳妇与本地婆婆之间的博弈，实际上反映出不懂并抗拒习得当地习俗的跨文化外来人对婆婆所代表的家庭父系权威的挑战。冲突性的事件往往能够帮助我们解构社会现实，挖掘结构性问题。因此我们试图通过对个案的经验分析来理解月子禁忌与父系权威之间的功能性关系。

四　功能主义视角下的月子禁忌与父系权威

月子禁忌仅仅是村民所遵守的习俗那么简单吗？它对于村民意味着什么，对于外地媳妇又扮演什么样的角色？是什么样的结构性原因导致了婆婆与媳妇因为月子禁忌而激化矛盾，引发两个家庭的冲突？我们试图从功能主义视角对这个个案进行分析与阐释，首先从村庄层面提取分析框架，再进入具体的家庭之中，探究月子禁忌是如何具体地与家庭内部的父系权威相互作用的。

（一）“村庄结构—社会需要—习俗禁忌”的分析框架

拉德克利夫—布朗（Alfred Radcliffe-Brown）的文化整体观认为，一切的文化（包括制度、习俗和信仰）都具有一定的功能，无论是整个社会还是社会中的某个社区，都是一个功能体系。①以布朗的观点看，具体到村庄这个社区层面，村庄的社会结构、习俗禁忌、社会秩序其实是一个互相作用的功能体系。本文首先从村庄整体的层面来看习俗禁忌是如何在村庄结构、社会需要下产生作用的，以便接下来在具体的家庭情境中理解月子禁忌和父系权威之间的作用和关系。在此根据A村的社会现实提取出“村庄结构—社会需要—习俗禁忌”的分析框架。

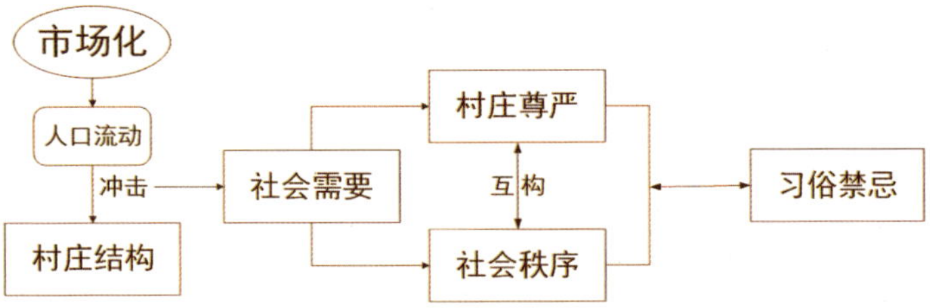

图1　“村庄结构—社会需要—习俗禁忌”的分析框架

陈建宪认为，社会需要决定了民俗的发生、发展、演变和存亡。②村庄的结构生成村庄的社会需要。有学者将闽南地区归属为华南农村，认为“江西、福建、广东、广西、湘南等地的南方农村基本上是山地为主，丘陵为辅，平原甚少，地表起伏。小块盆地和山区小水源水稻耕作环境，都极有利于强宗大族的发展”。③贺雪峰将华南农村总结为团结型村庄。④A村可以说就是一个团结型村庄，受宗族文化影响深厚，村民的宗族、共同体意识强，具有较一致的行动能力，内部整合度高。这从村内的同乡同业现象就可以看出——村民的共同行动、互相依赖促进了同乡同业的形成，而且，在外的华侨也具有极强的宗族意识，经常回乡祭祖、参与乡村建设。这样的团结型的村庄社会结构，让村民对本村有高度的认同感和尊严感。20世纪90年代市场化渗入中国的各层社会，一个突出的影响是人口流动。尽管村内产业吸引了大量的外来人口，但是村庄呈现出“经济上接纳、文化上排斥”的特点。一方面村庄经济发展需要大量的外来劳动力，另一方面村民在文化上却十分排斥外来人口，据受访者所述，他们认为外来人不懂得村里的习俗文化，就是“没有素质、没有教养”的人。

① 吉国秀：《功能、文化整体观与田野作业——读拉德克利夫—布朗的〈社会人类学方法〉》，《民俗研究》2003年第1期。

② 陈建宪：《试论民俗的功能》，《民俗研究》1993年第2期。

③ 曾祥委：《从多姓村到单姓村：东南宗族社会生存策略研究——以粤东丰顺县为例》，《客家研究辑刊》2005年第2期。

④ 贺雪峰：《论中国农村的区域差异——村庄社会结构的视角》，《开放时代》2012年第10期。

内部高度整合、高度认同的社会结构使得村庄尊严对村民来说十分重要，因为村庄实际上向外代表了他们自身，村庄的尊严意味着他们自己的尊严。而人口流动渠道打开后，外来人口的进入是对村庄结构的改变和冲击。一方面，外乡人带来的异文化威胁着本村文化的社会地位，也直接影响了本村村民的社会地位；另一方面，新群体的加入改变了村庄的利益秩序，村庄共同体受到了冲击。

村庄结构的冲击使得A村产生了相应的社会需要。一方面是基于文化自信的村庄尊严，另一方面是维护村庄共同体的秩序。这种社会需要的两个方面呈互相建构的关系，维系村庄的尊严能够促进村庄共同体秩序的存续与稳固，而村庄共同体的进一步巩固发展，又彰显了村庄的尊严。

为了满足社会需要，村民口中外来人不懂的习俗禁忌，实际上成为村民在外来文化冲击下对自己村庄尊严与共同体秩序进行保护的工具。习俗禁忌帮助村民建构本村的尊严。村民以传承与遵守先祖流传下来的习俗与禁忌为自豪，认为遵守本村的习俗和禁忌才是体面的人。并且，村民通过这些习俗和禁忌区隔本村人和外来人，以保证本村人在村内的高地位。习俗和禁忌又促进村民维系村庄的社会秩序。习俗禁忌本身带有许多规范性，民俗是产生最早、约束范围最广的一种深层规范行为。[①] 在外来文化侵入时，村民更需要这些习俗禁忌来规范村民的行为，以维系村民共同体的稳固，维持内部的正常秩序。

市场化的社会背景下产生的人口流动现象冲击了村庄结构，因而使得村庄产生了相应的社会需要。在互构的社会需要下，习俗禁忌的实践维系了村庄的尊严与社会秩序，又在对社会需要的满足中得到强化和传承。

（二）月子禁忌对父系权威的建构与维系作用

家庭是村民在村庄中最基本的行动单位，因此对于月子禁忌的探讨最终需要落足于家庭层面上。在村庄结构层面，社会需要与习俗禁忌相互作用。而具体到家庭的社会情境中，这种相互作用的模式又是如何在家庭成员的互动之中体现的？我们通过对A村这个冲突性事件的分析来寻求解答。

1. 作为“通过仪式”的月子禁忌

本地婆婆蒋某和外来媳妇王某的冲突可以直接反映出A村在人口流动的背景下，外来人口的进入对村庄社会结构的冲击。蒋某不待见王某，很大程度上是因为王某是外地人，外地人得不到本地人的认同，自己的孩子娶了不懂本地习俗禁忌的外地媳妇，会使家里“蒙羞”，容易受村内其他村民的议论。而在不

① 陈建宪：《试论民俗的功能》，《民俗研究》1993年第2期。

得不接受王某为自己的儿媳妇后，蒋某强迫王某接受月子禁忌，这实际上是一种对儿媳妇的规训。

“坐月子”在家庭中扮演一种社会化的手段，是一种“通过仪式”（过渡礼仪）。范·热内普（Arnold van Gennèp）界定“通过仪式”为伴随着地点、状态、社会地位、年龄的每个变化而实施的礼仪。他着重阐述仪式中“变化”的结构，认为一切仪式都由三个阶段组成：分离、转换与聚合。①“坐月子”在家庭中不仅仅是产妇的一种休养手段，还是一个“通过仪式”，儿媳妇通过月子中的禁忌仪式进行转换，从原有的文化与社会结构中分离，聚合进入丈夫父系的文化与社会结构中。在A村，一般要求儿媳妇要在婆婆的照顾下“坐月子”。婆婆在这一期间依据自己过往的经验，规定媳妇要遵守本村的一系列月子禁忌，一方面是出于对儿媳妇健康的考虑，另一方面，月子禁忌还对产妇的社交行为、生活行动等作出了约制。我们在访谈A村的其他妇女时，妇女们也反映了自己在“坐月子”期间受到了婆婆的严格限制，感觉到了家庭中的被压迫感。可见，婆婆能够通过这些规范对儿媳妇进行个体控制。月子禁忌是婆婆和儿媳妇进行互动的一种民俗实践，作为一种通过仪式，实际上也是婆婆借超验的禁忌让儿媳妇在“坐月子”期间进行家庭内的再社会化（当然，月子禁忌只是这种社会化的一个阶段），让外地媳妇从自己本乡文化中分离出来，在月子中进入“阈限”阶段，遵从完月子禁忌后，转换入丈夫所在家庭中的文化，成为一个懂得本地习俗禁忌的媳妇和母亲，从而成为一个被本乡人认同的“有文化、有教养”的人。其最终目的是教养出遵从本地规范和文化的下一代。

婆婆蒋某虽然本来也不是A村人，但经过几十年的村庄社会化，实际上已经完全成为被村庄认可的一分子。婆婆所代表的是家庭内部的父系权威，通过对儿媳妇的社会化，她需要让儿媳妇也顺从于家庭中的父系权威，也就是按照丈夫（父系）这一边的规矩行事，只有维持住父系的权威，才能确保家庭的正常秩序以及家庭父系的尊严。

2. 抵抗禁忌：父系权威危机的显露

然而，个案中的王某却严厉拒绝了接受月子禁忌这一社会化过程，以自己家“没有月子禁忌”的文化来与A村的习俗禁忌作抵抗。这种抵抗是婆媳矛盾之间的爆发点，在这一个爆发点上，婆婆所代表的父系权威的危机显露出来，根据这种矛盾，从反面的角度揭示出月子禁忌对父系权威的建构与维系作用。

① ［法］范热内普：《过渡礼仪》，张举文译，商务印书馆2012年版。

王某拒绝实践月子禁忌，就是拒绝了家庭内部的社会化，向婆婆以及其所代表的父系亲属宣告她拒绝承认A村的社会文化优于自己家乡的社会文化，拒绝承认父系文化在家庭中的权威性。这一系列抵抗让婆婆感到屈辱，背后反映出来的是父系权威出现了危机，导致家庭内部父系权威主导的秩序被打破，本村文化的尊严受到威胁。

从村庄整体的结构角度来看，在外来人进入村庄时，村庄结构的改变使得村内产生维系村庄尊严与社会秩序的社会需要。那么这种社会需要如何在家庭中体现呢？本文认为，这种村庄层次的尊严与秩序在家庭中内化为对父系权威维系的需要。在有外地媳妇进入的家庭中，村庄的尊严实际上体现为父系层面（也就是本地丈夫家庭）的权威，因为父系对于外地媳妇来说，其所代表的文化就是村庄的文化。如果外地媳妇遵守家庭中的行为规则与习俗禁忌，就是对父系权威的尊重。村庄的基本行动单位是家庭，因此家庭秩序的正常维系代表着村内社会秩序的正常维系，家庭秩序主要由父系权威维系，在父系成员的控制下，家庭各成员遵从父系一方的行为规则与角色规范，各自合理扮演自己的角色，于是家庭内部成员间的互动达到一种和谐状态。

王某对月子禁忌的反抗，意味着她对父系权威的不屑与违背，这就冲撞了村庄对于尊严与社会秩序的社会需要。而如果王某按照蒋某的要求，遵守了月子禁忌，则是对父系权威的顺从，维系了父系权威。因此从这个冲突点我们可以看出，月子禁忌作为一种家庭社会化的手段，它的顺利实践能够进一步建构、维系家庭内的父系权威，也就进一步满足了村庄对于尊严与秩序的社会需要。

因此，月子禁忌一定程度上作为一种通过仪式，促使儿媳妇在对这种民俗的实践中进行家庭内部的社会化，从而维系家庭内的父系权威，实质上维系了家庭父系权威所代表的村庄尊严和社会秩序。

（三）父系权威对月子禁忌的强化与传承作用

按照结构功能主义的观点，社会各个要素之间是相互联系与作用的，而非独立存在或单向作用的状态。在“村庄结构—社会需要—习俗禁忌”的分析框架中，习俗禁忌不仅满足了社会需要，也被社会需要所影响。在家庭层面，月子禁忌作为一种习俗禁忌、“通过仪式”和社会化手段，建构与维系了父系权威，与此同时，月子禁忌也在父系权威的影响下被强化和传承。

在父系权威被威胁时，习俗作为一种维系的工具更加被重视和强化，这一定程度上也促进了习俗本身的稳固传承，使其在科学主义盛行的时代中依旧保有生命力。以“村庄结构—社会需要—习俗禁忌”的分析框架来看父系权威对月子禁忌的强化作用，在文化相对排外的 A 村，这种社会结构下产生的对尊严和秩序的社会需要，使得月子禁忌在村内被传承得较好。尽管随着时代的沿革，月子禁忌的内容有所改变，但总体上月子禁忌作为一种仪式还是备受 A 村村民重视。因为不遵守禁忌而引发了蒋某不满这件事情本身，不仅可以反映出家庭内部父系权威的危机，也可以直接看出蒋某对于月子禁忌的重视程度。

而反观王某的家乡，据王某所说，在她们的家乡（贵州）的乡村里，现在很少有类似的月子禁忌，或者说，很少有人去遵守这种禁忌，传统仪式在现代化“侵袭”下消散殆尽。这是由于村庄结构不同所导致的差异。王某所在的村庄，在市场化的驱使下，大量劳动力东移，村庄空心化日益严重。人口流失导致人与人之间的相互依赖日益松解，村庄内部日益松解，出现社会解组。学者将贵州等西南地区的农村社会结构归纳为“分散型”的社会结构，分散型村庄内部的血缘组织主要为小的同族集团，较为散乱，地方性规范弱。[①] 这种分散型的村庄原本就不具备十分稳固的内部共同体，在市场化的冲击下，共同体更是日益松解，人们缺乏对自我村庄的高度认同，尊严意识也不及闽南地区的村庄，因此没有产生维护村庄尊严与秩序的需要，人们也不需要通过太过于严格的传统习俗和禁忌来维系自己的村庄尊严与秩序，家庭中的父系权威意识也没有那么浓重，且该地区更多的是外流人口，也很少有流入的人口，对于家庭内部的父系权威冲击并不明显，因此月子禁忌的传统没有被太严格地遵守，也没有传承得很好。

在比较的视野下，可以发现，社会需要内化在家庭之中的父系权威需要，能够对月子禁忌的传承进行强化，父系权威意识或危机感更强的地方中的家庭，对于月子禁忌的遵守程度与传承程度会更高。

五　相向作用下民俗实践的“尊严与秩序”取向

综上论述，在家庭这个行动单位之中，由村庄结构决定的社会需要内化为对父系权威的维系需要，父系权威和月子禁忌之间呈现相向作用的关系，月子禁忌能够建构和维系父系权威，而父系权威能够强化和传承月子禁忌（作用模式见图 2）。这实质上揭示出社会结构与风俗禁忌或者说是社会结构与社会文化之间的相向作用。

① 贺雪峰：《论中国农村的区域差异——村庄社会结构的视角》，《开放时代》2012 年第 10 期。

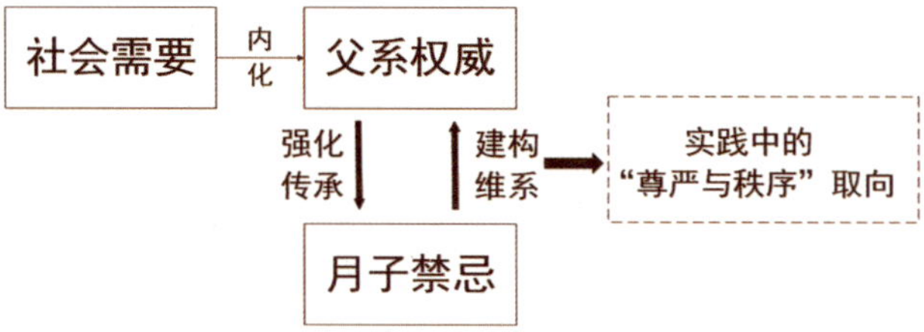

图2 家庭层面“月子禁忌—父系权威”的相向作用

在这种相向作用中，生活在传统意识较为深厚地区的人们在民俗实践中具有如下特点——本文总结为民俗实践的“尊严与秩序”取向。“尊严与秩序”如前文所述是一种社会需要，但其实在相向作用下，它也内化为村民在民俗实践中的一种观念取向。我们看到，人们在实践一些超验性的宗教民俗时，并不单纯地只是为了迎合不可知信仰，在某些方面，还可能出于有维护尊严、维护秩序的目的。通俗地说，实践宗教民俗就是要维护好“面子”，维护好村庄里人与人之间的关系。例如本文个案中蒋某在实践月子禁忌时就有深深的“尊严和秩序”观念取向，这种尊严和秩序既是家庭的脸面和家庭内部的秩序，也是村庄或者社区层面的尊严与社会秩序。这种观念取向深深地嵌入在村民的脑海中，影响着人们的民俗实践。

六 小结与讨论

从功能主义视角出发，本文基于对福建闽南地区泉州A村个案的一个冲突性事件的经验，根据社会现实提取出“村庄结构—社会需要—习俗禁忌”的分析框架，这个分析框架基于市场化的社会背景，认为在市场化下受到冲击的村庄结构决定了社会中产生的社会需要，社会需要又进一步决定了习俗禁忌的发展与演进，习俗禁忌反过来又对社会需要有满足和建构的作用。基于这一分析框架，我们将视野聚焦于村庄的基本行动单位——家庭，结合具体的家庭情境，考察月子禁忌和父系权威是如何相向作用的。研究发现，一方面，内部整合度高的村庄结构在人口流动的冲击下，产生了维系村庄尊严与社会秩序的社会需要，这种社会需要在家庭之中内化为父系权威的维系需要，月子禁忌作为一种家庭社会化的“通过仪式”，能够让儿媳妇接受规训而依附于家庭的父系权威，从而维系了父系权威，也就维系了村庄尊严与社会秩序。另一方面，父系权威的维系过程又进一步强化了对月子禁忌的实践，促进了其传承。这种相向作用反映出传统意识浓厚地区的人们在民俗实践中具有

“尊严与秩序”的观念取向。

本文的缺陷为个案在帮助我们深挖内在机理的同时，实际上在一定程度上放弃了研究的整体代表性。并且在对个案的挖掘中，由于能力欠缺，本文无法做到面面俱到，可能也因遗漏了一些其他的重要的事实资料，在某种程度上影响了整体判断。

希望通过本文的研究，引起学界对相关话题的关注：从家庭情境中考察月子禁忌与父系权威之间的相向作用，事实上是想通过部分折射整体的特点。通过这个个案可以反映出当代中国变迁中的社会现实，变化中的社会结构如何与民俗之间相互作用，人们在这些作用下的民俗实践又会有什么样的特点？后现代主义思潮影响下的当代青年群体在面临传统的民俗时又会有什么样的行为策略？这些都值得深究。

国家祀典类非遗的传承现状、问题与发展*

——以2018年陕西黄帝陵祭典为例

贺少雅**

摘要： 作为国家祀典类非遗的重要代表，陕西黄帝陵祭典从祖先祭祀仪式演变为象征民族精神的现代公祭，并被列为国家级非物质文化遗产项目。黄帝陵祭典拥有广泛的社会认同，在增强文化自信、凝聚民族精神、促进族群和谐等方面发挥着重要作用。但从非遗保护角度来说，其仍存在着项目管理机制不顺、社区参与不足等问题。本文建议理顺非遗项目管理机制，加强学术支持，尊重社区差异性，提高民众参与度，以改善民生和服务群众文化生活为目的，将当代国家祀典类非遗改造成官民同庆、普天共庆的公共性仪式。

关键词： 国家祀典　非物质文化遗产保护　黄帝陵祭典　社区参与

中国具有悠久的祭祀文化传统，历朝历代均将国家祭祀作为朝廷统治的大事，正如《左传》中所云“国之大事，在祀与戎”。[①] 有学者将中国古代公共性祭祀分为“国君之祭”“朝廷宗庙祭祀”“宗族共祭祖先”，[②] 前两者成为国家祀典的重要组成部分。国家祀典一般均由礼部统一制定、皇帝本人或选派官员执

* 基金项目：本文系文化和旅游部非遗司委托项目“仪式节庆类非遗保护制度研究”的阶段性成果之一（项目号：221100019）。

** 贺少雅，北京师范大学社会学院博士后，主要研究方向为民俗学、节庆礼仪、非遗保护等。

① 《春秋左传集解》第2册，集解第十三“成公下”，上海人民出版社1977年版，第722页。

② 参见王霄冰、林海聪《公祭的语义衍变、古今形态与当代实践》，《北京师范大学学报》（社会科学版）2014年第5期。

行，旨在宣示国家的意识形态，为国家和天下百姓祈福，昭示礼仪的典范。但王朝时代结束以后，国家祀典逐渐丧失了其政治和社会功能，成为公共文化遗产。① 陕西黄帝陵祭典、湖南炎帝陵祭典等旧时均属国家祀典，其历经时代变迁，从祖先祭祀仪式演变为象征民族精神的现代公祭，近年来又进一步被纳入人类共享的非遗名录。按照联合国教科文组织《保护非物质文化遗产公约》（以下简称《公约》）关于非物质文化遗产的分类，国家祀典类非遗属于“社会实践、节庆、仪式类”，为便于讨论，本文结合中国文化传统，仅讨论古代国家祀典文化遗产列入非遗名录者，统称为“国家祀典类非遗”。这类非遗项目依托强烈的文化认同、深厚悠久的祭祀传统以及当前弘扬优秀传统文化的政策等，获得了理论合法性和政治合法性，但在保护与传承实践中也存在着非遗管理机制不顺、社区参与不足等问题。本文主要以2018年陕西桥山黄帝陵祭典为例，探讨国家祀典类非遗项目的当代传承现状、存在的问题和发展建议，为此类非遗保护的理论推进和社会实践提供参考。

一　祖先祭祀·民族精神象征·非遗项目：国家祀典的历史建构过程

轩辕黄帝被誉为中华民族的“人文初祖”，据传其不仅带领生民创造了丰富的物质和精神文明，还是“修德抚民”的道德典范，自古及今受到广泛的祭祀。

古代黄帝祭祀包括郊祭、庙祭、陵祭等，官方将黄帝祭祀纳入国家祭典，出资维修陵庙，派官员致祭。据统计，全国历代遗留的黄帝陵庙有77处。② 但从历史记载来看，陕西省黄陵县桥山的黄帝陵、黄帝庙祭祀历史最悠久。黄帝陵古称桥陵，1942年为了与今陕西蒲城县唐睿宗桥陵相区别，改称黄帝陵。汉司马迁《史记·五帝本纪》载：“黄帝崩，葬桥山。”③ 这是目前关于黄帝陵的最早记载。后黄帝陵庙因经战乱无存，唐宋两代不断重修，元泰定二年（132年），泰定皇帝诏令保护黄帝陵庙，严禁破坏庙宇建筑设施，严禁砍伐柏树林木，并责专人看守。明代再次大修陵庙，并设五品护陵官二人。清代对黄帝陵庙整修有十余次。相对于官方赋予黄帝的政治象征，黄帝在普通百姓眼中不仅

① 参见王霄冰《国家祀典类遗产的当代传承——以中日韩近代以来的祭孔实践为例》，《山东社会科学》2012年第5期。

② 陕西省公祭黄帝陵工作委员会办公室编：《黄帝祭祀大典图志（1980—2007）》，中国文史出版社2008年版，第8—9页。

③ （汉）司马迁撰，（宋）裴骃集解《史记》第1册，卷1，黄帝本纪第一，中华书局1959年版，第10页。

是中华民族的祖先神，也是能够赐福佑民的神灵。据当地人介绍，民国时期黄帝庙旁边有很多小庙，直到20世纪60年代，黄帝庙都还很小，并非如现在的位置这样突出，附近村民平日里或逢年过节常来此上香敬拜。① 如今亦如是。

清末民国，国家命运多舛，黄帝成为中华民族的精神象征，黄帝祭典在延续古代朝廷祭礼传统的同时被改造成融合中西礼仪文化元素的现代政治仪式，成为救亡图存的文化手段。1939—1949年，中共陕甘宁边区政府又将这种现代政治仪式发展成革命礼仪传统，② 一直延续到1963年，后被迫中断。1980年，随着政治生态好转，传统文化复兴，大陆、港澳地区同胞、台湾地区同胞以及海外华侨华人等寻根问祖之举络绎不绝，桥山黄陵作为国内历史最久远的黄帝祭祀之地，恢复了清明节公祭，1988年又恢复重阳节民祭。黄帝陵祭典在传统文化复兴大势之下，经学术界广泛论证，获得了理论合法性和政治合法性，成为超越血缘、种族、宗教、党派、制度甚至国界的公共祭典，赢得炎黄子孙和全世界华人广泛认同。自1994年起，每年都有国家领导人、国家有关部委领导、省区市政府领导和海内外知名人士参加清明节祭陵。

伴随着黄帝祭祀的声名远播，政府对黄帝陵庙的整修和建设力度也不断加大，陆续搬迁了周围部分村庄、学校、工厂等，建起规模宏大的轩辕殿广场和祭祀大殿。如今的轩辕庙前广场宽阔，绿水环绕，龙尾道气势高拔，龙驭阁、轩辕殿雄伟壮观，能同时容纳五千余人举行祭祀活动。2004年启用轩辕祭祀大殿后祭祀仪程也逐渐确定下来，包括全体肃立，击鼓鸣钟，敬献花篮，恭读祭文，向黄帝像行三鞠躬礼，乐舞告祭以及瞻仰祭祀大殿、拜谒黄帝陵。③

2006年，黄帝陵祭典被列入首批国家级非遗保护项目名录，并位居国家祀典类非遗首位。据了解，当地政府还启动并基本完成了“黄帝陵祭典活动”申报人类非物质文化遗产的准备。2015年，习近平总书记题写“黄帝陵是中华文明的精神标识”，充分肯定了黄帝陵祭典在公共祭祀中的地位，为当地政府继续打造黄帝陵祭典和黄帝文化打了强心剂。当前，黄帝陵国家文化公园的建设如火如荼，黄帝文化与旅游的融合也在探索中。

看到黄帝陵祭典带来的社会声誉及其对经济发展的带动力，河南新郑、浙

① 被访谈人：孟军，陕西省黄陵县非遗办公室主任。访谈人：贺少雅，北京师范大学社会学院博士后；李柯涵，北京师范大学社会学院本科生；郑海洋，北京师范大学政府管理学院本科生。访谈时间：2018年4月5日下午。访谈地点：黄陵县文化中心。

② 参见李俊领《中国近代国家祭祀的历史考察》，硕士学位论文，山东师范大学，2005年，第四章第二节的相关论述。

③ 参见陕西省地方志编纂委员会编《陕西省志·黄帝陵志》，陕西人民出版社2005年版，第四章内容。

江缙云等地也纷纷打出黄帝祭祀的名号，或称黄帝故里，或称黄帝飞升之地，并分别于2008年和2011年被列入第二批国家非物质文化遗产扩展项目和第三批国家非物质文化遗产扩展名录，且都在争取升格为国家主办，这种后起者的竞争虽未能撼动黄帝陵祭典的高规格祭典地位，但对黄帝祭祀仪式规范起到推动作用。①

二　黄帝陵祭典仪式过程

黄帝陵祭典自1980年恢复以后逐渐形成清明节公祭和重阳节民祭并行的新传统，两者存在异同之处。共通之处在于：均由官方主办；均融合了古今礼仪，传承了恭读祭文的古代礼仪传统，采用了鞠躬和敬献花篮等现代礼仪，等等。主要区别在于：举行时间上不同，面向不同群体；空间选择上，公祭主要在新建的祭祀大殿，民祭选在轩辕庙前；主办单位级别不同，公祭一般由国家部委等部门联合陕西人民政府相关单位合办，民祭则为黄陵县级部门主办；参加人员方面，公祭更为广泛，包括中国港澳台地区同胞、海外中华儿女以及全国各省级政府部门、工农商学兵等社会各界代表，后者多为文史政协以及社会团体等；仪式环节上，民祭更多吸收中国传统祭礼元素，包括敬献祭品、敬上高香、敬奠祭酒等，无巨龙飞天等中华民族政治象征寓意，政治意味稍弱，等等。下文具体介绍2018年的祭祀典礼。

（一）清明节公祭典礼

“公祭”作为一种礼仪实践，自古有之。近代以来，随着民主化和现代化进程的推进，中国传统礼仪被加以彻底改造，“公祭”的“公”字具有了“天下为公”的内涵，“公祭”成为超越国家和民族的“天下共祭”。但“公祭”成为一种国家和社会承认和熟知的公共话语是近几十年的事。②

2018年4月5日清明节，公祭轩辕黄帝典礼在陕西省黄陵县桥山轩辕黄帝祭祀大殿举行。本次公祭期间除典礼以外，还安排了“中华文明凝心铸魂之旅”主题采访、2018全国“你心中的黄帝陵”少儿书画活动、黄帝文化学术交流会、中华优秀传统文化专题讲座、“缅怀始祖·四海同钦——寻根祭祖游延安”活动、“笔歌墨舞·丹青绘情——海峡两岸名家书画展”、“国风·秦韵——华夏同根主题音乐会”、植树活动、戊戌年清明黄陵思源餐叙等11项活动，旨在唤

① 参见李桂民《黄陵、新郑和缙云黄帝公祭再探讨》，《长安大学学报》2018年第2期。

② 参见王霄冰、林海聪《公祭的语义衍变、古今形态与当代实践》，《北京师范大学学报》（社会科学版）2014年第5期。

起全社会对中华文化的认同，坚定文化自信，构造中华民族共同精神家园。

1. 仪式前的准备

4 月 5 日上午，轩辕殿广场前人头攒动，人群被警戒线隔开，拥有入场券的参祭代表直接进入广场指定区域内集合，包括国家部委、兄弟省份、黄帝陵基金会宾客，港澳地区同胞代表，台湾地区同胞代表，海外侨胞代表，陕西各界代表等。部分当地群众通过便宜途径拿到入场券，扶老携幼地融入指定区域内的参祭代表团之中。尽管《戊戌（2018）年清明公祭轩辕黄帝典礼活动须知》①中规定严禁携带儿童，但是人们仍想接受难得的爱国主义教育。

9 点半左右，人群开始排队进入轩辕殿。殿前广场两侧安排有锣鼓队表演、太极拳表演和安塞腰鼓表演。但队伍走上高高的台阶时，人群已经散开，纷纷回头俯瞰下面的人群或拍照留念。陕西省公安厅派出的武警站立道路两侧。进入轩辕庙时，门口有武警站岗敬礼。庙内第一层殿两边摆出了陕西省摄影家协会举办的摄影展览，展示着黄帝陵国家森林公园的美景。庙后身是中央电视台等媒体临时搭建的直播台。来到宏伟的轩辕祭祀大殿前，已有穿着古装、手举黄色旗帜的仪仗队沿着四面的边沿围成一圈，参祭人群被围在圈内。几百名志愿者手拉手将步入的人群分隔成几个区域。殿前人头攒动，台胞祭祖团、陕西省温州商会、西安温州商会、中国侨联海外青年委员“一带一路研修班”、陕西省归国华侨联合会等社会团体打出的各色旗帜随风飘荡。广场四面设置了多个高台，皆由媒体记者占据，以“全国网络媒体联合直播戊戌年清明公祭轩辕黄帝典礼”的牌子最为醒目。

2. 祭典仪式过程

公祭典礼由陕西省人民政府、国务院台湾事务办公室、国务院侨务办公室主办，延安市、黄陵县人民政府协办，陕西省委常委、常务副省长、陕西省公祭黄帝陵工作委员会主任主持，新华网、人民网、央视网、光明网等全国 50 多家网络媒体进行全程网络直播和手机直播，陕西卫视“戊戌（2018）中华大祭祖”特邀知名的陕西籍学者康震教授进行现场解说。

典礼仪程基本延续着 2004 年以来确定下来的仪程，共分七项：全体肃立，击鼓鸣钟，敬献花篮，恭读祭文，向轩辕黄帝像行三鞠躬礼，乐舞告祭，以及瞻仰轩辕殿、拜谒黄帝陵。

---

① 《戊戌（2018）年清明公祭轩辕黄帝典礼活动须知》：“为使隆重、庄严、肃穆、热烈的戊戌年清明公祭轩辕黄帝典礼有序进行，请您按下列要求参祭：1. 所有参祭人员都应怀着队始祖虔诚之心，自觉遵守有关规定，服从统一安排。2. 参加祭祖典礼着正装、衣着整洁，举止端庄，按照要求佩戴证件，在指定位置肃立，不要随意走动和喧哗。3. 严禁携带手提包，严禁带小孩。4. 祭祀典礼开始前，请将移动通讯工具关闭或调成无声状态。5. 祭祀典礼现场及黄帝陵景区禁止吸烟。”

上午9点50分，祭典现场响起34咚击鼓和9响鸣钟，典礼正式开始。击鼓鸣钟具有特定的象征意义，34次鼓声象征着全国34个省、自治区、直辖市，香港、澳门特别行政区、台湾同胞，海外侨胞以及全体中华儿女崇敬始祖的共同心声，9响钟鸣代表着中华民族崇敬始祖的最高礼数。

接着是敬献花篮。按照职位高低，依次出场的是全国人大常委会副委员长、全国政协副主席、中国台湾地区国民党前主席，陕西省委书记、省人大常委会主任，国务院台湾事务办公室主任和中共中央统战部副部长、国务院侨务办公室主任，然后分别是民主党派、中央和国家机关、人民团体代表；各省区市代表；港澳同胞、海外侨胞代表；中国台湾地区新党主席携台湾地区青年代表；全国道德模范、劳动模范、时代楷模、全国劳模、三八红旗手标兵、杰出青年、优秀科技工作者、冬奥会管局代表及黄陵县群众代表等。最后是陕西省延安市委书记和黄陵县委书记敬献花篮。人群里，有人拿起手机，翘首仰望；有人边听边评点。

敬献花篮的时间很长，几乎占据整个典礼时长的2/3。敬献花篮结束后，由陕西省省长恭读祭文，内容从歌颂轩辕黄帝的丰功伟绩起，重点描绘了当代中国共产党领导下国力强盛、人民安居乐业、国家和平统一等美好图景，最后畅想美好未来。① 人群虽然听不懂祭文的含义，但半文半白的韵文所带来的仪式感令全场肃静。

随后，参加祭祀大典的所有嘉宾在主持人的引领下，向轩辕黄帝像行三鞠躬礼。人群此刻出奇地安静，只能听到统一行礼的声音，着帽者均脱帽行礼。接着是乐舞告祭。共分祥云吉雨、百兽率舞、中华鼓魂和驭龙飞天，歌颂黄帝功德，表达对先祖的崇敬之情。乐声庄重，乐舞翩翩，全场手机高举，纷纷记录这一场景。最后是巨龙腾飞。一条56米长的“中华龙”腾空升跃，演绎出“桥山龙驭”的神圣场景，现场爆发出阵阵掌声和欢呼声。

典礼结束，人们排队步入祭祀大殿，瞻仰黄帝像，拍照留念。参祭代表乘

① 岁在戊戌，节届清明，桥山之阳，春和景明。华夏儿女以笃恭笃敬之心、八佾雅乐之仪，祭告轩辕黄帝曰：吾祖赫赫，伟业煌煌，肇始文明，光被遐荒。制礼作乐，教民德尚，行造舟车，医重岐黄。青史源悠悠兮瓜瓞芃芃，斯民亿万万兮社稷泱泱。世代传薪，余烈久长，俎豆千秋，礼乐馨香。壮哉中华，乾坤朗朗；自信在胸，正道康庄。国力宏勃兮光灿寰宇，民心齐荟兮奋发图强。盛会十九大，砥砺前行初心不忘；开启新时代，思想引领伟业恒昌。宪法修立兮万众尊崇，纲纪整饬兮政风和畅。一带一路连五洲命运，精准脱贫惠华夏山乡。翱空潜海创新加速，扩绿治污沃野新妆。一国两制，紫荆白莲繁花并蒂；两岸一家，四海宇内祈合共襄。万山磅礴，主峰雄踞；千帆竞发，舵手领航。励精图治，奋楫劈波斩浪；伟大复兴，圆梦百年沧桑。三秦故地，再谱华章。追赶超越，其时正当。五个扎实并举，一幅蓝图宏昶。百姓广增福祉，经济新阶再上。高质量发展聚能增效；自贸区运转达海通江。牢记嘱托，埋头苦干开来继往；情系人民，上下同心共筑辉煌。桥山巍巍，古柏苍苍，人文初祖，勋耀洪荒。冀佑中华祥瑞，福泽天下安康。大礼告成，伏惟尚飨！

车前往黄帝陵，拜谒黄帝陵和植树。轩辕庙前，很多人烧香拜祭。

（二）重阳节民祭典礼

民祭，是相对于清明节公（官）祭而言的民间祭祀。可分为两种，一是现在官方主持的重阳节民祭，二是日常无明确组织的民祭。

有研究认为，重阳节民祭，主要是当地政府的一种新传统发明。1988 年，在县政府主持操办下，因应民间人士寻根祭祖以及当地发展旅游业的需要，当地知识分子对县志记载进行了重新阐释，融合了重阳节登高敬老、黄帝驭龙升天等民间传统，加以重新打造，将有组织的民间祭陵固定在重阳节。[①] 至于日常民祭则不拘固定时间。重阳节民祭相对公祭来说，较多吸收了当地民间传统，1996 年确定了如下仪程。（1）执事者就位。（2）全场肃立。（3）击鼓鸣钟（击鼓 34 响，代表 34 个省、直辖市、自治区及港澳台地区；鸣钟 12 响，代表 12 亿子孙），后敬奏祭乐，包括金号三匝（长号对空转圈吹三次）、大乐三吹（长唢呐吹三响）、大铜三发（大铜锣敲三响）、细乐三奏（小唢呐吹三响）、鼓乐齐鸣。（4）挂影扫尘（即清扫祭亭，悬挂黄帝像）。（5）乐舞献祭。（6）敬献祭品。包括敬献鲜花、花篮、松柏；上香奠酒（由两名主陪祭人行跪拜礼，敬酒三杯，一敬天，二敬地，三敬轩辕黄帝）；敬献饼羹时果（由 10 名子孙分别端面花四盘、时果六盘献陵前）和敬献金斗银斗。（7）行高奠礼，恭读祭文。包括行三拜九叩礼，由主祭人恭读祭文，焚烧纸钱、香表。（8）扫墓（执事率子孙绕陵一周，撒五谷、水酒、纸钱、饼羹等于陵上）。（9）植纪念树。[②]

后因祭典规模不断扩大，仪式日趋规范。2018 年 10 月 17 日戊戌年重阳恭祭轩辕黄帝典礼，共九项内容：击鼓鸣钟、敬奏祭乐、敬献花篮、敬献祭品、敬香献果、敬奠祭酒、恭读祭文、行鞠躬礼、乐舞告祭。击鼓九通、鸣钟九响，寓意九九重阳、九州和谐；然后，祭乐声中参祭代表敬献花篮，工人、农民、解放军代表敬献三牲，知识分子、个体企业主、优秀青年代表敬献饼羹，优秀学生代表敬献时果；福建省文史研究馆馆长、湖北省文史研究馆党组书记等敬上九炷高香；民间三位长者每人手牵两名男女童敬奠祭酒；国务院参事室党组成员和黄陵县人民政府县长分别恭读祭文；最后是乐舞告祭，通过先民祭祖、桑蚕初织、顶礼膜拜三个乐章表达对中华民族先祖的崇敬之情。礼成后，全体参祭人员瞻仰轩辕殿、拜谒黄帝陵。典礼由黄帝陵管理局局长主持。来自全国 35 个省、市、自治区政府参事室、文史研究馆的领导和嘉宾，延安市有关单位及黄陵县各界人士五千余人参加典礼。重阳节祭祀期间还组织了“心祭始祖 书

---

① 王旭瑞：《黄陵祭祀：公祭与民祭》，硕士学位论文，中央民族大学，2006 年，第 41—42 页。

② 陕西省地方志编纂委员会编：《陕西省志·黄帝陵志》，陕西人民出版社 2005 年版，第 162 页。

意桥山——戊戌年重阳海内外书法名家黄帝陵创作笔会”、“中华文化四海行”走进陕西联谊晚会、参观黄陵县文化艺术中心和“黄帝文化中心”、举办“第三届九九重阳黄陵国家森林公园敬老万寿节”等一系列活动。[①]

三 国家祀典类非遗保护存在的问题

曾几何时，中华大地出现了地方政府“公祭”乱象，招致社会各界批评一片，有学者将问题总结为：“其一，场面宏大，浪掷大量钱财；其二，弘扬文化是假，追逐利益是真；其三，抢夺先祖，缺少敬畏之心；其四，不守其道，公祭太多太滥；其五，仪式雷同，没有文化含量；其六，人文始祖，不能代表中华民族。”[②] 鉴于此，有学者著文对公祭的文化内涵和现实意义予以肯定，并提出促进其发展的建议。[③] 2014 年 2 月 27 日，十二届全国人大常委会第七次会议将每年的 12 月 13 日设立为南京大屠杀死难者国家公祭日。2014 年 3 月 31 日，民政部部务会议通过了《烈士公祭办法》。自此，“公祭”以国家法定形式得到确认，并进入公众日常生活和公共话语。公祭如何进一步完善和发展仍然是社会各界关心的话题。

客观来说，2018 年黄帝陵祭典仍存在上述部分问题，比如活动场面宏大，所耗资财不可谓不巨；借黄帝祭祀打造文化名片、发展旅游经济的意图明显；与国内其他祭典仪式雷同，等等。限于篇幅，本文重点从非遗保护角度，对非遗管理机制不顺和社区参与不足等问题予以剖析。

（一）管理机制不顺：高规格国家祀典与非遗项目部门归属的尴尬

黄帝陵祭典历来都由官方主导，1980 年恢复以后由陕西省人民政府主办，1996 年设立清明公祭轩辕黄帝陵典礼筹备工作委员会，2008 年更名为陕西省公祭黄帝陵工作委员会，下设办公室（简称“省祭陵办”），为省政府办公厅直属机构，负责策划组织实施黄帝陵公祭活动，开展黄帝文化研究等。每年清明祭典由常务副省长牵头组织，由省文化厅、省祭陵办、省交通部、省公安部、黄陵县祭陵办组成工作小组，举办的活动内容丰富，涉及学术论坛、音乐会、摄

---

① 《重阳节缅怀先祖 海内外儿女聚陕西恭祭轩辕黄帝》，参见 http://www.huangdi.gov.cn/content/2018-10/17/content_16012001.htm，访问时间：2018 年 12 月 11 日；《戊戌（2018）年重阳恭祭轩辕黄帝典礼在黄陵举行》，参见 http://www.huangdi.gov.cn/content/2018-10/17/content_16012025.htm，访问时间：2018 年 12 月 11 日。

② 杜松奇：《公祭活动质疑言论评议》，《甘肃社会科学》2008 年第 4 期。

③ 可参见田兆元《论当代公祭的主体与仪式等问题》，《河南社会科学》2009 年第 2 期；王霄冰《国家祀典类遗产的当代传承——以中日韩近代以来的祭孔实践为例》，《山东社会科学》2012 年第 5 期；《公祭节日与当代城市人文空间的构建》，《文化遗产》2016 年第 1 期等。

影比赛、参观游览，黄帝陵祭典只是其中一部分。

这与黄帝陵祭典所承担的多重功能有关。黄帝陵祭典的非遗归属固然是文化保护的需要，但难掩其背后更明显的政治和经济意图。祭典所涉及人群非常广泛驳杂，尤其是中国台湾地区代表、海外华人华侨代表以及政府部门和各行各业代表，是绝非一个部门所能完成的高规格政治仪式活动。同时，政府组织的各种研讨、摄影比赛等都是在对当地做全方位包装，服务于旅游和经济发展。黄帝陵祭典成为地方政府业绩的重要内容。

于是这种高规格的祭典与其非遗定性和部门归属之间产生悖论。首先，黄帝陵祭典的组织过程与非遗管理部门关系不大。黄帝陵祭典虽定性为国家级非遗项目，名义上属于非遗部门管理，但实际上非遗管理部门除参与项目申报以外，并未直接参与祭典活动。不仅是活动的组织难以参与，连省内的一些活动陕西省文化厅非遗处及其下属的延安市、县非遗办公室等直接参与的也不多。作为一个活动参与部门，需向祭典组织者提供资料，以及配合县文体局组织祭典现场的民间工艺展示或者民间表演，比如祭典中的祭品——各种面花、太极拳表演、腰鼓表演等。县非遗办公室负责人表示，如今只要在黄帝陵祭典上有展示非遗的机会，他会尽一切努力去争取。[①] 同时，我们还了解到，自 2017 年以来，上级部门为提高对黄帝陵祭典的重视程度，将黄陵县委书记任命为省祭陵办主任。但是，按照中国的行政工作惯例，一个县级干部很难调动起省市级其他协同部门的力量，这无疑会影响到祭典的组织工作。

（二）价值排斥：官方主流价值导向与社区内在差异性之间的矛盾

非遗项目的内在属性是共建共享，以及由此建立的认同。但是作为官方着力打造的政治仪式，黄帝陵公祭旨在激发爱国情怀，增强民族归属感，凝聚民族精神。无论是祭典现场的邀请嘉宾、各行各业的献礼代表还是祭文内容，均展示着民族国家统一与和谐的主流话语。强势的政治逻辑将仪式中民间多元价值排斥在外，对社区差异性考虑较少。

调研发现，现场的绝大部分群众在国家统一、民族认同方面的考虑较少，他们有的是瞻仰圣地，祭拜黄帝神灵；有的是感受集体祭祀的隆重氛围；有的是瞻仰国家和各地高层人物或者观看新奇的乐舞表演；有的是借机游玩；有的则是因单位要求被强制而来的；还有的将公祭与赶庙会相等同，在陵园内有穿梭往来，售卖纪念品的小贩，在山下则有集市供游客消费和玩耍。所以，媒体

---

① 被访谈人：孟军，陕西省黄陵县非遗办公室主任。访谈人：贺少雅，北京师范大学社会学院博士后；李柯涵，北京师范大学社会学院本科生；郑海洋，北京师范大学政府管理学院本科生。访谈时间：2018 年 4 月 5 日下午。访谈地点：黄陵县文化中心。

宣传和祭典所要达到的唯一目的与普通百姓的多元价值观念之间形成悖论，前者的主流性和唯一性总是试图掩盖后者的多元杂糅，空间上以警戒线相隔离，时间上将公祭典礼与群众自由参拜分开，规定祭典之后群众方可进庙。官民分隔越来越明显，20 世纪 90 年代初的公祭还有很多民间乐社和组织参与，到后来基本代之以专业舞团的祭祀乐舞，公祭仪式政治意味强，现代礼仪多，有意与中国民间传统相区隔；重阳节民祭仪式虽然有很多民间元素，但是不改官方色彩。研究者在对河南新郑、浙江缙云黄帝祭典的研究中也发现这种传统的再造因为官方强势主导，忽视了社区内部的差异性，影响了仪式效果。①

（三）社区缺位：官方过多干预与仪式主体被区隔的矛盾

毋庸置疑，祭拜黄帝陵庙拥有广泛的群众基础和凝聚力。且不论每年不远千里万里来黄陵参加祭典的海内外中华儿女，仅就祭典当天所见便足以令人感动。攀登桥山的路上，当地群众以及来此参祭者扶老携幼，步行登上黄陵。很多老年人手拄拐杖，在家人搀扶下前行，神情庄重，脚步坚定。且人群并无大声喧哗者，神情静穆，无游山玩水的随意。

但无论清明节公祭还是重阳节民祭，由于官方主导，仪式主体被区隔，社区参与度被削弱。“社区”是《公约》的关键词之一，“社区参与”也是非遗保护中的热点问题。学者安德明提出社区“更侧重于强调共同拥有某一非物质文化遗产并由此形成相对稳定认同的人所构成的集合体。……构成它的人群，既可能生活在某个村落或市镇等界限清晰的地理区域当中，又可能生活在跨越地区乃至跨越国界的范围当中。它既可以小到两个以上的人构成的群体，又可以大到一个民族、一个国家，甚至可以是几个民族、几个国家。判断这一集体是否构成非遗相关社区的依据，就在于其成员是否同拥有、传承并珍视某一非物质文化遗产项目”。②

按照他的解释，黄帝陵祭典的社区是超越地区、国家、民族的群体共同拥有和珍视的遗产，而且按照《公约》关于“社区中心”的定义，“社区参与”包括非遗项目的申请过程中的社区认定、广泛的知情权、社区受益等多个层次。③ 但是调研发现，祭典的社区理论更多面向特定的人群，比如政府、港澳台地区同胞、海外华侨华人，更强调中华民族统一的基调，这无疑排斥了本地社区和其他参祭群体。事实上，本地人是这一仪式和信仰的稳固支持者。公祭现

① 参见李桂民《黄陵、新郑和缙云黄帝公祭再探讨》，《长安大学学报》2018 年第 2 期；钟梦迪《缙云轩辕祭典的传统再造问题研究》，硕士学位论文，浙江师范大学，2016 年。

② 安德明：《以社区参与为基础构建人类命运共同体》，《西北民族研究》2018 年第 2 期。

③ 杨利慧：《以社区为中心——联合国教科文组织非遗保护政策中社区的地位及其界定》，《西北民族研究》2016 年第 4 期。

场，除官员和各界代表组成的方阵、工作人员、媒体等外，当地群众很难拿到入场券，且只能在公祭仪式结束后，方可入陵拜祭、游览。这让很多群众不满，人们认为，同为炎黄子孙，公祭活动理应被所有人共同观看。同时，公祭期间，县城内有大量宾馆为外来游客提供住宿服务，但因政府方面采取临时措施将县城内宾馆预订下来，为前来的官员和社会各界代表提供住宿保障，所以造成很多外地游客被排斥在外。

四　国家祀典类非遗传承与保护的对策和建议

近年关于国内社会实践、仪式节庆类非遗传承状况的研究显示，其普遍存在着有关部门重视不足、仪式空间和附属基础设施需要改善、代际传承状况堪忧、资金投入不足、内涵挖掘不够、学术支持不足等问题，[①] 相对而言，国家祀典类非遗由于国家和政府部门的强烈支持，传承状态较好，反而因过度干预出现社区主体参与不足的问题。所以，这成为此类非遗接下来需提起重视的问题。本文虽主要以陕西黄帝陵祭典为例，但基本代表了国家祀典类非遗的传承状况。故针对上述问题，提出以下建议。

（一）尊重民众情感，坚守庆典仪式精神内核

传统是流动的。节庆仪式作为民间日常生活中的非日常时刻，亦随时代变迁而变。变可以是仪式环节、服装饮食，不变的应该是节庆仪式所坚守的精神内核。对于黄帝陵祭典而言，其得以传承的根本是民间深厚的黄帝信仰。黄帝既是伟大的先祖，也如一般神明一样能够给实际生活带来期盼。这正是祭祀大典得以整合官方参与和民间参与的深层一致性。所以，不管是公祭还是民祭，其背后的丰富信仰内涵都不是宏大的政治话语所能掩盖的，祭典的传承绝不能忽视这一点。

（二）理顺祭典管理方式，增强非遗管理部门参与度

作为一个大型政治仪式，政府有关部门的协调配合无疑是最关键的。建议理顺祭典的部门管理关系，因为筹办祭典的单位若落实到县级政府，而又需省级相关部门全力配合，无疑影响祭典的组织和开展。同时，扩大非遗管理部门的参与。黄帝陵祭典不仅是一个政治仪式，更是综合了祭祀仪式、非遗表演、

---

① 参见鞠熙《京西幡会保护现状与对策研究报告》，龙晓添《节庆类非物质文化遗产传承、发展调查报告》，邵凤丽、张丽丽、杨乐乐《锡伯族“喜利妈妈信俗”保护现状与对策研究报告》，郑艳、张伟《荣成院夼渔民祭海仪式保护现状与对策研究报告》，方云《江西婺源春节傩舞习俗保护现状与对策研究报告》，以上报告均为未刊稿。

民间手工技艺展示（如花膜制作）等多种优秀传统文化的载体。既然黄帝陵祭典归属为国家级非遗项目，理论上应由非遗部门更多参与其中。非遗部门不仅掌握着黄帝祭典的大量资料，也可融合当地更多文化元素，丰富仪式内容，使之更具有亲民性。同时，要提高对非遗部门的重视程度。调研显示，延安市无专管非遗部门，仅有社会文化科承接公共文化、非物质文化遗产、基层文化建设等工作。黄陵县虽有非遗办，但是工作人员仅 1 人。

（三）提高公众参与度，建设官民共庆、普天同庆的公共性节日

据统计，1998—2006 年每年参加清明节公祭基本维持在 5 万人左右。但其实，并未将日常民祭人群计算在内。且据介绍，仅正月初一一天就涌入 20 多万人。[①] 当天可免费参观是一方面原因，更主要的是，数字背后显示出黄帝陵祭典的广泛和深厚的群众基础，如果仅以服务于政治象征和经济发展，而忽略强大的群众基础，是得不偿失的，不利于中国祭祀传统的延续。

学者安德明针对当前“政府主导”非遗保护中出现的问题，提出了“文化对话”的政府主导模式，[②] 对黄帝陵祭典也是一种启发。即在非物质文化遗产向公共文化资源转化的今天，国家祀典类非遗项目应增强官民合作，将单纯的政治性仪式改造为官民同庆、普天共庆的公共性祭典，坚持节庆仪式共建共享保护原则，让公众成为仪式参与者和行动者。

第一，祭祀仪式可以增加更多群众参与的机会，吸收民间庙会传统，让更多民间文化元素，如陕北的腰鼓、秧歌、民间戏曲、民间手工艺等融入进来，把黄帝陵祭典变成现代性公共节日。第二，增强日常民祭弹性，让公众有更多参与和祭祀机会。结合当地民众祭祀和岁时节日旅游需要，增加民众进入陵庙参拜的时间，满足群众的精神需要。据介绍，2004 年中国香港影星成龙祭黄帝陵时盛况空前，[③] 这种灵活的举动使祭祀文化更接地气，也提升了祭典知名度。第三，鼓励群众自发参与，适度开展经营活动，以满足祭祀期间人们的衣食住行，也有助于活络地方经济和文化发展。第四，利用多媒体技术，加强祭典的多元传播和公众参与。祭典当天，可以通过现场大屏幕直播、电视、网络、手机平台直播等多种形式增强民众的参与度。

---

① 被访谈人：孟军，陕西省黄陵县非遗办公室主任。访谈人：贺少雅，北京师范大学社会学院博士后；李柯涵，北京师范大学社会学院本科生；郑海洋，北京师范大学政府管理学院本科生。访谈时间：2018 年 4 月 5 日下午。访谈地点：黄陵县文化中心。

② 安德明：《非物质文化遗产保护中的社区：涵义、多样性及其与政府力量的关系》，《西北民族研究》2016 年第 4 期。

③ 被访谈人：韩养民，西北大学教授。访谈人：贺少雅，北京师范大学社会学院博士后；李柯涵，北京师范大学社会学院本科生。访谈时间：2018 年 4 月 2 日上午。访谈地点：西北大学校内。

（四）加强学术支持和整体保护与开发，促进非遗项目落地社区

按照联合国教科文组织有关非遗保护“社区”的定义，非遗保护要惠及社区人群，在人群互动、文化认同等方面发挥作用。不可否认，非遗已经成为当代社会经济和文化发展的重要资源。黄帝文化作为黄陵县一张重要的文化名片，是满足当地群众文化生活需要、进行旅游开发、实现经济创收的重要依托。当地可依托国家加大投资的大背景，融入本地规划，以改善民生为目的，尊重本地群众改善文化生活和精神生活的需要，在加强基础设施改善和配套服务等软硬件建设同时，将黄帝文化公园的建设和祭祀文化的打造纳入公共文化服务体系建设，打造公共性祭祀文化体系。同时，加强黄帝文化的挖掘和应用，以及与其相关的非遗资源整体挖掘和文创产品的开发，带动文化旅游发展，打造以文创产品带头、文化消费与休闲消费相结合的旅游体系，让祭祀文化不仅用于政治宣传和社会动员，更重要的是融入更多实用功能，更多地满足普通人，尤其是当地社区群众的经济发展、文化发展和精神需要。

当然，黄帝作为人文初祖，相关历史记载、人文古迹、历史传说等遍及全国。但黄帝研究仍多局限于史学方面，对于祭典仪式的完善还需下功夫，对仪式的音乐、服饰、祭祀参与者和角色定位以及祭品的选择等的研究还可以更加细致。

回到纯粹：苏绣语言形式改变的审美意义*

——以姚惠芬“简针绣”作品为例

廖 伏 俞宏清**

摘要： 20—21世纪的一百年时间里，苏绣的发展经历了多次重大的突破，而每一次的突破都是对传统苏绣形式与审美的全新超越，每一次的创新都是在继承传统的基础上与其他门类的艺术相互借鉴、学习与融合的结果。艺术的本质和价值在于它的超越性，“简针绣”通过将苏绣传统的针法与西方素描或速写的技法有机融合，创造出一种全新的刺绣表现形式与审美内涵，并由此对传统苏绣从形式到内容有了某种实质性的超越。

关键词： 苏绣 简针绣 形式 纯粹 融合 审美

“简针绣”是姚惠芬历时十年探索研究所独创的一种刺绣技法。其融中国传统线描与西方素描技法为一体，以最少的针法、最素的线色、最精的线条构成了当下苏绣的全新的表现形式与审美内涵，以简为道、以简为美，是传统苏绣技艺之当代表现的完美诠释。

本文着重讨论姚惠芬的《简针绣系列》作品表现形式和审美意义。

---

* 基金项目：本文系2017年度国家社会科学基金艺术学一般项目（项目号：2017FH04829）阶段性成果。

** 廖伏，苏州姚惠芬艺术刺绣研究所艺术顾问；俞宏清，苏州姚惠芬艺术刺绣研究所研究员。

一 “简针绣”是什么?

“简针绣”是一种适合于表现素描、速写人物肖像或动物的新的刺绣方法。这种刺绣方法与以往传统的人物肖像或动物刺绣方法相比，在更深、更广的层面上弃繁从简，以少胜多。在运用针法方面基本以传统的平针绣的几种简单针法为主，局部施于细乱针，以不同粗细、不同色阶的丝线来进行刺绣，使作品具有光影透视的明暗效果。与此同时，作品的背景尽可能留白，如此，使作品的表现形式更简单、更清晰和更彻底，充分体现一种简洁和纯粹的审美内涵，且在确立新的审美标准与价值的过程中来反映当代苏绣新的表现力与生命力。

(一)“简针绣”的基本特点

“简针绣”基于传统针法与素描或速写的融合，其作品有以下几个显著特点。

第一，以传统平针绣的几种简单针法为主，局部细乱针为辅。第二，充分借鉴素描或速写的绘画方式绣制人物或动物的眼睛、鼻子和嘴唇等部位，强化光影透视的明暗效果。与此同时，借鉴中国传统线描对线条的处理方式来绣制人物的头发或动物身体毛发，使之具有丰富的层次以及表现力度和飘逸感。第三，配色选用不同粗细、不同色阶的黑白灰丝线，凸显黑与白的强烈对比。第四，人物或动物背景，则大面积自然留白，不作处理。

(二) 简至极简的形式

上述显著特点从形式上概括就是：(1) 针简——平针组合滚针、接针及套针是“简针绣”针法的基本针法。(2) 图简——以线条表现块面。“形象”之外大片留白，意境深远。(3) 色简——黑白的层次分明，浓淡相宜；敷彩的素净雅淡，大气沉稳。

以上“三简”串起了一个与“作品意涵”“表现语言”等密切关联的“意义相关全体”，蕴含着某种深刻的“意蕴”；把刺绣从传统技艺的确定性中拓展出来，呈现新的非确定性的艺术理念。

(三) 简而不简的意涵

相对于传统苏绣崇尚绚丽、繁复的传统图式和审美习惯，“简针绣”作品反其道而行之，以简为美，清新、利落却“简而不简”。

“简针绣”作品绣面上可见的形象，不管是经典的《达·芬奇自画像》和《达芬奇素描女子肖像系列》，还是出自欧洲画家的《素描少女肖像》《青年女子肖像》等；以及中国画家《葡萄少女肖像》《人物速写小品·四幅》，皆为姚惠芬所创造的“简针意象”。

之所以称之为“简针意象”，是因为这些作品几乎都与原画拉开了距离，都经过了她的“解构”——对原画中许多被她认为与表现无关的东西做了删减。简言之，是她用自己的刺绣语言“书写”的、充分表达其所思所想的“喻象”。

所以说，“简针绣”作品，看似简单，绝不简单。如同观众的感喟“一针一线，绣里乾坤”。简单之中不简单。其形式因为思想而改变，其作品因为思想而闪光，因而，这些作品也是纯粹的。

二　纯粹,从改变态度开始

任何一个创作者，当他的艺术创造达到“纯粹”境地时，在其核心处都有种东西起着作用。通俗地讲则为“创作态度”。对“简针绣”而言，那就是“简至极简”怎么来的，“简而不简”又怎么实现的?

一切从“改变”开始。

改变，首先是态度的改变。“态度”包括真诚、严肃、细致等，最重要的则是思维方式。有什么样的想法才会有什么样的态度。

本文所讨论的“态度改变”更偏重于思维方式的改变。

在姚惠芬的“简针绣”作品里可以看到她的这种变化，而变化的实质则是对传统、对自己的重新省视。省视就是态度。然而，真正的省视应该是为了提升自己的格局，否则便失去意义。

姚惠芬的“省视、提升”带来了艺术思维的改变（也可以说“终结”或“搁置”以往的艺术立场）触发了她的“直觉”——诸多新的可能性随之展现：新形式，新技法，新意涵，如此等等。

她曾说，“简针绣”创作的初衷是“想和师傅做的有点不一样”。

她还说过：“现在的创作要关注人们审美趣味的变化。就像一杯白开水，有人要往里面加糖，有人要加盐，有人要加点其它什么，这么加，那么加就发生了变化。但是，这杯白开水是最基本的，也是不可缺少的。”

她认为：在绣制中，为啥要这么绣而不是那么绣就在于“适意”。

可以这么认为：“不一样”是“简针绣”的创作动机，求新意识的一个“方向”。“白开水”不仅仅是创作主旨，同时还是方法、路径，即，出新的“方式”，更是种审美观念。“适意”则是她的艺术“标准”。

而这些则产生于思维方式改变：“平面思维”与中国传统“形象思维”的融合。融合意味着改变！相当关键。

一方面，称之为“平面思维”的特质相当明显，是指人的各种思维线条在平面上聚散交错，更具有跳跃性和广阔性。大家熟知的“形象思维”属于这一范畴。此中，联系和想象是它的本质。通常表现为事项之间的跳跃性连接。姚惠芬的“简针绣”敢于在崇尚繁复的苏绣审美传统中展现出“简”的品味，说到底，源自她求新“方向”和出新“方式”之不同于一般的，跳跃性连接。

另一方面，姚惠芬将其“悟”出来的东西——“反思、提升”的成果，也就是当代艺术创作者应有的态度，凝结在自己的艺术标准里——“适意”。

一般来讲，“适意”是心情，微妙的心情。在绣娘的绣制中，经常听得到“这幅作品做得蛮适意”之类的话。当自己对自己的作品“越看越适意”之时，“适意”不仅仅是心情，转而成为创作者内心的，针对自己的标准了。因此，只要用心地绣，真诚的、全身心投入地创作，“适意”两字足以概括理论上需要长篇大论才能说透的艺术评价各个层次、各种维度。从这一点上看，“适意”何尝不能成为标准?！进而，似还可以说，这种出自内心的标准或有原始的意义——纯粹。

三　“纯粹”从反思、提升中来

知道了姚惠芬《“简针绣”系列》的创作态度，自然而然会追问这些“想法”“方法”是从哪里来的？

比如，“想和师傅做的有点不一样”，乍一看好像很“朴素”，其实是对经验，对传统的反思。朴素、反思，两者不在同一个层面上。反思不等于否定。反思没有抛弃烂熟于心的东西，只是把它们搁一搁，放一放，重新打量早已熟悉的东西。

在这个意义上，“想和师傅有点不一样”——新的历史条件下，与师傅不一样的起点上的原创就是传承。通过自己的原创作品，通过言传身教把前辈大师们尊重传统，善于反思，勇于求索的精神传下去。也只有如此，才称得上“得师传之真谛”。

艺术创作者最讲究精神。而人的精神涵盖了许多内容和诸多层次，意识、反思、想象、求索……都是精神之组成。想象，创作者的看家本领。想象可以不与反思连接，然而，一旦连接，海阔天空。

在“简针绣”的作品中，笔者清楚地看到了这种连接的想象。这就是说，她的想象是多层面、多维的。不只在形象的塑造上，在苏绣更本质的方面——针法运用上也展开了想象，凭着自己的“直觉”，怎么“适意”怎么去做。

想象同时又是直觉。准确地说，“悟”——包含了想象和各种因素的“整体直观”触发了姚惠芬的艺术直觉。这样的直觉来之不易。从其《创作日记》中可见，约有五年时光，她一直在“悟”她的“简针绣”。因而，在她多个系列作品中表现得淋漓尽致的，由“悟”而触发的艺术“直觉”与当今主流审美观念相当吻合，与苏绣本质高度契合。

相信直觉，遵从直觉使“白开水”说得到了受众的正面回应；她的“适意”，也就是她的艺术标准获得了受众的认同。因为，她始终在自己的生活世界里把握“世界”（作为概念的“世界”）。同理，她也始终在刺绣当中把握“刺绣”（作为概念的“刺绣”）。由于作为绣娘的她更接近苏绣之本质，因而，她的作品更纯粹。

四 “简针绣”是纯粹的苏绣作品

在详细讨论“简针绣”作品的“纯粹”之前，允许笔者梳理当下语境中，与“表达”“理解”有关的一些观念上的事。

任何形式的表达都是在说话。说话必须借助语言。苏绣创作者用刺绣语言说“话”。理解作品只能从作者的“话语形式”入手。刺绣语言也是语言。既然是语言则都有“说什么”“怎么说”两部分。“说什么”和“怎么说”之间是什么样的关系？

索绪尔的“语言‘能指’和‘所指’之间的任意关系”同样适用于艺术作品的分析和理解。在刺绣语言中，“能指”就是“怎么绣”，即刺绣语言的不同的“话语形式”——“细平绣”“仿真绣”“乱针绣”“虚实乱针绣”，这就是“怎么说”。“所指”就是“绣什么”——通常讲的“概念”，即绣面上的人、物形象。此则“说什么”。

就苏绣而言，作品“绣什么”基本都能体现在绣面上。不过，即使是相同的题材，有人只绣出“形象”，有人却在“创造意象”。观众要区分“形象”“意象”却只有一个途径：细看绣娘“怎么绣”。

因为，“怎么绣”是绣娘的主动的意识行为，尤其在杰出绣娘那里，不可避免地带着某种精神意涵。作品的高下往往只在这一点。

正因为“绣什么”“怎么绣”之间的任意性以及隐含在“怎么绣”之中的绣娘的精神性，故而会呈现两种可能性：从作品这个表层看，那些着重“意象创造”的作品里，因为作者“这么绣”，言外言、意外意随之而现；从苏绣传统精神看，历代杰出绣娘通过自己各不相同的“怎么绣”不断地在赋予苏绣以不同的时代精神，构成了苏绣传统的精神脉络。

纵观苏绣史，沈寿、杨守玉、任彗闲等大师具有里程碑意义的辉煌成就，皆为“针法变革”——刺绣语言形式的变革。她们的成功变革正好说明了“怎么绣”的特殊意义更“本质”，而“苏绣传统魅力”的基本描述也确凿无疑地包含了这一切。

具体的讲，姚惠芬从传统针法中提炼出“简针绣”这种刺绣语言的新的“话语形式”有两个积极成果：不仅让“绣什么”发生“改变—变异”，使得从“再现”跃升到“表现”成为可能；同时，也让“怎么绣”——借鉴、融合中西表现手段，自创“针法套路”之本身凸显了鲜明的意义，刺绣语言话语形式——针法的变化，能引发苏绣形式的改变。而这种改变又是根本（本质）的。简单地说，“怎么绣”一变，作品的样貌随即改变。这是“简针绣”最大的“价值”之所在。

落实到最终呈现的刺绣语言的“话语形式”（怎么绣）上面来讲，在崇尚“繁”的苏绣传统中，“简针绣”让苏绣回到“纯粹”！

五　微妙的精神

（一）艺术创作一旦选择了人的题材，总是在诠释“人的存在”，作品的最终“表现”则是创作者的答案

仔细端详“简针绣”作品里的人物，他们有着相同的精神气质：平常而高贵。如此“微妙”的“简针”“意象群”意味着什么？

人，应该什么样？通常这么来提问，于是有了艺术家手下的“人”，“应该”是什么样的论争。然则，这仅仅停留在伦理层面，远未触及本质。实因不同的伦理说教之下便会有不一样的“应该”。

姚惠芬从“切己的生存领悟”出发，“看”到了人性的奥妙。因而，她没有把人当成某个“现成物”，也没有传统意识中的“对象化”——把人看成创作中的“客观对象”。这样反而更单纯，或者说更简单、更直接、更纯粹。

一方面是她身为女性、身为母亲的生命体验、深沉的挚爱。女性表现女性，母亲表现女儿应是最“切己”的。何况，“最深邃的思想最终总是来自爱而不是恨”。①

另一方面是切入点的变换。且看她的《创作日记》里有绣制《达芬奇自画像》时绣制胡须、眼睛的记录：“看似简单的几根胡须、几根线条反映的是人物的精气神、整体的形态甚至是人物的健康状态。胡须的线条如果绣的粗细协调、

① 尚杰：《从胡塞尔到德里达》，江苏人民出版社 2008 年版，第 143、145 页。

飘逸有致，那就赋予人物以生命力。与此同时，我又反复观察人物的眼睛，然后我把眼睛的上下眼线有些地方作了些调整。如此，整幅作品的效果就非常棒，让人感觉达芬奇是活的、是有血有肉的。胡须看上去是那么自然、那么飘逸、那么有动感，我很满意。”（《创作日记》2013. 8. 8）

“胡子”——“健康”——“回到”人本身。① 这里，隐去了（搁置）达芬奇这位文艺复兴巨匠所有耀眼的光环，还原其作为一个“平常人”的本来面目。褪去了神性，回归了人性。

这种切入点的改变，即“意象创造”“方式”“方向”的新连接。其实，是因姚惠芬“看”到了在世之人存在的意义，“看”到了人的“日常性”——你我他都是一样的脱不开“日常”操劳的“平常人”。因为，她就是一个平常人，她始终坚持认为，自己就是一个绣娘。

而且，“简针绣”作品里有各式不同年龄的女性形象，似是种“时间”之喻。在这个“意象群”里寄存着时间，也就寄存着历史。时间性亦因之体现为历史性。作品的“深度和厚度”就这么出来了。常常讲艺术作品要有所寄托、要有价值、有人文关怀，应就这个意思。

（二）知白守黑

“本己”的人，“纯粹”的人，如果把它们放在中国传统文化语境里则为“论道”，即人的“根本之道”。

老子有言：“知其白，守其黑，为天下式。”② 天下式——道。③ 艺术家论道，讲艺术之道，更讲终极之道。对“简针绣”作品而言，是在以“艺术之道”论“根本之道”。

什么是“知其白”？笔者以为，体认在世之人的“本己”的存在状态，在作品里表现人性回归，生命回归，自然回归，向人自身得以存在的根基回归，即为“知其白”。而如此表现又意在维护、恪守人得以存在的根基，所以“知其白”的背后便是“守其黑”。或者说，能“知白”者同时也在“守黑”。

就姚惠芬言，她很善于从细节处理中表现这种“知”与“守”。倘若不得不用“体道功夫”这样的大词，那么，她的“功夫”就在深入的细微处，从看似平常的极深处发力，深刻、纯粹。

再看两则姚惠芬的《创作日记》：

① 胡塞尔之“回到事物的本质”即“本质直观”。

② 《道德经》二十八章。

③ 详见王树人《回归原创之思》，江苏人民出版社 2012 年版，第 7—10 页。

绣《葡萄少女肖像》时，因为是彩色的速写画，其背景是仿古的颜色，所以我在绣葡萄少女的眼睛时选用了特白的丝线来绣少女的眼白部分，因为只有这样绣才能突出少女的清澈、明亮、无邪的眼神。而眼球部分是用几个色阶的棕色丝线来完成的。这样的绣制才能让人过目不忘。(2013.4.2，晚)

绣每一根线条时，我是在和人物进行沟通和交流，是对话的一个过程，也是我为自己手下的人物精心打扮的一个过程。每一根线条中都包含着针下人物的一个精彩故事。所以，看似简单的线条每绣一根我都要斟酌再三，有时候，每一根线条都要用三到四个不同色阶的丝线去绣制，这也是绣中人物如音乐般的人生过程：高潮时用深色丝线以套针和滚针去绣，使之有很强的张力节奏。低谷时，我就用细而淡的丝线以滚针去绣，去表现人物须发。《达芬奇自画像》中的须发张弛有力、弯曲有度，就好像他在弹奏自己的生命乐章，其中的每根线条就是串起达芬奇人生的精彩音符。其中的每一个节点、每一根线条都是有感情的，都是有生命力的。(2013.11.25，凌晨4点)

由此可见，当她精心处理绣面中人的时候，所绣之人在她的心里就像生活中的长者，邻居家的女儿，有血有肉，活灵活现。是感觉到体温，看得见微笑的“平常人”，所谓“知白”应也就如此了。

但是，如其所绣的“葡萄少女”清澈、明亮、无邪之眼神所表现的超凡脱俗；如达芬奇洞悉一切的深邃眼光；分明在昭示一种精神：人的自我超越——合“道”(趋向于“道”)——向本真(朴)复归。不弃根本，守住根本，回归本真；也就是对人“本己”存在的深刻诠释，假如这不是“守黑”那还有什么是“守黑”？

(三) 微妙的形式

既然是在论道，那么，大道至简，“简”这个形式再恰当不过了。

1. 无(虚)和有(实)

揣摩“简针绣”作品，绣面上大片的留白是“简”的另一种意味。

“运黑为白”为“境”。刻意的留白，并非“没有”，而是姚惠芬在塑造“有”(实)之时营造出的“境”——“无”(虚)。

绣面上只见作为“有”的形象，其他全“无”。“有”与“无”，“虚”与“实”相生相伴。

这样的表现应当是一种形而上哲思。绣面上的“无”和“有”，即留白与形象构成了一种关系：“无”(留白、虚)保存了“有”(形象、实)；“无”是“有”

的存在方式。正是这种极具形上意趣的关系生发了“简针绣”作品超越“有限”达致“无限”的意境。

2. 少即是多

“少即是多”，现代主义建筑大师米斯·凡洛德如是说。

少，最难。不管从事什么样的艺术的人都了解这一点。因为少，见真功，没什么多余的可以来补拙。

少，在姚惠芬的“简针绣”当中，构思时为“舍”，“勾绷”时为“减”，呈现时是“藏”。以下，就从“藏”说开去。

露和藏相对，取与舍、加与减相对。有经验的绣娘都知道，作品要有取舍，最难的是舍。绣制中，加法好做，减法难。而最终呈现时总要“藏”掉一些东西。“藏”什么，为啥要“藏”？

对此，姚惠芬的“简”却击中要害：“简针绣的基本要点就是：减去多余的针脚，减到多绣一针嫌多，少绣一针太少，减到不能再减，每一根线条力求绣出四维空间来达到真正的以少胜多、以线概面的效果。简针绣的基本特点是：以最简洁、简练的线条和针法绣出最生动、最丰富的内涵。”(2013. 4. 17)

“以最简洁、简练的线条和针法绣出最生动、最丰富的内涵”的创作宗旨，决定了“简”既是目的又是手段。“简”为了“藏”，“藏”为了“露”；去繁就简是为了能透露“最生动、最丰富的内涵”。进而，构成具有形上意趣的“无”之“境”。

比如《葡萄少女肖像》。就因为把“少女”生活中的一切统统“藏”了起来，绣面上的形象更简单、更直接因而更纯粹。不管少女的原型为何方人士，性情如何，全都无所谓，只需回到“平常人”。该“藏”的“藏”得越深，该“露”的“露”得越敞亮。

（四）微妙的融合

众所周知，线是由点构成的，而线的延伸与组合又构成的面。在“简针绣”创作中，姚惠芬赋予了点、线、面以自己的、独特的精神意涵。因此，她常常有意识地排除具体物像的各种限制，充分发挥这些形式元素之长，以点的重复、线的变化、面的空间来完成作品“形的建构”与“美的呈现”。

点、线、面在“简针绣”里通过作者的创造力被赋予了新的涵义——融合。

点，在几何学里肉眼是看不见的，从物质的角度来看，“点”等于零。但是在艺术的表现中，“零”隐藏着创作者的各种本质。在艺术创作的过程中，“点”是技术与材料表面接触的结果，它的自身是平静的、没有张力和方向的，亦是一种最简洁的形态表现。在“简针绣”的图像系统中，“点”作为一个最小的表现元素却有着自己独特的生命力。

在“简针绣”的形象塑造中，微不足道的“点”是“极简”形式的记号，它在不断地重复与延伸时，无论在什么方向上其内在的张力总是向心的，于是，“简针绣”的刺绣语言依靠着无数点的大小及位置重复变化来实现空间的确立与视觉的表达。

线，在几何学中的定义是：点在运动中所形成的轨迹。线的简单与复杂的变化在于作用力的不同和方向的变化。在“简针绣”的创作过程中，姚惠芬借鉴传统的“线描绣”针法来表现西方素描与速写的构图，她把每一根“线”都定位在最佳的位置上，让每一种色彩的“线”参差散布于最合适的空间中。因而“简针绣”里的“线”是有层次、有形式的。无论曲线还是直线、折线等都能够在作品中构成各不同的内在张力，因此使作品具有了不同层次的空间感。

更重要的是：姚惠芬以自己独特的理解诠释原作，将自己的情感自然地融入每一根绣出的“线”里面，如此，生动活泼的“线”的表现力也就在彰显“线”的精神性和持久的生命力。

面，造型艺术中线的移动就产生了面。面与面的组合构成了所谓的形象。在刺绣的构图中，“面”因“线”的变化走势而呈现出不同的形态类型，在二维空间里，面的表现总是最丰富的，画面往往随面（形象）的形状、虚实、位置、色彩等变化而形成复杂的造型，它是造型风格的具体体现。

在“面”的空间中最具代表性的“直面”与“曲面”所呈现的表情：直面（一切由直线所形成的面）具有稳重、刚毅的男性化特征，其表现性特征的程度随着构图的形状、虚实、位置、色彩等的变化而加强或减弱。而曲面（一切由曲线所形成的面）具有动态、柔和的女性化特征，其表现性特征的程度也是随着构图的形状、虚实、位置、色彩等的变化而加强或减弱。

在“简针绣”作品里，面是由各种简单、简洁的“线”的运动及色彩层次、虚实关系的微妙变化来构成的。这就是“以线代面”。

姚惠芬充分汲取中国画的传统，根据自己的理解和针法的特点，以线代面，将绣面上的形状、虚实、位置、色彩等有机地、灵动地融合在有限的二维空间里。这种“线”与色彩构成的“面”，相互制约、相互协调、相互映衬，充分展现“面”的表现性，凸现“面”的感染力，给人以多种想象的可能性。

康定斯基说：“就外在的概念而言，每一根独立的线或绘画的形就是一种元素。就内在的概念而言，元素不是形本身，而是活跃在其中的内在张力。”① 在

① ［俄］康定斯基：《康定斯基论点线面》，罗世平、魏大海、辛丽译，中国人民大学出版社2003年版，第17页。

“简针绣”作品里，点、线、面以不同的节奏，不同的方向、不同的层次塑造形象。看似随意的点、线、面，实际上都有各自独立的表现价值。它们不仅仅是单纯的形式符号，也是作品“意义相关全体”的表现符号。

具体来讲，姚惠芬用“平针”绣出了带着“线道”“线韵”的中西融合的“线”。虽说“平针”还是“平针”，但它在“简针绣”作品中却已经不是传统的“排列、密布、填空以造型”的“平针”。而是通过“平针”赋予“有意味”的“形”——“线”，使“平针”自身转而成了一种富有当代意义的表现语言。换句话说，姚惠芬手里的“平针”有了今天这个时代的表意功能：由精神性而生发的特殊的表现性。

在“简针绣”作品里，姚惠芬只用几种传统针法就赋予“传统针法”以新的意涵，使之升华为一种当代艺术境域里独立的苏绣表现语言。因之，最为传统的却以最为当代的形式呈现；最是传统的东西的却带着21世纪的时代精神、升华了之后的样貌，回归观众的视野中；最终，让观众在欣赏中从当代的视角和更高层面深入认识传统苏绣乃至传统中国刺绣。

（五）微妙的差异

艺术创作、艺术探讨要从“异”入手，不可停留在“同”的层面上。不应“用某些所谓的“‘共同性’抹杀微妙的差异，而这些的不同往往是巨大而深刻的”。[①] 姚惠芬一直在探究这种同中之异，例如，“简针绣”中“简”。再如，前面谈到的“平针—乱针—虚实乱针—平针”之有趣的回归。这些归结为一个“点”那就是“形式突破”。

姚惠芬找到了这个既能重新激活苏绣传统的魅力，又与当代审美相契合的“点”。她的实践告诉了同行：微小处有大文章！善于细致区分微妙差异者定有大收获！对技术成熟的绣娘言，某些不起眼的地方往往能爆发出大创造。

姚惠芬的“简针绣”作品似可看作一种“多层面、多维度”的“本质”开显，所以，作品的内涵很微妙。同时，这些被其“悟”透了的作品是纯粹的，她从生活或生命的平凡之中，即人之“日常性”中找出本来就有的东西，并赋予其基于人类精神高度的意义。如此，她的“简针绣”作品便具有了形上的内涵和美妙的诗意。

六　结语

“简针绣”是基于姚惠芬情感和理想的全新建构。她在其中走向了自己的精

① 尚杰：《从胡塞尔到德里达》，江苏人民出版社2008年版，第143、145页。

神世界；走向了刺绣艺术的全新空间；进而，走向了自己的生命意义。当其创作理念由实趋向于虚，由繁趋向于简的时候，刺绣在某种程度上从有限走向了无限，由“实”走向了“无”。由此，当代刺绣有了衍化延续传统的新的生命基因之可能；有了拓展新方向之可能。而这种种的可能皆源自改变。

“简针绣”不仅具有简洁、简练的形式，而且还蕴含着创作者生命的一种体验与叙述，虽然只用简单的几种刺绣语言（针法），但其中却包含了创作者的生活状态、对传统技艺肯定与发展的态度以及对未来创新的愿景。它是创作者表达自己从传统刺绣中来，通过传统的语言发出自己现代声音的一个方式；是在当代艺术的语境下，通过“重构”传统刺绣的语言，赋予了传统刺绣语言以当代的精神意涵并建构起全新的当代刺绣语言的方式。

在姚惠芬之“简针绣”系列和其他几个光彩夺目的系列作品中，即在她的“绣的书写”中，“改变”两字，力透“纸”背。形式因改变而鼎新，思想因改变而深刻，作品因思想而纯粹。

回到纯粹——苏绣“话语形式”的改变激活了苏绣的传统魅力。正所谓神会手畅！姚惠芬“超脱的手眼”造就了“简针绣”的表现形式与审美意义。

非遗语境下平遥漆器的传承保护与发展困境

王惠云*

摘要：传统工艺不仅承载了历史和文化，还成为不同阶层人群的生活方式。随着非物质文化遗产保护运动在中国如火如荼地开展，各地区、各民族的各类型的传统工艺技术及手工制品都成为保护、研究、开发的重点。本文以平遥漆器为例，从历史、文化、工艺等多个角度分析其作为非遗的价值，并以此个案为例，从传承人分层与创新两方面分析非遗普遍存在的发展困境。在此基础上，提出非遗的生命力在于融入地方文化和民众的日常生活。

关键词：平遥漆器　非遗　分层　地方文化　生活样式

2003年联合国教科文组织通过了《保护非物质文化遗产公约》，公约规定非物质文化遗产是指：被各社区、群体，有时是个人，视为其文化遗产组成部分的各种社会实践、观念表述、表现形式、知识、技能以及相关的工具、实物、手工艺品和文化场所。① 2011年全国人大常委会通过了《中华人民共和国非物质文化遗产保护法》，将口头文学、传统美术、传统技艺、礼俗节庆、曲艺杂技、医药历法、体育游艺等都纳入保护范围，直至今天，中国的非遗保护仍旧备受关注。平遥推光漆器髹饰技艺于2006年入选国家第一批非物质文化遗产，它以描金彩绘工艺著称，有擦色、描金彩绘、堆鼓罩漆、三金三彩、沥金沥螺

* 王惠云，北京师范大学社会学院民俗学在读博士生。

① 信春鹰主编：《中华人民共和国非物质文化遗产法解读》，中国法制出版社2011年版，第6页。

等多种工艺技法，画面内容涉及人物、山水、花鸟等，具有典型的平遥地方文化特色。

国家非遗运动旨在保护和传承优秀传统文化。提出生产性保护，是要提升传统文化自身的生命活力。设定不同等级的非遗名录，也是为了将非遗保护落到实处。但实际情况是，生产代替了生产性保护，非遗衍生品和非遗产品不加区分，各地区传承人争先恐后地争取更高的等级头衔。非遗等级认定越高，政府扶持就越大，传承人就越有名气，行业内收入和声望差距就越大，由此乱象也就越多。行业内部的分化还表现在传承理念上，是原封不动地按照当时被认定为非遗的要素传承，还是追求变革、创新。对这些问题的思考关系到非遗能否良性发展。

一　平遥漆器的非遗价值

（一）历史价值

有关漆器历史及相关内容的记载很多，漆器技术又称髹饰技艺，髹饰一词最早见于《周礼·春官·巾车》："駹车，萑蔽，然（衤冥），髹饰。"[①]《韩非子·十过》记载"尧禅天下，虞舜受之，作为食器，斩山木而财之，削锯修其迹，流漆墨其上，输之于宫以为食器"，[②] 这是漆器用于生活、祭祀的记载。贾思勰《齐民要术》第四九种漆条记载"凡漆器，不问真伪，送客之后，皆须以水净洗，置床箔上，于日中半日许曝之使干，下晡乃收，则坚牢耐久"，[③] 这是古人使用漆器的经验。明代，漆工黄成著《髹饰录》是我国现存唯一的一部髹漆技术专著，其中讲到髹漆的原料、工具设备、漆器的分类、基本制作过程、容易出现的毛病、漆器的修补等内容，[④] 对今天漆器的发展有着重要意义。山西先民使用大漆和制作漆器的历史久远，在1978—1980年山西襄汾陶寺遗址出土的文物中就有鼓、豆、案、俎等绘有云纹、几何纹的彩绘木胎漆器，2001年，平遥洪善镇东大阎村汉代古墓发掘出土了一批用彤色大漆彩绘的盘、盒、碗、案、罐、耳杯及漆棺残片，实物的出土进一步证实了平遥漆器工艺的历史。

（二）工艺特色

平遥漆器的工艺流程大体分为木胎制作、裱布刮灰、漆胎制作、装饰技艺，

① （汉）郑玄注、（唐）贾公彦疏、李学勤主编：《周礼注疏》下册，北京大学出版社1999年版，第724页。

② （战国）韩非：《韩非子》，蒋重跃注评，凤凰出版社2010年版，第51页。

③ （北魏）贾思勰：《齐民要术》，江苏古籍出版社2001年版，第157页。

④ 王世襄：《髹饰录解说》，生活·读书·新知三联书店2014年版，前言第10页。

手掌推光。木胎制作是基础，它的好坏决定了漆器质量的坚固与否。木料要经过蒸煮烘干等工序，才能保证漆器不变形。裱布通常使用麻或布，刮灰使用生漆加土子灰，裱布刮灰的目的是使得漆器胎体更加有张力，更加平整。漆胎制作之前需要炼制好大漆。从漆树上割取漆液，使用滤漆架至少过滤三次，将里面的树叶渣子等过滤出来。将炼制好的大漆多次涂抹于灰胎表面，即为漆胎，将漆胎放置在窨房晾干。为了使得漆胎表面更加平整光亮，还需要经过手掌推光，推光使得平遥漆器具有典雅的风格。

装饰技法最丰富且最能体现平遥漆器特色。这里主要介绍三种。擦色工艺在明代黄成《髹饰录》中对应干设色工艺："干设色是用不调色的漆画好之后，趁未干透，将色粉撒扑到漆上去，使其粘着在上面。"① 清代平遥漆器基本使用擦色工艺，因当时能入漆的颜料较少，擦色漆器风格典雅，有书卷气，但是目前掌握此工艺的人很少。描金彩画工艺的色彩丰富，贴金和描金又使其风格富丽堂皇，为清末民初平遥漆器的主要工艺技法，中华人民共和国成立后，漆器艺人在此工艺基础上又钻研出三金三彩等技法。堆鼓工艺在明代黄成《髹饰录》中对应堆漆条："堆漆中花纹与漆地不是同一个颜色，在现代漆工中，堆漆是一个含义比较广泛的名称，凡用漆堆起的花纹，不问上面再贴金或涂彩，都叫堆漆。"② 平遥堆鼓工艺曾一度失传，1964 年薛生金师傅在钻研明清平遥堆鼓实物的基础上恢复了这一传统工艺。

（三）融入地方文化

作为传统技艺，从明清至今，平遥漆器有着三代以上的传承谱系，再加上它本身承载的历史、文化和人的智慧，使其成为平遥地方文化的代表，在地方婚丧嫁娶等仪式性生活中也发挥着重要作用，如漆器拜帖盒是平遥人婚礼中用来放置请帖等的专用漆器。清代，平遥人嫁女时的嫁妆以漆器为必备品，大户为显示富有，陪嫁的漆器数量可观，这种陪嫁习俗也波及平遥平民家庭。平遥漆器在婚礼中的使用有两种，一种是在婚礼仪式中充当拜帖盒，这种习俗是平遥传统婚姻礼俗文化的积淀。另一种就是婚礼中亲朋好友送给新人的礼物。拜帖盒在婚礼当天和第二天回门都会使用，男方的拜帖盒里放着给女方的吃饭钱、夹菜钱、给当天做饭的厨师的赏份，现在还加了给礼房的礼仪钱，由媒人拿到女方家。而女方的拜帖盒里装有出嫁女儿的扎头辫，绞脸线，两个顶针等，把这些东西放到赏封桶里，然后将桶放到拜帖盒里，由媒人拿到男方家。除此之外，平遥漆器还是一定时期内地方民众日常生活中必不可少的实用装饰物。

---

① 王世襄：《髹饰录解说》，生活·读书·新知三联书店 2014 年版，第 19 页。

② 同上书，第 87 页。

二　以平遥漆器为例的非遗发展困境

国家级非遗的头衔提升了平遥漆器的知名度，拓宽了其销路，对于有市场才能继续生存发展的手工艺来讲是有好处的。2012年文化部出台《关于加强非物质文化遗产生产性保护的指导意见》。物质文化遗产生产性保护是指在具有生产性质的实践过程中，以保持非物质文化遗产的真实性、整体性和传承性为核心，以有效传承非物质文化遗产技艺为前提，借助生产、流通、销售等手段，将非物质文化遗产及其资源转化为文化产品的保护方式。国家从搞活和保护非遗的角度提出这样的措施。对于生产性保护，学者们也做过研究，提出生产性保护不等于生产，生产性保护要和商品化和产业化相区别等意见，但是在实际操作中，开发、生产大于保护甚至破坏了保护，这样的例子并不鲜见，比起保护传统工艺，多数传承人更关心从中获得多少利益，导致行业内恶性竞争。本文以平遥漆器为个案从两个方面展开具体分析。

（一）传承人分层与传承难题

传统工艺在当代和未来的传承与发展离不开一代代传承人的坚守和努力，近年来国家也在不断提倡和发扬工匠精神。传统工艺本身就和经营谋生有着直接关联，在传统社会，技艺传承是有一整套规矩的。以平遥为例，学习一门手艺要先拜师，拜师后成为学徒，先是伺候师傅一家的生活起居，一两年后才能正式接触手艺，学艺不认真或者不勤奋，师傅有权利开除徒弟，等到徒弟要出师了，由师傅引荐给同行，这样才算正式进入行业。这样一套拜师学艺的规矩有两方面的好处：一是徒弟知道学艺不易，珍惜机会；二是行业内有一定的约束机制，减少恶性竞争，手艺质量有所保证。

到了现在，这些老规矩基本不存在了，师傅对于徒弟的威严和约束力也少了很多。多数学徒缺少钻研技艺的劲头，对技术的领悟不深刻，在技艺上缺少主动摸索与创新，看重的是通过技艺能赚多少钱。柳宗悦在《工艺之道》中讲到："情爱不是器物制作之基础，对生活的恐惧才是促使工匠制作的动力，要制作良好的器物，恐怕就不能追求利润，而是要甘于清贫，这样的人基本上是不存在的。"① 无论工匠艺人对技艺有多爱好，技艺总归是用来谋生的，通过技艺追求财富本无可厚非，但如果不能平衡利益和技艺两者之间的关系，就有可能出现通过降低工艺质量等方式来获取更多利润的情况。柳宗悦讲道："市场经济

① ［日］柳宗悦：《工艺之道》，徐艺乙译，广西师范大学出版社2011年版，第90页。

下，要竞争就要多做，要多卖就要低价，如此粗制滥造的结果是制作的器物只有很短的寿命。”①

同时，漆器产品的售价与制作者的名声直接挂钩，不同等级非遗传承人的认定，引发了行业内声望分层，非遗传承人的等级越高，他们制作的工艺品越被市场和消费者推崇，继而造成优势资源集中在几个国家级或省级传承人身上，一定程度上挤压了其他传承人的生存空间。有关分层理论的研究学界已有很多成果，但是对非遗引发的社会分层这一问题讨论较少。非遗分层大致基于两方面的原因。

一是非遗分级申报，从世界级到国家级，再到省级和县级，中国幅员辽阔，民族众多，非遗文化是一个巨大的宝库，分级申报制度使得大部分的地方传统文化事象被纳入非遗保护名录。陈华文在《论中国非物质文化遗产的分级申报制度》中提到，“非遗分级保护名录是一种呈宝塔形的名录体系，一般县级应比较大，往上越来越小，进入国家名录的非物质文化遗产是影响更大、历史更悠久、积淀更为丰厚的项目”，② 这样的说法本身就对文化进行了价值判定。受历史上延续下来的等级观念的影响，多数人认为，非遗等级越高，其价值就越大，自然获得的国家扶持就越多，被各方力量关注的程度也越高。因此，很多时候都会看到急需保护的项目没有人重视，发展得很好的非遗却是不断被锦上添花。

二是传承人等级认定制度，比如一项国家级非遗除了有国家代表性传承人外，还有省级和县级传承人，这就将同一行业的传承人划分成不同的等级。在没有非遗语境之前，传承人内部多是以从业年数、师承关系、技艺高低、道德素质等多元标准来判定一个人在行业内的地位，这种评定不是用标签或头衔来确认的。非遗标准进来后，政府的等级评定给传承人贴上了国家级或者省级、县级的标签，且政府评定的非遗代表性传承人和工匠内部评定的代表性传承人未必一致，加之这一认定制度和各种利益挂钩，使得民间关系网络有了发挥作用的空间。

非遗项目和传承人的分级认定，使得一方面非遗地方保护主义色彩浓厚，各地区为了拥有更多的世界级或国家级的非遗，卯足了劲要比拼，不说国际上出现了非遗争夺的事件，就是国内这样的例子也有很多。另一方面，传承人为了评上更高等级的头衔运用各种关系网络，使得有一些技艺水平高但是社会关系弱的传承人没有机会成为代表性传承人，削弱了行业内部的凝聚力。针对这一问题，宋俊华等在《非物质文化遗产保护研究》中提到，我们不仅要扶持有

① ［日］柳宗悦：《工艺之道》，徐艺乙译，广西师范大学出版社2011年版，第90页。

② 陈华文：《论中国非物质文化遗产的分级申报制度》，《民俗研究》2010年第3期。

代表性的传承人，还要关注非代表性传承人。[①] 尽管学界对于非代表性传承人的研究不多，但他们人数众多，是传承和发展技艺的主力军，了解他们的行业诉求，协调各类资源在不同类型传承人之间的分配以及挖掘非代表性传承人的理念和想法，对于非遗的传承保护有积极意义。

（二）传统与现代衔接中的创新问题

传统与现代的衔接及创新问题，是传统工艺类非遗能否融入当下，获得持久生命力的关键，也是生产性保护必须处理的一对关系。传统工艺之所以冠以传统二字，国家之所以保护和传承传统工艺，是因为它承载了特定时期、特定地域和特定人群的历史、文化和生活习俗。它是我们认识过去的窗口，也是我们现在和未来发展的源泉。但是传统并不意味着只能存活在过去，也不意味着静止不变。有关传统、非遗本真性、原汁原味保护等问题的讨论，在民俗学等研究中已经基本达成共识，即传统是动态的、变迁的，非遗不提倡本真性，但也绝不可人为的随意变化。

在基层实践中，对国家级代表性传承人的要求是，他们必须要按照传统技艺即被非遗认定的要素来制作与传承，这保证了传统工艺中核心符号的传承。但是如果要求所有传承人都坚守传统技艺那是不现实的。既然要变革，就要处理好传统与现代的关系，在平遥漆器个案中具体表现为两点：一是传统工艺本身如何与现代衔接，如何创新；二是新一代传承人在创新中如何与传统衔接。平遥漆器代表性传承人的后代，基本上年少时接受父亲传统的理念和技艺，继而去美院进行深造学习，在接触现代漆画工艺后，大多数人对于传统技艺的认识不是很到位。我们不反对创新与个性化表达，但身为平遥漆器的传承人，就应该为非遗传承发展尽一份力，其创新就应该建立在传统的基础上。柳宗悦认为，“匠人们从师傅那里继承传统，并在传统的引导下进行工作，传统像是明灯，在其指引下，匠人们的创新就有了正确的方向，无视传统就会招致失败的烦恼，正是传统，使得匠人们的创新始终保持在安全的范围内，他们由此获得了最低限度的技术自由，只有对传统服从才能解放他们自己，对传统的信赖，造就了匠人们的工作”。[②] 漆器艺人薛生金师傅就提出吸收和借鉴传统文化，并在此基础上进行创新，做到既不失传统，又有所创新。同时，他认为创新要谨慎，否则就会成为破坏性创新。如平遥漆器行业中，有一种创新是在漆面上画中国的写意画，用汽油代替水，用油画颜料代替国画颜料，用木板代替宣纸，这样的漆器就脱离了平遥漆器的味道。因此在传统与创新的衔接上，作为平遥

① 宋俊华、王开桃：《非物质文化遗产保护研究》，中山大学出版社 2013 年版，第 120 页。
② ［日］柳宗悦：《工艺文化》，徐艺乙译，广西师范大学出版社 2006 年版，第 114—115 页。

漆器的传承人应该思考的不仅仅是求新求异以及个性化的表达，还应该思考自己作为传承人的责任，坚持在传统基础上合理创新。

此外，作为非遗项目的一个重要意义就是承载地方文化，如果传承人只考虑市场需求，想要不同阶层、不同年龄的消费者都接受自己的产品，为此还拿其他地方的同类产品来售卖，这样的话，非遗产品的地方特性就会被削弱。平遥漆器市场上销售的产品就有这种情况，平遥漆器一般指代的是具有平遥地方文化特色的漆器，但是在平遥古城大街上随处可见其他地方的漆器产品，如福建脱胎、扬州螺钿、北京雕漆等，一些平遥漆器代表性传承人开设的店铺内都在售卖各种类型的漆器产品，有些产品完全看不出地方特色。这里且不说产品质量如何，单就脱离地方文化特性这一点就不符合非遗传承的要求。非遗保护看中的是物承载的非物质文化，也就是优秀的地方传统文化，如果产品不仅千篇一律，还毫无地方特色，有些还完全求新求异，以个性化和抽象化表达为美，就完全偏离了非遗保护的初衷。这些混杂的产品打着非物质文化遗产的头衔被售卖，使得真正的非遗产品或非遗工艺不能被正确认知。长此以往，一旦非遗衍生品代替非遗产品，有谁还能真正记得那些承载了地方历史文化的非遗产品和非遗工艺。

平遥漆器的地方性表现在很多方面，单从图案上讲，建筑山水图案取材自平遥古建筑和古民居，以平遥古城和平遥自然风景居多。平遥漆器贴金描金富丽堂皇的风格与平遥商业文化发达有关，图案多是富贵牡丹、招财进宝等。孔子杏坛讲学、步步高升、五子登科、鲤跃龙门等图案是平遥儒家文化的表现，平遥古城就是按照孔子七十二贤人三千弟子的象征寓意建成，平遥古城的文庙既是祭祀孔子的场所，也是平遥县的学堂。平遥漆器图案中的莲花纹、佛祖、菩萨、麻姑、八仙等图案，与佛道宗教和地方民间信仰有很大的关系。平遥县的佛教文化由来已久，北魏时期佛教传入平遥县，现在，双林寺每年的庙会都有许多人去祈福还愿。唐代平遥就有了道教活动，民间许多节日如正月初八祭星，正月初十祭鼠，正月二十、二十五添仓节等民间习俗，仍然带有浓厚的道教色彩。可以说平遥漆器从原料到图案到使用，连接了平遥文化的方方面面。如果这些地方元素弱化或者失去，传统工艺的变革或创新还能有多大的意义。

三　非遗需要融入民众日常生活

非遗项目和传承人的等级认定确实产生了一些问题，但鉴于中国地大物博，文化多样且复杂，等级认定制度还是能在一定程度上保证大多数非遗项目得到实质性保护。针对其中存在的分层问题，国家不仅要积极倡导地方各类传统优秀文化的平等性，还要重视濒危项目的活化和保存记录。同时，这里提出用产品分层来为不同类型传承人提供比较畅通的生计渠道，但需要提升消费者的审美层次，使得低劣产品没有生存空间。当前，传统工艺产品类型主要有三种。第一种是基本具备非遗认定的元素。这类工艺品制作成本高，制作周期长，市场需求较小。第二种是在原有传统工艺的基础上进行大胆创新，从用料到内容都有不同程度的变革，且较能抓住市场需求。这类传承人往往不拘泥于传统，但也不脱离传统。前两种我们基本可以称之为非遗产品。第三种是旅游产品，趋向于产业化生产，机器操作明显，缺乏手艺制作的温度，打着非遗的名号，但不属于非遗产品，能够满足大多数人对旅游纪念品的需求。

允许不同类型产品的存在，使其适应不同消费阶层的需求，这有利于缓解非遗等级认定带来的行业内部分化。但仍需要政府、传承人、消费者三方面的协调。第一，政府要规范旅游纪念品的质量，使得旅游纪念品等非遗衍生产品能够向中端产品发展，比如平遥政府提出注册平遥漆器地理商标，使用这一品牌商标的漆器产品必须在原料、技法、图案等方面满足一定的标准。第二，除了鼓励他们坚守工匠精神和传统技艺外，通过产品分层，解决传承人的生计需求。第三，在此基础上，通过消费者品位和经济能力的提升促使传承人提升自己的手艺，低端产品没有了市场需求，自然就不会从源头上再继续生产。同时针对传承人等级认定，打通流动渠道，从帕累托精循环理论出发，如果没有畅通的上升或下降路径，将增加行业内的矛盾，最终会影响非遗的健康传承。

与此同时，无论哪一种产品都应具有地方文化特色，要坚持在传统文化基础上进行适当创新，使产品与当下民众的日常生活相适应，逐渐增强非遗本身的生命活力。以平遥漆器为例，直到20世纪八九十年代，漆器家具及摆件装饰都还是当地人生活的重要组成部分，如炕上的漆被搁。平遥民众使用火炕，炕是一种长宽随居室大小而定的砖结构居住空间，炕上很少放东西，被褥都要卷起来，一摞一摞地放在被搁内，两扇门一关，里面的东西都被遮挡起来。被搁外面都有玻璃窗，玻璃上绘有花鸟、八仙、四大美女等图案，既实用又美观。最近十几年，这样古朴的漆器家具淡出了人们的视线，一方面是因为床代替了火炕，家居空间发生整体变化。另一方面是漆器家具与大多数家庭的装修风格不协调。漆器家具器物想要重新进入民众日常生活还需要与市场和消费者不断互动。传统工艺融入当代生活比较成功的例子比如景德镇瓷器，方李莉教授认为，景德镇作为一个传统意义上的瓷都可能衰微，但现在它又重新生长为一个新的艺术家聚集的创新地，景德镇瓷器因为融入了新的社区而重新焕发生命力。

方教授还指出，“在人类社会转型的过程中，传统手工艺这类遗产不会消失，但前提是它要被融入到当代的生活中，作为一种活的文化，与当代社会政治、文化、经济及艺术相互动，为新的文化生长提供种子和养分，同时增强传统工艺的象征符号，使其发挥更重要的作用”。① 如果一项传统技艺能够成为特定地域和特定群体的象征文化，并能够走进日常生活，成为民众的生活样式，将有助于它持久传承和有效传承。

总　结

非遗语境下，平遥漆器出现的传承、发展难题并不是个别现象，而是较为普遍地存在于传统工艺领域。无论哪一种保护方式，都必须面临一个现实问题，就是技术或者技艺本身就是用来谋生的，在市场经济下，利益竞争的无序不能根本消除，只能引导和缓解。这寄希望于不同力量的努力，首先是政府的规范和调节，其次是传承人的坚守与工匠精神，同样重要的还有提升消费者审美和品位。非遗是一场近十年来自上而下的保护运动，但是传统工艺却是从古传承变迁至今，它不因非遗运动的热度衰减而消失，也不因非遗保护就能解决生存、发展问题，关键还在于它能否承载和表达地方文化，并在此基础上，重新融入日常生活，成为民众生活的一部分。

① 周星：《本土常识的意味：人类学视野中的民俗研究》，北京大学出版社 2016 年版，第 255—268 页。

北京民俗博物馆寿诞藏品浅析

关　皓*

摘要： 寿诞文化是中国传统文化中的重要构成部分，它不仅仅出现在寿辰寿宴、礼仪交往中，在民间的日用品中也以不同形式出现。中国寿诞文化最早可追溯到甲骨文，之后的历朝历代中，寿诞文化更是得到了良好的传承与发展，就北京民俗博物馆相关寿诞藏品来看，这些藏品基本都是民间日用品，它们都表现出了独特的寿诞文化形式，表达了人们对生命长寿安康的向往与不懈追求。

关键词： 寿诞文化　民间日用品　祝寿用具　装饰纹饰　吉祥寓意

寿诞文化一直以来被人们广为重视，在《尚书》中明确指出了其在五福之首的地位，健康长寿是人们亘古以来的追求。古语有六十岁为初寿，八十岁为中寿，百岁则为高寿，祝寿多是针对年事高的长者，同时这种文化也彰显出中国在尊敬长者方面的传统美德。北京民俗博物馆作为北京唯一一所国办民俗类专题博物馆，其藏品中有大量寿诞藏品，多为民间日用品，由此可知，在中国，寿诞文化已然充分融入人们日常的生活中，可谓吃穿住行无所不至，通过对博物馆寿诞藏品的分析，能够有效帮助我们认识传统寿诞文化。

一　寿诞文化的缘起

所谓“寿”在中国古代通常被解释为长久之意，最早的寿诞文化可追溯到

* 关皓，北京民俗博物馆馆员。

伏羲时期，当时人们的寿字用形状如龙的龙书的形式来展现；新石器时期的寿字有明显的转变，形状如同稻穗，当时人们认为寿命和稻穗之间有着非常密切的关联，这一时期的寿字被称之为穗书。新石器时期后出现了仓颉造字的神话传说，神话中仓颉用鸟迹纹进行了寿字的创造。

但这些均为民间的神话故事，本身并没有现实的依据，最早的寿字出现在殷商时期，那时的人们信仰鬼神之说，对死亡充满畏惧，基于对生命的渴望而创造了寿字，自殷商开始一直到战国时期，寿字在人们的日常生活中都占据着至关重要的位置。殷商时期的寿字有着肉身长久的美好寓意，并开始出现在青铜器以及一些织锦中，寄托着人们对健康长寿的美好愿景。尤其是织品中寿字的运用在中国更是有着非常悠久的历史。这些在北京民俗博物馆中有着相应的藏品可展现，这些藏品对寿诞文化的呈现主要以文字、花卉、异兽等，无论是何种形式都传达着福寿的寓意。

此外，寿诞文化与中国传统道教之间也有着非常密切的关联，道教追求长生长寿，人们在日常器物的图样中也理想化地创造了大量代表长寿的道教神仙。不管是先秦时期秦始皇祈求的长生不老药还是汉武帝热衷的求仙问道，都表达了人们对长生不老这一夙愿持之以恒的推崇。

二　寿诞文化其纹饰的表现形式

寿诞文化相关的纹饰是吉祥纹饰中重要的组成部分，在人们日常所用的器物中均有着大量的呈现。从现实层面来看，寿诞纹饰所代表的概念相对较为宽泛，其实际上指的就是那些蕴含着长寿寓意的纹样。

中国民间寿诞物品除了必不可少的寿桃、寿糕、寿面以及屋内装饰所使用的含有祝寿意义的画卷、图片等，各式各样蕴含长寿寓意的寿礼、生活用具也是不可或缺的主要内容，这均是中国寿诞文化的体现。其中祝寿图主要指的是书法画作等；器物指的是那些本身或者是纹饰有着寿诞寓意的杯、盘、碗、碟、瓶等；另外还有服装服饰，等等。但无论是祝寿图、器物还是服装服饰，寿诞文化寓意的纹饰主要有以下几种。

（一）寿诞纹饰中的人物

在寿诞纹饰中人物形象的运用主要包括长寿之神、仙化人物、现实人物这三种不同的类型。

长寿之神，主要有两位。其一为南极仙翁，在民间也被俗称为寿星老。南极仙翁开始并没有固定的形象，在不断的仪式化过程中有了一个规范的定型，南极仙翁通常为一位和蔼可亲的老人形象，标志特点是大脑门、持手杖、托寿桃，他象征人们对长寿的期盼；其二为西王母，神话中掌管不死药、罚恶、预警灾厉的长生女神，她代表了古代人民对生命的崇拜。

福禄寿缂丝寿帐（图1），缂丝工艺，寿星老身矮头长，额头高耸，须发尽白，着宽衣大袍，一手持仙杖一手捧寿桃，上有蝙蝠飞翔，旁有童子陪伴，身前梅花鹿相依，整件作品寓意长寿福禄，返老还童。

图1　福禄寿缂丝寿帐　民国

北京民俗博物馆馆藏品

图2　麻姑献寿图

北京民俗博物馆馆藏品

第二种为仙化人物。其一麻姑，又称寿仙娘娘（图2）。在中国“麻姑献寿”是寿诞纹饰中常见的形式，民间为女性祝寿多赠麻姑像；其二八仙，由于八位仙人均来自人间，有着生动活泼的凡间故事，与道教诸位神仙的神态庄重形象截然不同，极具亲和力，因此深受民众喜爱，从而衍生出“八仙贺寿”“群仙拱寿”等美好寓意；其三安期生，人称千岁翁。在中国多数古籍中对安期生这一人物有相应的记载，作为民间传说中广为流传的长寿仙人，安期生在寿诞纹饰中的运用数量并不多。

八仙木雕（图3），此木雕为前后两排组合构成，八位神仙栩栩如生，各持法器踏水而来，是一件寿诞礼俗中很受欢迎的摆件。

图3　八仙木雕　清代

北京民俗博物馆馆藏品

第三种为现实人物。将现实人物运用在寿诞纹饰中有着一定的特殊性，被普遍运用的人物有以下几位。其一东方朔，东方朔盗桃的传说一直是流传已久的诙谐故事，该人物形象在寿诞纹饰中的运用既包含祝寿之意同时还表现着人伦情感；其二彭祖，在传说中，彭祖的寿命非常的长，因此其名字本身就含有长寿之意，但其在寿诞纹饰中运用的频率并不高；其三老子，关于老子民间流传着大量的传说，但在寿诞纹饰中直接以其形象出现的相对较少，而更多的是将老子与南极仙翁的形象进行了重叠。

（二）寿诞纹饰中的动物、植物

动物、植物与民众生活有着密切的关联，在中国民间大多数的动、植物本身都具有吉祥的寓意，因而也被广泛运用在寿诞纹饰中，它们可分为瑞兽、祥禽、水族类等几种不同的形式。

瑞兽类主要有鹿、猿、兔、龙等几种形式，祥禽类主要有鹤、鹰、青鸾、白头翁、绶带鸟、公鸡、乌鸦等。青鸾为古代神话中神仙的坐骑，有着祥瑞之意，而其余则均有长寿与孝道的寓意。水族类则多以龟和蟾蜍为代表，龟自古以来便被赋予了长寿的美意，而蟾蜍被誉为不死的象征。

在植物中各类树木、花草、果物和菌类均在寿诞纹饰中大量使用，其中最为普遍的是寓意健康长寿的松柏，另外有具有驱邪避毒的菖蒲和寄意长寿的菊花，以及最具影响力、表示延年益寿的寿桃，等等。

此外还有回字纹、万字纹、盘长纹、缠枝花等图案，有着生生不息，延绵不断的寓意。

图 4　红木嵌百宝松鹿寿屏　清代

北京民俗博物馆馆藏品

（三）寿诞纹饰中寿字纹饰、寿字纹饰与吉祥图案相组合的形式

除上述所提到的寿诞纹饰，寿字独立使用，也是最为常见的纹饰之一，还有大量器物上的图案是将吉祥纹饰和寿字纹饰进行组合来表达祈福祝寿的愿望。

北京民俗博物馆现有的寿诞藏品中，器物上呈现的寿纹主要有以下几种形式。第一寿字，是一种以篆体或其他字体为基础而形成的寿纹，还有将寿字变形，将“寿”写成是上下长左右短，取长寿之意。

图 5　银寿簪　清代

北京民俗博物馆馆藏品

第二团寿，团寿纹的外围为圆形因此也被称之为圆寿，该寿纹所使用的线条表现为一种连续不断的形式，意味生命的无限以及家庭的和睦，在寿诞器物中比较常见。

图6　银“五福捧寿”头饰　清代
北京民俗博物馆馆藏品

第三花寿，以花寿为主的寿诞器物主要是用于寿堂布置、老人使用的衣服被褥上。这一祝寿形式清朝时期很是多见，是一种在画中嵌有寿字纹样的形式，因此被称为花寿。

图7　“寿”字剪纸
北京民俗博物馆馆藏品

三　寿诞文化在北京民俗博物馆寿诞藏品中的体现

北京民俗博物馆建馆以来，收录入库的寿诞文化藏品有几百件之多，多是民间日用品，主要可分为寿礼物品、服装服饰、生活物品等几个方面。

（一）寿礼物品

中国有句俗语叫："小过生日，老办寿。"寿礼是人们对长辈的尊重、关爱，表述亲情的重要形式。传统中，老人一般从60岁开始贺寿，每十年一次。贺寿礼俗中，家人会精心布置堂屋：寿堂正中高挂祝寿图，两侧配寿联，供桌上摆寿屏、寿山石、寿星塑像等。烧佛香、点寿灯，亲朋好友前来赠献寿桃、寿幛、寿联、礼品等，晚辈依次拜寿，设宴款待宾客，欢度一日。

祝寿图，形式丰富，比较流行的祝寿图有：山、海组合，上配蝙蝠飞翔，寓意"寿山福海""福如东海，寿比南山"等。鹤、松与龟组合，松是长寿之木，鹤则有长寿仙禽的美称。"寿字纹"如"百寿图"或单用一个"寿"字。

图8　福禄寿缂丝祝寿图　民国

北京民俗博物馆馆藏品

图9　八仙缂丝寿联一对　清代

北京民俗博物馆馆藏品

寿联，其形制与对联相似，以文字或吉祥图案为主要内容。

除图符类寿诞物品以外，还有其他各种寿诞用品，如寿烛、寿酒、寿面、寿糕、寿桃等。

寿烛，多用红色蜡烛，长一尺左右，重约一斤。蜡身印有“寿”字或“福如东海，寿比南山”等吉祥语。置于寿堂香案上，寿礼开始时点燃，烛光冉冉，增添祥和的气氛。

寿酒，为祝寿或寿宴上所用之酒。人们在酒具上非常讲究，会特别为寿诞制作其特有形制的酒具，如寿字瓶（图10）。

图10　寿字瓶　民国
北京民俗博物馆馆藏品

寿桃是必不可少的祝寿品。有的用鲜桃，但鲜桃受季节限制，所以一般用米粉或面粉蒸制寿桃形面点替代仙桃，将面或米粉揉制成形后，桃嘴处点染红色，然后蒸熟，一个个红白相间酷似鲜桃的寿桃便制成了。

在寿诞习俗中还有做糕点这一风俗，糕点会用特定的模具制作其形状，模具题材丰富，有八仙、寿星、寿桃、寿字等多种祝寿图案，以此达到祝寿祈福的心意。

图11　寿桃形糕点模具（正反面）　清代
北京民俗博物馆馆藏品

此外，老人安度晚年，身心健康也极为重要，人们为老人创制了很多游戏、娱乐等健身活动。这些也会在祝寿中当作礼品送给老人，如用来强身健体，疏通筋骨的文玩核桃，健脑益智的牌九、麻将，还有“冬养秋虫”这一民俗也是很多老人们的一大爱好，其用具自然也可以作为礼品赠送老人，从这些礼物的角度中也表明出晚辈对老人的关心和体贴，对老人健康长寿的盼望。

图 12　麻将牌　民国

北京民俗博物馆馆藏品

图 13　八仙蝈蝈葫芦　民国

北京民俗博物馆馆藏品

（二）服装服饰

自服装服饰满足了保暖抗寒的基本功能之后，人们在服饰方面更多的是追求其舒适度，美化自身、抒发情感的需求，服装服饰上的装饰纹饰构成了吉祥符号性的文化认同，在形色各异的服装服饰中大量使用寿诞纹饰同样表达了人们祈盼长寿健康的心理诉求。

在服饰中，首先面料织物上，自春秋战国就开始使用青铜器中夔龙夔凤演变的蟠龙蟠凤纹的图案，及至汉代开始使用大量富有寓意的吉祥纹样、吉祥汉字、铭文等图案，寿诞纹饰更是人们常用的图案，如在东汉织锦纹中反复出现的“延年益寿”纹饰。其次在刺绣时，寿诞题材也是人们在设计纹样中热衷的一大内容。

图 14　蝶恋花海水江涯纹吉服袍　清代
北京民俗博物馆馆藏品

蝶恋花海水江涯纹吉服袍（图 14），吉服袍左右肩、胸前、后背、前后襟对称铺设八团纹饰，下摆为海水江崖纹。八团纹饰每团以一朵绽放的牡丹为中心，四周彩蝶、花卉环绕。盛开的菊花和飞舞的彩蝶点缀身前、身后，领、袖、襟边缘均滚镶花卉和蝴蝶纹花绦边，加强其装饰效果。作品构图饱满，绣工细腻。其中的蝴蝶取“蝶恋花”和“耄耋”之意，菊花象征长寿。

图 15　大镶边花卉大襟女上衣　清代
北京民俗博物馆馆藏品

大镶边花卉大襟女上衣（图 15），蝶恋花暗花绸面料，圆立领，右衽，宽肩宽袖附接袖，牡丹、石榴、寿桃为主题纹饰。表富贵意多子祝长寿。领口、大襟滚镶七道花边，团龙纹，团凤纹，翩飞蝴蝶，万字、寿字纹和吉祥花卉点缀其中，整件衣服富贵华丽又不失清雅大气。

在饰物中，寿诞这一主题被发挥得淋漓尽致，上至头部的帽饰、发饰、耳饰，到颈饰、腰饰、腕饰、手饰及至脚上的鞋面饰物等，寿诞纹饰无所不在。

“长命富贵”眉勒（图 16），眉勒黑绒布做底，银质“长命富贵”四字分别用花卉巧妙装饰，中间配玉雕花一枚，此眉勒既美观又实用，是一件为老人御寒防风的贴心物品。

图 16　“长命富贵”眉勒　清代

北京民俗博物馆馆藏品

银平安富贵耳坠（图 17），耳坠纹饰分三层，用银链流苏配珊瑚珠连接。第一层瓶中插花为平安富贵之意；第二层蝶恋花纹饰；第三层坠寿桃、石榴小饰件表示多子长寿。

图 17　银平安富贵耳坠一对　清代

北京民俗博物馆馆藏品

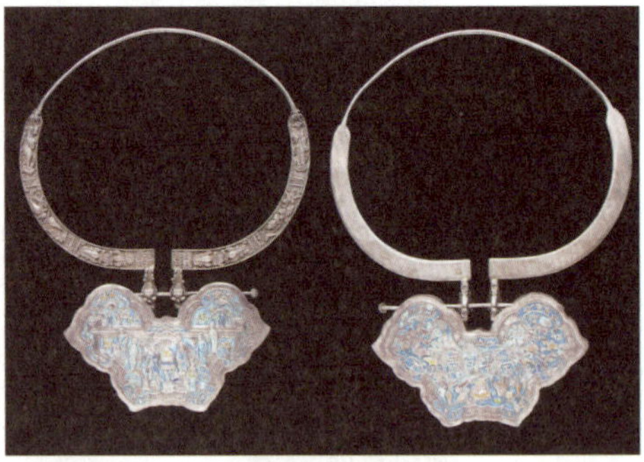

图 18　银蝴蝶纹博古富贵荣华长命锁

（反正面）　清代

北京民俗博物馆馆藏品

银蝴蝶纹博古富贵荣华长命锁（图 18），珐琅彩工艺，项圈内刻有“囍”字纹，整个锁呈蝴蝶状，寓意长寿，锁上刻“平安富贵”字样以及博古图，均表达祈求富贵长寿吉祥之意。

与服饰相配的各样挂件，随身用具也被添加了不同的祝寿寓意，如荷包（图 19）、香囊（图 20）、扇套（图 21）等物品。

图 19　堆绫绣寿桃褡裢荷包　清代
北京民俗博物馆馆藏品

图 20　平绣寿星山形挂件　清代
北京民俗博物馆馆藏品

图 21　纳纱绣寿字扇套　清代
北京民俗博物馆馆藏品

（三）生活物品

中国人本着“图必有意，意必吉祥”的心理，将吉祥图案运用在生活的每个方面每个角落。

例如帐钩，虽然是一种钩挂帐帘的普通用品，但也打造得具有装饰性、祈福性，寿字纹蚊帐钩（图22），由镂空的寿字巧妙制成，既美观实用又有美好的寓意。

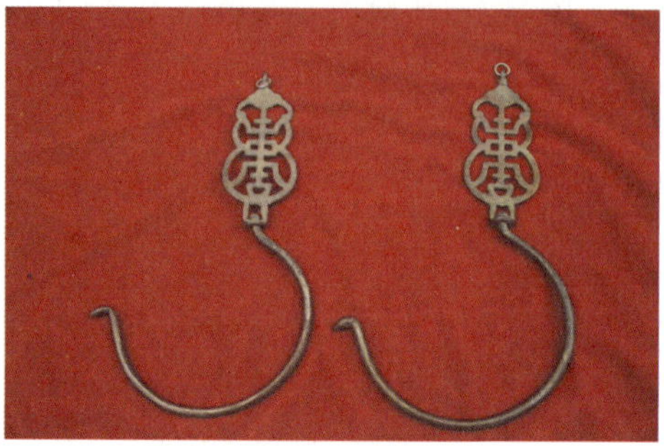

图22　寿字纹蚊帐钩　民国

北京民俗博物馆馆藏品

日用的家具摆设、盛放用具、杯碗盘筷、文房用具、娱乐玩具等物件中，人们在设计里都附加了对幸福生活的憧憬，寿诞纹饰在这些物件中呈现出层出不穷的状态。图23至图28是北京民俗博物馆藏寿诞藏品的部分图片，充分说明了寿诞纹饰在生活物品中使用率极为繁多广泛。

图23　大漆描金人物山水桃型食盒　清代

北京民俗博物馆馆藏品

大漆描金人物山水桃型食盒（图23），盒体为寿桃形，寓意长寿，盒身绘山水人物图案，绘画方法古朴自然。盒内随形分为五格，既可以在寿庆场合时专门用作盛载各式小吃的器皿，平日生活中也可做日常用具。

图 24　寿字纹大海碗　清代
北京民俗博物馆馆藏品

图 25　寿字盘　民国
北京民俗博物馆馆藏品

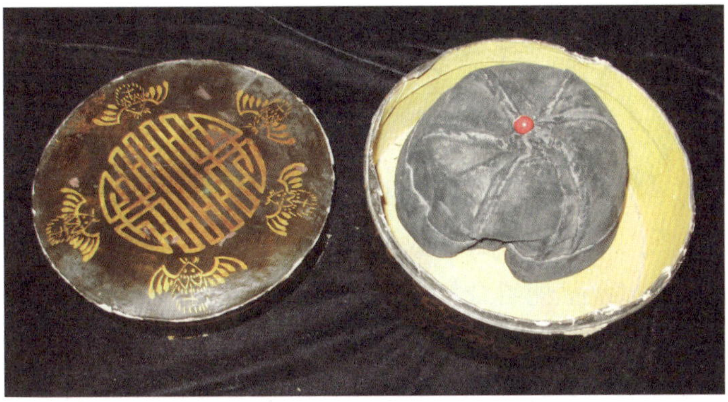

图 26　五福捧寿描金帽盒　清代
北京民俗博物馆馆藏品

图 27　状元归家枕顶　清代
北京民俗博物馆馆藏品

图 28　松鹤图锡印盒　民国
北京民俗博物馆馆藏品

四　结语

通过对北京民俗博物馆寿诞藏品的分析发现，绝大多数民间日用品中都融入了寿诞文化的符号，主要体现在纹饰方面，这些纹饰可分为寿字图案，人物仙人、花鸟鱼兽，以及搭配组合构成的寿诞文化吉祥图案。对民间日用品中的寿诞文化进行分析具有深远的意义，它是中国人情感的需要，汲取了尊老敬老、珍爱生命的道德营养。人们将“长寿”这一祈望注入到生活的方方面面，民间日用品成为这一文化的重要载体，并赋予了独特的艺术审美特征，传承至今仍兴盛不衰，是中华优秀传统文化不可或缺的组成部分。

参考文献

[1] 侯盼红：《中国古代寿文化起源与演变探析》，《黑龙江史志》2016 年第 2 期。

[2] 刘立煌：《中外“寿文化”元素在陶瓷品牌开发中的应用探析》，《陶瓷学报》2017 年第 2 期。

[3] 王云庄：《中国寿文化》，《寻根》2004 年第 4 期。

[4] 田慧、刘苗：《寿文化元素在寿宴喜盒包装设计中的应用探析》，《美术教育研究》2013 年第 10 期。

[5] 孙婷：《中国传统家具装饰纹样中的“寿”文化》，《家具与室内装饰》2014 年第 6 期。

[6] 廖军：《丝绸织物吉祥纹样及审美思想探源》，《丝绸》2000 年第 10 期。

[7] 高海波：《传统器物中寿崇拜造型形态研究》，硕士学位论文，山东艺术学院，2014 年。

[8] 宋春会：《清末织绣品上寿纹装饰纹样研究》，硕士学位论文，北京服装学院，2016 年。

[9] 张素英：《浅谈民间“寿”文化》，《文物世界》2006 年第 2 期。

北京先农坛的太岁殿与明清太岁崇拜

董绍鹏*

摘要：北京先农坛，是明清重要的皇家祭坛，由先农坛、太岁坛、神祇坛组成。其中，太岁坛又称太岁殿，是现存的中国古代祭祀自然神祇太岁神的最高祭祀场所。明代的太岁殿经历从原山川坛正殿合祀天神地祇太岁城隍等，到嘉靖时独享太岁神的变化，并以此影响了有清一代。太岁神与天神地祇等在明初享有天子亲祭的殊荣，而后则只有谴官祭享，虽然嘉靖始设有单独祭祀乐舞，但之后在国家典章活动中的地位一再下降，从明代主掌日月星辰一年四季运行，到清代只主掌雨雪盈亏，几乎等同于风云雷雨天神。虽有乐舞，但从无天子亲祭。太岁神的这一不同于其他神祇的祭祀现象，构成明清时期独特的文化表现。

关键词：太岁殿　明清太岁　崇拜

北京先农坛，坐落在我们熟知的老北京城西南一隅，与著名的天坛隔街相望。他不仅是俗话说的明清北京城九坛八庙之一，更是明成祖营建的北京城最早的皇家坛庙之一，已经近600年，可谓历史悠久。

北京先农坛在明永乐十八年（1420）建成时称山川坛，系仿照南京的山川坛而建，其平面布局和建筑都是南京山川坛的翻版，坛内计有山川坛建筑群、先农坛、神厨建筑群、具服殿、旗纛庙、宰牲亭等建筑。明天顺时在东侧内外

* 董绍鹏，北京古代建筑博物馆副研究馆员。

坛墙之间添建了斋宫。到了明嘉靖时，又在内坛墙之南添建了神衹坛，旗纛庙之东添建了收贮耤田收获物的神仓，大体奠定了今日的格局。后清乾隆时又有局部改建，最终全坛格局定型。

万历时，山川坛历经嘉靖时更名神衹坛，再次更名先农坛。从此，先农坛之名才正式开始使用。

无论历史怎样变迁，先农坛的山川坛建筑群（明嘉靖时改称太岁殿建筑群）正殿，都供奉着太岁神。这里成为现存等级最高又不属于宗教用途的皇家太岁神祭享场所。

一 略说太岁之神

民间有句俗语：不敢在太岁头上动土。

太岁是何方神圣呢？

说起太岁，其实它的缘起可以早到汉代以前。先秦时期，中国古人很早就依靠对各种天体的运行观测，建立起一套天文历法体系。其中，古人对于木星有着特别的关注，称其“岁星”，如《尸子》说，“武王伐纣，鱼辛谏曰：‘岁（木星）在北方不北征。’武王不从”，《荀子·儒效篇》也说，“武王之诛纣也，行之日以兵忌，东面而迎太岁”。

古人为了制订天文历法及岁时管理的方便，确立了两种观测天体运动以制定历法的方法。一种是把天空按岁星的视运动径自北向西、向南、向东（即所谓右旋）划分为十二段，叫十二次（古人以为岁星十二年运行一周天）。岁星每运行一次，便代表一年。这种观测方法后来也用于二十四节气的划分和十二月的划分。另一种方法是把天空由北向东、向南、向西（即左旋）依次划分为子、丑、寅、卯、辰、巳、午、未、申、酉、戌、亥十二个区域，叫十二辰。这种方法后来主要用来记录一天之内的十二时辰和一年间恒星的方位变化，特别是北斗的回转。这两种观测方法各有其用途，而它们对天空的划分除了方向相反、名称不同，其实是一样的。战国以后，人们假想有一个和岁星运行速度相同（也是十二年一周天）、方向相反的太岁（也叫岁阴、太阴），按十二辰的方向运行，每年进入一辰。岁星是天上的木星，是可见的星体，它“右行于天”；而太岁是凭空想象之物，看不到摸不着，它“左行于地”，在地下与天上的岁星作相对运动，是木星在地上的镜像，因此《说文解字》说，“太岁，木星也，一岁行一次，历十二辰而一周天”，把木星也称“太岁”。太岁的观念就这样产生了。不仅天上的木星作为值岁之星，而且地上的太岁还作为值岁之神，共同掌管着星辰运转、四季十二月的轮回。

因为人们知道这个子虚乌有的太岁之神是“凭空想象之物，看不到摸不着”，因而就越发感到神秘可畏。按照中国传统的纪年方法——干支纪年法，天干地支两两相配六十个甲子一轮回，每个甲子各有相应的岁神轮值，作为值岁之神，掌握一年的祸福，因而被称为“值年太岁”。人们认为太岁每年所运行的方位是十分神圣的，逆太岁运行的方位动土、兴造、迁徙、嫁娶都有碍太岁，被视为禁忌。所以后来凡动土营造或出门等要牵涉与时间相关的活动，都要审视是否“冲太岁”，也就是不管干啥，就是别侵犯到太岁的头上。《淮南子·天文训》说，“岁星所居，五谷丰昌。其对为冲，岁乃有殃”，《月令广义》说：“太岁者，主宰一岁之尊神。凡吉事勿冲之，凶事勿犯之，凡修造方向等事宜慎避。”就这样，人们自己吓唬自己，在不知不觉中创造出太岁这么一尊凶神来管住自己。

文献表明，太岁之神的崇拜元代以前通常是以民间祭祀的形式来维系，国家层面没有介入，有时官方还会反对太岁的崇拜，即便统治者因时因事对太岁之神有所顾忌，那也是以个人行为的方式进行（如《汉书·匈奴传》记载“（哀帝）元寿二年，单于来朝，上以太岁厌胜所在，舍之上林苑蒲陶宫”）。

民间的信仰中甚至还突破太岁虚幻不可见的原始属性，赋予太岁拟物化的表现，将大自然中生活在地下的未知生物讹传为太岁，编造种种故事加以强化太岁的神秘性，比如说太岁是地下一团肉，常常有不注意的人挖到它，结果导致全家人口死光。近些年也常有新闻报道，说某某地某某人从地下挖出一团怪肉，只依靠水就能成长，怪肉无论怎样割取都会割之不完，吃了会感到神清气爽、精力充沛。于是有人说这就是太岁。其实，这不过是一种在大自然中属于低等生物的复合粘菌，因其稀少又生长在地下，所以被附会成太岁，通常情况下十分罕见。直到现在，民间的这种太岁信仰已经演化为社会生活习俗，在不少传统文化风俗相对浓厚的地区，太岁信仰还在发挥着它独特的作用，每时每刻影响着人们的生活，规范着人们的社会行为。

元代，太岁之祭开始进入国家政治生活。《元史·成宗本纪》记载“至元三十一年夏四月，即皇帝位，五月壬子祭太阳、太岁、火土等星于司天台”，《续文献通考》也说“元每有大兴作，祭太岁、月将、值日于太史院”。说的是1294年元成宗铁穆耳于元上都即位，五月在司天台祭祀太阳、太岁及火星、土星等星辰。虽然不是专门祭祀太岁神，但却是太岁神在历史上第一次享有国家之祀，却“亦无常典”，没什么硬性祭祀规定。

二　明清的太岁神国家祭祀

太岁之神拥有真正的国家祭祀制度的国家祀典，出现于明代。

《明史·志第二十三》说："古无太岁、月将坛宇之制，明始重其祭。"明太祖朱元璋建国伊始，为了凸显其汉家政权的正统性而大力恢复唐宋典章之制，太岁诸神一开始在天地坛为圜丘神从祀。洪武二年（1369），朱元璋下令另建山川坛、先农坛，为此与众臣商议山川坛坛壝之制，有礼臣在大略考证历代太岁之祭、风云雷雨天神之祭后，进言说，"然唐制各以时别祭，失享祀本意。宜以太岁、风云雷雨诸天神合为一坛，诸地祇为一坛，春秋专祀"（《明史·志第二十三》），于是朱元璋采纳了这一建议，在山川坛建诸神群祀露祭之制，将前述诸神分列于二坛祭祀；同时确定于惊蛰、秋分之日进祭。不久，又因"诸神阴阳一气，流行无间，乃合二坛为一，而增四季月将"（《明史·志第二十三》），将诸神合并为一处祭坛致祭，并改祭期为惊蛰、秋分后三日致祭。洪武九年（1376），朱元璋更定山川坛坛制，建山川坛正殿（后世的太岁殿），太岁神与风云雷雨、岳、镇、海、渎、钟山七神分七处分祀坛共祀于内，把夏冬春秋四季神两两祭于正殿的东西庑殿。洪武二十一年（1388），"增修大祀殿诸神坛壝，乃勅十三坛诸神，并停春祭，每岁八月中旬择日祭之。命礼部更定祭仪，与社稷同"（《续通志》卷一百十二）。可以看出，明初洪武时期因之前历代没有可用的祭祀太岁典章之制，故而几十年的时间里对自立的太岁祭制反复更改。这一时期太岁之神处于与天神地祇合祀的地位。

明太祖朱元璋还是中国历史上唯一一位多次亲自祭祀太岁之神的统治者，《明实录》中关于明太祖亲自到南京山川坛祭祀太岁的记载多达 18 次，有时竟然先农之神遣官祭祀，而太岁之神亲自祭祀，对太岁之神如此的高度重视可谓前无古人、后无来者。

明永乐帝时营造北京城，城中、城郊的宫殿、坛庙、衙署等官式建筑"悉仿南京旧制"，但"高敞壮丽过之"，也就是说除了尺寸上有些差别外，各类皇家建筑外观造型上与南京一样。

明嘉靖帝为达到自己政治目的，大行更改典章制度。嘉靖十一年（1532），下令于山川坛内坛之南另行辟建天神坛、地祇坛，将永乐以来北京山川坛正殿内的风云雷雨神改制祭祀于天神坛，岳镇海渎神改制祭祀于地祇坛。至此，山川坛正殿内只剩下太岁之神，东西庑殿则只祭祀十二月将神（每屋各六尊月将神，东庑为元、二、三、七、八、九月，西庑为四、五、六、十、十一、十二月），还将祭祀日定为每年十二月太庙大祭之日遣官祭祀。

明嘉靖帝对山川坛正殿祭祀内容的大调整，自此以后没再做改动，一直延续到清代结束。

文献中对太岁神祭礼的明确记载出现在《大明集礼》《明会典》《清朝文献通考》等书中，其中《大明集礼》详细记载了洪武时“遣官祀太岁、风、云、雷、雨师仪注”（即山川坛正殿合祭礼）的仪程、仪礼。而《明会典》的记载又分为嘉靖帝之前的太岁神与诸神祇合祀于山川坛正殿的“山川坛正殿合祭礼”（洪武时定），及嘉靖帝将山川坛正殿内天神地祇分祀后的“太岁神祭礼”。以上文献成为后人管窥明清太岁祭祀礼仪的可靠依据。《钦定四库全书·明集礼》卷十三中，明确记载明洪武帝时祭山川坛正殿诸神过程：

> 春天在惊蛰后的三天，秋天在秋分后的三天为祭祀日；祭祀前三天皇帝及执事各官员都要斋戒；祀前一天，要进行降香（由主祭官员把皇帝请神之香送至山川坛）、省牲（查看牺牲祭品的制作）、陈设（布置祭祀现场）诸事宜；仪式当天的仪程由正祭、迎神、奠币、进俎、初献、亚献、终献、饮福受胙、彻豆、送神、望燎等组成。

因为明嘉靖帝之前太岁神与天神地祇合祀，所以嘉靖帝以前的文献少有对太岁神的专门祭祀记载，《明实录·武宗实录》卷一一九仅有的一则记载还是因营造之事将太岁与其他祭坛一并祭告：

> 正德九年十二月己丑朔，以营建乾清、坤宁宫，遣成国公朱辅、驸马都尉蔡震、定国公徐光祚、工部尚书李燧、礼部尚书李春祭告天地、宗庙、社稷及山川、城隍、太岁等神，魏国公徐渊祭告孝陵。其有事江淮等处，即命所遣官一体祭告。

嘉靖以后，对于太岁神的认识只是停留在除旱祈雨，因此关于祭祀太岁神的内容也仅与此有关，如《明实录·神宗实录》卷五三三记载：

> 万历四十三年六月壬寅，礼部以连旬弥旱，乞敕大臣分诣南郊、北郊、社稷、山川、风、云、雷、雨等坛，併护国济民神应龙王之神，再行虔祷；太岁之神及东岳庙，俱乞命大臣祭告行礼，仍行顺天府，照例率属于都城隍并应祀各神庙竭诚祈祷。大小臣工自本月二十八日为始，仍青衣角带，

于本衙门斋戒办事，痛加修省。诸司照例停刑七日。除祭祀照常外，禁止屠宰并酒席宴会，以得雨之日为止。

太岁神的其他职能似乎已为人们遗忘。

清代对于太岁神的祭祀虽然内容上没做调整，但祭祀时间、祭祀仪程还是与明代有所区别。时间上依太庙大祭在岁暮岁初各专门遣官致祭一次，平时如果出现大的水旱灾害，也要派员致祭，如《清朝通志》卷三十六记载，“顺治元年，定每岁致祭太岁坛之礼。每年正月初旬诹吉，及十二月岁除前一日，遣官致祭。初春为迎岁暮为祖。自后岁遇水旱，则遣官祭告、祈祷。有应，报祀如仪”。自乾隆时开始，也有太岁、天地神祇在久旱无雨雪或雨雪成灾等极端情况出现时祭祀的做法，并以制度的形式确定下来，光绪《清会典》卷三五载：

水旱则祈。孟夏常雩后不雨，致祭天神、地祇、太岁三坛。

祭告三坛后，如七日不雨，或雨未沾足，再祈祷三坛。屡祷不雨，乃请旨致祭社稷坛。

又雨潦祈晴，冬旱祈雪，均致告天神、地祇、太岁三坛。与祈雨同。

为此，清嘉庆、光绪帝时遣王公到太岁殿祈雨雪多次。

文献中偶尔也有清帝到先农坛亲耕享先农后来到太岁神前上香的记载，清代只历三次，分别出现在雍正七年（1729）、乾隆三年（1739）、道光五年（1825）。

清代对于太岁神的认识较明代有所回归太岁神的正统内涵，除了通常久无雨雪导致天旱进行的祈告外，清代还规定，“凡举大礼，则告祭。亲征命将，均祇告天地、太庙、社稷，并致祭太岁、炮神、道路之神、旗纛神。凯旋如之”（光绪《清会典》卷三五）。

清乾隆帝时对太岁之神的祭祀诸事宜做了局部调整，主要表现在以下几点。

采纳礼臣的献言，于乾隆十六年（1751）增定太岁坛上香之仪，将旧制中春秋两祭正殿、东西庑殿只祭不上香，改为都上香。

乾隆十八年（1753）定太岁坛供奉神牌之礼。原来每逢祭祀太岁前，都要将安奉于先农坛神厨正殿（神版库）内的太岁神牌请至太岁坛。乾隆帝下旨改为将太岁神牌常奉于太岁坛神龛，并永为定制；同年，又采纳礼部奏言，下旨比对天神地祇坛乐章另行撰写太岁坛新春岁暮祭祀乐词，都用“丰”字，以此凸显合用太岁坛“祈祷雨泽之义”。

乾隆二十年（1755），改旧制派遣太常寺堂官到太岁坛行礼为派遣亲王、郡王行礼，理由是“以昭诚敬”。

乾隆二十一年（1756），因前一年已将亲王、郡王派遣到太岁坛正殿祭祀行礼，而东西两庑如果还让旧制中的太常寺厅员行礼就不合官员高低逐级相配的体制，于是改派祭正殿的太常寺堂官分祭东西两庑。

乾隆皇帝的上述调整，其行为目的的核心就是加大国家对太岁之神祭祀的重视程度，这与康雍乾时清代统治者对农业的关注，以及对农业相关神祇国家祭祀的高度重视与推广密不可分。

明清两代对太岁之神的祭祀除了制定复杂的祭礼、祭祀仪程之外，还表现在祭祀乐舞、祭祀陈设上。

关于明代太岁之神的祭乐记载十分简单，仅见《明会典》《明史》，祭舞未见有定制。而《明会典》《明史》中太岁祭乐的记载相同，都是明嘉靖八年（1529）所定“祀太岁月将乐章”。

较之明代，清代皇帝虽然也极少亲自致祭太岁神，但太岁神祭乐、祭舞的制定全面超越了明代。

祭乐方面，明确了太岁神常祀与祈雨报祀不同的乐章，其中太岁神常祀乐章于清顺治元年（1644）和清乾隆七年（1742）分别出现过两个版本，即顺治元年所定到乾隆七年时“以旧词重改”，都用“中和韶乐，《太簇》商立宫，倍《无时》变宫主调”，“平”字。太岁神祈雨报祀乐章制定于乾隆十八年（1753），“《中和韶乐》，《太簇》商立宫，倍《无射》变宫主调”，按照乾隆帝的要求，乐章用“丰”字。此外，还创制了太岁坛舞谱乐章。

祭舞方面，确定舞制，创制太岁坛舞谱。光绪《清会典图》卷五三记载，太岁坛祭舞分为常祀舞和祇报舞（祈雨报祀舞）。

按明清规定，由大祀坛（即清代的天坛）神乐观（清乾隆时改为神乐署）负责太岁之神祭乐与祭舞的演奏和舞蹈。比如清代就规定“天、地、太庙、社稷、日、月、历代帝王、先农、天神、地祇、太岁、关帝庙，舞皆八佾，文舞生六十四人，武舞生六十四人”（光绪《清会典事例》卷四一五），光绪《清会典事例》卷五二八还记载，“历代帝王庙，武舞生服红色镶金花服，文舞生及乐生，焚香，乐舞生服红色补服；执事，乐舞生服青绢服。太岁坛，乐舞生服色亦与历代帝王庙同。其带均用绿色，紬为之。其顶，文舞生用裹金铜顶，武舞生用裹金三叉铜顶。俱由太常寺行文，工部给领”。

陈设方面。明代的陈设形式，同样分为嘉靖前后两个不同阶段。嘉靖之前太岁之神与山川诸神合祀陈设简单，《明会典》卷八五记载，“太岁：犊一、羊

一、豕一；登一、铏二、笾豆各十、簠簋各二；帛一（白色，礼神制帛）；酒盏三十”。嘉靖改制后太岁神正殿及两庑陈设较之前祭器的数量、品种都有较大幅度增加，《明会典》卷八五记载说“太岁神位：犊一、羊一、豕一；登一、铏二、簠簋各二、笾豆各十、爵三、酒盏三十、尊三；帛一、篚一。两庑月将共四坛，每坛：犊一、羊一、豕一；登一、铏一、簠簋各二、笾豆各十、爵三、酒盏三十、尊三；帛三、篚一”。清代乾隆帝时，在考据周代礼器制度及唐宋以来后人的发现基础上，明确了各式礼器祭祀用品的质地、形制，并将这一考据结果颁行在《皇朝礼器图式》中。太岁之神的祭器因此得以全新制作。

光绪《清会典》卷七二中，对于太岁坛的祭器品种记载，除与先农坛祭器颜色不同、个别品种不同、规格稍有区别外样式都是一样，综合起来计瓷质八种，含簠、簋、登、铏、豆、爵、琖、尊，都用白色，总计五十三件；竹木器计六种，含笾、篚、盒（都用黑色），俎、爵垫、盘（用红色），总计十五件；金属器计香炉、烛台、花瓶、酒勺四种，质地分别是铜与锡，总计六件；另还有酒尊布幂三件。其中，与先农坛祭器最主要的区别，就是瓷质祭器均是白色，而先农坛用的是黄色。

光绪《清会典图》中有平面布局图“太岁殿陈设图报祀陈设同”，可见其陈设与明嘉靖时的区别只体现在明代是三供（一香炉两烛台），而清代是五供（在明制上另加两只铜花瓶，内插木灵芝），其他祭器总数及祭器品种无差别。

因乾隆时期颁布《皇朝礼器图式》后至清末，祭器的样式未再做改动（《皇朝礼器图式》中的祭器样式是乾隆之后各朝祭器的样板）。

史料显示，有清一代将太岁神在认识上矮化为操控雨雪盈亏的水神，因此太岁神在国家政治生活中的重要性和重要地位相比明代大大降低，制定的乐舞祭祀活动处于有制无行的状态，虽祭祀等级为中祀，但实质上已经是有名无实，在国家典章制度中没有发挥应有的重要作用。

三　先农坛太岁殿

太岁殿，是北京先农坛最宏伟的建筑。

太岁殿，坐落在高一米有余的基座上，是一座正向朝南建筑面积1319.7平方米、面阔七开间共51.35米、进深九檩25.7米、总高近20米的单檐歇山顶大殿，红色的墙身加上黑色绿剪边琉璃瓦顶屋面，无论是在雪景中还是在熠熠的阳光下，其威严之感不逊覆着黄色琉璃瓦坐落三层汉白玉基座之上的太和殿、太庙或是十三陵的长陵祾恩殿。这巍耸的身形，如果让人闭目想象在百年前几近一马平川的老北京西南城区，就可明白其平地拔起的“突兀”夺目是无争的事实。就算今日，如果没有构成古都保护不和谐因素的高楼群立，也是相当地引人注目。

太岁殿的前身，是明代的山川坛正殿。明太祖于洪武二年（1369）下令建南京山川坛，祀太岁、风云雷雨、岳镇海渎、城隍、五山之天神地祇，时为诸神露天合祀，在惊蛰、秋分两天的露天地祭祀。这时的太岁神混同在一群神祇当中，并不是十分抢眼。洪武九年（1376）朱元璋更定山川坛坛制，建成山川坛正殿及东西配殿、倒座的拜殿，太岁神与风云雷雨、岳、镇、海、渎、钟山七神共祀于山川坛正殿，把京畿山川、京都城隍及夏冬春秋四季神祭于东西配殿。《明史》卷四十七说当时的山川坛“正殿、拜殿各八楹，东、西庑二十四楹”，已具后世的布局雏形，随后永乐帝的迁都应该是照搬照抄这个布局，规模没有改变。

仅从外观上说，太岁殿不过是一座正规的明清单檐歇山顶官式建筑。可以品头论足的，一为殿内高大的空间，二为殿内的溜金斗栱，三为黑色的琉璃覆瓦，四为殿内绘于清乾隆时期的精美彩画。

太岁殿内净高15米多，作为明清时期中祀规格坛庙的正殿，仅仅为祭祀当初的七尊天神地祇而建造得体量规模如此庞大，这在现存古建中也可说是令人惊叹了。

太岁殿内的梁架结构，以明代的“单翘重昂七踩溜金斗栱”富有代表性，不少古建专业人士或是爱好者来到太岁殿专门观看，甚至有的学校来此教学以其作为活教材。

太岁殿的彩画为外施金龙和玺彩画，内施墨线大点金旋子彩画。所谓金龙和玺彩画，指的就是清代一种最高等级的全绘金龙（贴制金箔而成）的和玺彩画。墨线大点金旋子彩画，是指清代旋子彩画的一种，图案均以墨线为轮廓，图案局部贴金，其等级仅次于金线大点金。就是说，太岁殿外部所绘彩画是清代最高等级，因此太岁殿整体的装饰规格还是十分高的。目前保留的室内彩画是清乾隆十八年至十九年（1753—1754）大修先农坛时的原状，可谓极富文物价值和观赏价值，同时富有一定研究参考价值。

太岁殿屋顶覆盖黑色绿剪边琉璃瓦。不仅太岁殿的瓦色是黑的，就是整组太岁殿院的建筑瓦色都是黑色（先农坛神仓的圆廪和仓房屋面覆瓦也是黑色）。很多来到这里的朋友都对这个现象琢磨不透。其实说起来原因并不复杂，因为明清所祭祀太岁神及十二月将神，定位上属于天神，天神用色应为蓝，但这两种神与天坛所祭的皇天上帝不是一回事，皇天上帝代表的是统治人间万物的、决定人间福祉及政权更替，体现天道的最高道统与精神为一体的主神，是实实在在的人眼所见天之蓝为其归处。而太岁神及十二月将神在明清尤其是清代所发挥的功能，是主持旱涝之类的下雨下雪，也就是说与水有关。传统文化的阴阳五行中水归玄武，位于北方，主寒冷，色黑。因此附会成分管水资源问题的太岁神及十二月将神所在的太岁殿院的整组建筑就一律采用黑色琉璃瓦，以配合其属性。

太岁殿院落还包括倒座的拜殿及东西配殿（又称东西庑殿）。拜殿是一座穿殿，南北大门对开，是明清时祭拜太岁神的祭拜处，推测原应为明初山川诸神露祭时在此祭拜，后诸神虽然进殿，但在此祭拜的规矩没改，一直沿用。拜殿为单檐歇山顶，建筑面积约为 860 平方米，面阔七间 50. 96 米，进深九檩 16. 88 米，殿前有 332. 5 平方米的宽大月台，结构上采用减柱作法，室内仅有 8 根立柱，减去北侧明间、稍间的 4 根。彩画与太岁殿相同。东西配殿为祭祀十二月将神之处，悬山顶，建筑面积各 755 平方米，面阔 11 间各 55. 56 米，进深各 7 檩 13. 58 米，室内为雅伍墨旋子彩画，室外为墨线大点金旋子彩画。

如果站在拜殿的南门，深深地向院内凝视这组占地约为 8989 平方米的巨大院落，会令人顿时产生一种难以名状的感觉，它带给人们的是久久的敬畏与沉思。这种精神力量的冲击，只在古建筑中才能有。

民国时北京先农坛太岁殿还曾作为“中华民国”忠烈祠，祭奠黄花岗七十二烈士及民国其他烈士。因此，忠烈祠也成为太岁殿的另一称呼，一直保留到 20 世纪 60 年代初。

北京东岳庙三官九府彩塑现状调查分析

鲁春菲*

摘要：北京东岳庙彩塑历史悠久、造型艺术精美，具有极高的历史、艺术价值，然而彩塑属于多材质复合型文物，这种有机和无机材料结合的创造方式，在材质理化性质上存在差异，加上附存环境及温湿度变化的影响，在三百余年的时间中，彩塑存在不同程度文物病害。本文通过对北京东岳庙三官九府彩绘泥塑的调查，确定彩塑存在的病害类型，对产生病害的原因作出初步分析，为后期保护修复工作提供依据并作为博物馆历史资料留存。

关键词：北京东岳庙　三官九府　彩绘泥塑　病害调查

本文经过现场调查，结合北京民俗博物馆早期对彩塑的记录和研究，侧重对彩塑保存现状和彩塑病害的调查，并就文物保护和利用作初步探讨，抛砖引玉。

一　北京东岳庙三官九府彩塑概述

三官九府彩塑原为朝阳门内大街大慈延福宫（俗称三官神庙）[①] 内所祀天、地、水三神的雕像，现今存于北京东岳庙育德殿及显化殿内。20 世纪 60 年代，

---

* 鲁春菲，北京民俗博物馆助理馆员。

① 田瑾：《大慈延福宫述略》，《中国道教》2001 年第 3 期。

因建文化部、国务院发展研究中心办公楼，将该庙大部分拆除后，雕像先移至北京市文物局仓库（禄米仓胡同智化寺）内。改革开放以后，智化寺准备重修开放。1987年，北京市文物局将雕像拨交给朝阳区文化局，后移至北京东岳庙内，1998年曾经修复。现存于东岳庙育德殿、显化殿内。雕像为木胎彩塑，胎体使用金丝楠木制作，彩绘外有沥粉贴金精美纹饰，彩塑腹内据传填有道教经文。三官中，中为天官，左为地官，右为水官；九府分为四尊文臣像、五尊武将像。在多次搬运中，武将像手持兵器已损失。彩塑保留至今，实属难得，已不多见。彩塑数量共计12尊，具体包括如下：

（1）三官九府彩塑之天官像：明成化十七年（1481）；坐像，坐于雕龙坐床之上，头戴皮弁，手持圭板，身着紫色朝服，上饰有龙纹。经初步测量，高365厘米，腹围400厘米。

（2）三官九府之地官像：明成化十七年（1481）；坐像，坐于雕龙坐床之上，头戴皮弁，手执圭板，身着紫色朝服，上饰有龙纹。经初步测量，高365厘米，腹围400厘米。

（3）三官九府之水官像：明成化十七年（1481）；坐像，坐于雕龙坐床之上，头戴皮弁，手执圭板，身穿紫色朝服，上面饰有龙纹。经初步测量，高365厘米，腹围400厘米。

（4）三官九府之府臣之一：明成化十七年（1481）；文官立像，立于须弥座之上，戴七梁冠，面部有胡须，手在胸前，着紫色官服，方心曲领，朝服前饰有蟒纹，朝服后绘有蓝绿彩绘纹饰，脚穿朝靴。经初步测量，高326厘米，腹围290厘米。

（5）三官九府之府臣之二：明成化十七年（1481）；文官立像，立于须弥座之上，束发髻，原应有簪，穿紫色朝服，朝服前绘有蟒纹，朝服背后绘有宫殿纹样图案。经初步测量，高326厘米，腹围290厘米。

（6）三官九府之府臣之三：明成化十七年（1481）；文官立像，立于须弥座之上，头戴七梁冠，面部有胡须，手在胸前，着紫色朝服，方心曲领，前有蟒纹，后面绘有蓝绿色纹饰，脚穿朝靴。经初步测量，高310厘米，腹围305厘米。

（7）三官九府之府臣之四：明成化十七年（1481）；文官立像，立于须弥座之上，束发髻，原有簪，穿紫色朝服，朝服前绘有蟒纹，朝服后部有宫殿纹样以及其他纹饰。高310厘米，腹围305厘米。

（8）三官九府之府臣之五：明成化十七年（1481）；武将立像，立于须弥座之上，穿紫色战袍，黄色铠甲，战袍上绘有蟒纹，脚着战靴，靴上绘有兽纹，手作持兵器状，兵器已遗失。经初步测量，高321厘米，腹围305厘米。

（9）三官九府之府臣之六：明成化十七年（1481）；武将立像，立于须弥座之上，头戴官帽，穿紫色战袍，黄色铠甲，战袍上绘有蟒纹。经初步测量，高306 厘米，腹围 300 厘米。

（10）三官九府之府臣之七：明成化十七年（1481）；武将立像，立于须弥座之上，头戴幞头，面部有胡须，身着绿色战袍，黄色铠甲，战袍上绘有蟒纹，腰扎大带，脚着战靴，靴口饰有兽头，有飘带，手持兵器状，兵器已不存。经初步测量，高 317 厘米，腹围 305 厘米。

（11）三官九府之府臣之八：明成化十七年（1481）；武将立像，立于须弥座之上，面部绘有胡须，着铠甲，手作执兵器状，兵器已无。经初步测量，高325 厘米，腹围 300 厘米。

（12）三官九府之府臣之九：明成化十七年（1481）；武将立像，立于须弥座之上，头戴幞头，身着黄色战袍，绘有沥粉贴金纹饰。经初步测量，高 322厘米，腹围 300 厘米。

二　东岳庙三官九府彩塑价值

东岳庙三官九府彩塑为北京地区明代道教官式彩塑，对研究道教发展史以及社会经济、文化政治、雕塑艺术等方面具有重要价值。

（一）历史价值

三官九府彩塑成于明代，根据《御制大慈延福宫碑》《大慈延福宫重修纪成之碑》碑刻，和《光绪顺天府志》《日下旧闻考》史料记载，其成像应在明成化十七年（1481）。此外，该雕像为金丝楠木胎，彩塑表面服饰衣着使用了沥粉贴金工艺制成的精美纹饰，每尊彩塑的腹内装藏有道教经文。三官九府中，除部分彩塑的手持兵器有局部缺失损坏，显化殿内武将彩塑头部及双手经过重新塑造，其他造像造型形态皆较完整。由此可见，三官九府一组雕像历经五百多年的沧桑，得以保留至今，可谓十分珍贵且罕见。20 世纪 90 年代，经过吴梦麟、孙学海、张茹兰等专家对其价值进行鉴定，其应属于一级文物。

在彩塑胎体上，金丝楠木作为胎体用料的彩塑在国内亦属罕见；在彩塑纹饰方面，彩塑颜料层衣着纹样为明代式样，这两者为研究当时的彩塑制作工艺提供实物史料。彩塑腹内经文，在一定程度上可以弥补明代道教经文的相关文献研究史料，综上可见，对东岳庙内的三官九府彩塑的调查和相关问题研究在一定程度上可以补充道教文化及北京地区官式彩塑研究中的历史资料。

（二）艺术价值

三官九府彩塑始塑于明代，东岳庙三官九府彩塑的天、地、水三官端坐在神龙遨游的坐床上，姿态端庄，手持圭板，头戴天平冠，身着冕服，足登高齿履。天官端居正中，表情温和慈善，凝眉睿目，神韵超俗，一副雍容华贵的气派，地官、水官左右分坐，地官神态安详，黄色的面容似乎喻意大地的颜色。水官宽脸圆额，虬髯圜眼，面色黑红，神态威武。三官像两侧，分立文武侍臣。文臣像中有两尊头戴七梁冠，着朝服；两尊为道士装束，显得儒雅持重。武将则头戴幞头，身着战服，姿态十分威猛干练。从雕像生动的造型设计，流畅精致的制作工艺来看，可以显示出明代造像艺术的高超水平，具有文物的艺术价值。

（三）科学价值

三官九府彩塑服、外貌的绘制中，使用了红色、绿色、白色、沥粉贴金等颜色，色彩古朴。其颜料组成可能为石绿、朱砂、铁红、钙白等多种天然矿物颜料，为明确其颜料成分，开展对彩塑颜料的相关研究，了解丰富古代颜料的使用历史和制作历史提供了物质资料，与此同时，通过分析和鉴别三官九府彩塑从始造像到地仗层的制作等独特的塑造工艺，有助于我们了解绘画者当时所使用的材料和制作技术，考证古代政治、经济、文化、科学技术发展状况，补充了北京地区彩塑文物制作工艺的实物例证。塑像历经几百年的变迁，文物依然较为稳定的保存，对其机理进行研究，也为现代文物保护修复提供有价值的信息。

（四）社会价值

三官九府彩塑现存于北京东岳庙育德殿、显化殿内，与工字廊等元代道教古建筑融为一体。彩塑造像造型古朴、彩绘十分精美，有助于提高人们的审美情趣，引发人们对道教文化、彩塑艺术的研究兴趣，为人文旅游、休闲、文化研究提供场所，开展对北京东岳庙现存三官九府彩塑的调查研究，有利于推广文化传播、开发北京地区的文化旅游。

三　北京东岳庙三官九府彩塑的保存现状调查与评估

在现场勘查过程中，发现东岳庙三官九府彩塑中存在大量的病害情况。由于文物的病害与其保存环境有着密切的关系，因此对保存环境进行调查，对继而建立环境监测体系，保护彩塑至关重要，为探讨其病害原因，本文初步对彩塑附存环境和彩塑本体病害情况两方面进行调查，评估彩塑现状。

（一）彩塑附存环境

文物的裂变离不开其所在的附存环境。[①] 北京东岳庙所在的地理位置在北京

① 郭宏：《文物保存环境概论》，科学出版社 2001 年版。

市朝阳区，处于中国华北平原西北边缘，经纬度为北纬 N39°55′20.98″，东经116°26′16.23″。所在地为典型的温带季风性气候。夏季高温多雨，冬季寒冷干燥。① 根据数据统计，对近年温度情况进行统计并绘制线性图可见，北京市年平均气温 10—12 摄氏度。1 月平均气温零下 7 至零下 4 摄氏度，7 月平均气温 25—26 摄氏度。极端最低温零下 27.4 摄氏度，极端最高温 42 摄氏度以上，存在季节性温差大的情况。对近一年月平均高温、低温进行统计如图 1 所示，从 2017 年 11 月至 2018 年 2 月期间，月平均高温、低温在 0 摄氏度上下交替往复，导致室外会出现冻融的情况。

北京市年平均降雨量 600 多毫米，降水季节分配很不均匀，全年降水的 80% 集中在夏季 6、7、8 三个月，7、8 月常有暴雨，集中的降雨量将导致室内湿度急剧升高。

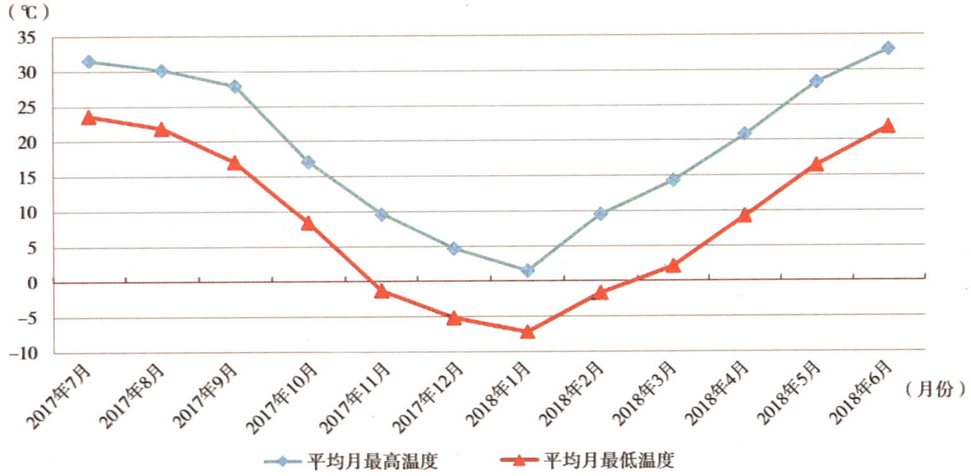

图 1　北京地区月平均高温、低温统计（2017 年 7 月至 2018 年 6 月）

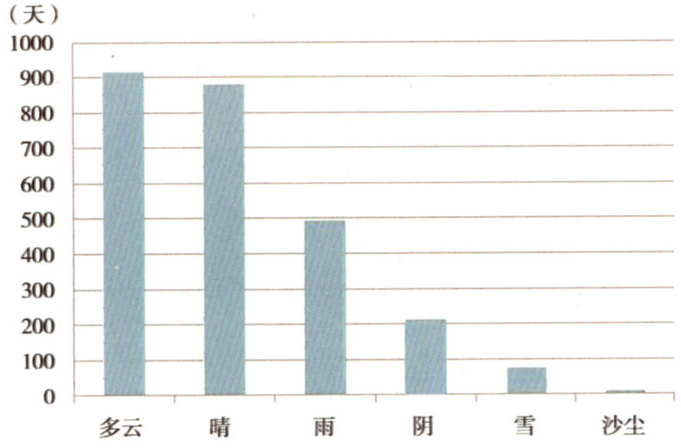

图 2　北京地区历史天气统计（2011 年 1 月 1 日至 2018 年 7 月 1 日）

① 杨浩：《1951—2006 年北京气候变化特征分析》，《北京水务》2013 年第 3 期。

由图2可见，自2011年1月1日到2018年7月1日期间，北京共出现多云天气914天，晴878天，雨492天，阴213天，雪74天，沙尘天气9天。可见，北京的地区近年雨天较多，受季风气候影响雨天集中，并且存在沙尘天气，对处于开放空间，未增添恒温恒湿设备的文物储存地造成一定影响。

（二）彩塑本体调查

东岳庙彩塑属于多材质复合型文物，这种有机和无机材料结合的艺术创作方式，极大地满足了艺术效果表达。但是材质理化性质的差异，加上附存建筑空间布局以及环境温湿度影响，彩塑、壁画文物普遍存在不同程度的裂变，胎体及颜料层存在裂隙、地仗破碎、金层脱落、颜料层脱落、起甲、龟裂、涂写等多种活动性和可诱发病害。

本次调查工作，初步勘察了东岳庙三官九府彩塑的保存情况，依据《古代壁画现状调查规范》（WW—T0006—2007）对彩塑病害情况进行勘察记录；但由于中华人民共和国文物保护行业标准中没有涉及彩塑文物的病害分类与图示，根据东岳庙彩塑文物的病害现状，参照《陶制彩绘文物病害与图示》（WW—T0021—2008）、《古代壁画病害与图示》（GB—T30237—2013）进行病害勘察。下文将逐步阐述其病害类型及病害发展情况。

1. 支撑体、胎体类病害

（1）裂隙：文官、武将彩塑立像存在多处结构性裂隙，裂隙病害在文官塑像中主要存在于彩塑脖颈与胸前连接部位，最长裂隙长达2米。裂隙病害在武将彩塑中最为严重，其中手臂、飘带等处存在贯穿裂隙，进一步发展将导致彩塑局部脱落，可能由于在彩塑塑造之初为表现其虎虎生威的动态形象，人物动势明显，后经1987年彩塑迁移搬运导致严重的裂隙产生，影响了彩塑的完整性和稳定性。

2. 颜料层病害

（1）金层脱落：彩塑贴金层出现脱落、点状脱落的现象。① 可能由于温湿度等环境影响造成金胶油老化所致，主要分布在彩塑的甲胄贴金处。

（2）颜料层起甲：彩塑至今已有六百多年历史，在环境及自身材质影响下，彩塑颜料层出现大面积脱离胎体而卷曲起翘的情况，其中武将塑像背部等可以收到阳光直射的部位颜料层起甲最严重，起甲病害进一步发展将导致颜料层脱落，严重影响彩塑的艺术表达。

（3）颜料层脱落：指颜料层脱离底色层（依附层）或地仗层的现象。在自

① 中华人民共和国国家文物局主编：《古代壁画现状调查规范》，文物出版社2008年版。

然因素以及人为因素影响下，颜料层脱落在育德殿彩塑中普遍存在，局部有二次补绘的情况。颜料层脱落病害进一步发展，将使彩塑表面斑驳不清进而损害彩塑价值。

（4）龟裂：彩塑表面颜料层呈现微小的网状开裂，彩塑背面朝光一侧存在大面积龟裂病害，可能由于光照等环境影响引起彩塑颜料层、底色层、泥层内所含胶结材料老化所致。

（5）历史修补：彩塑于1998年对严重裂隙部位采取简单修复措施，在较严重的裂隙表面涂抹白灰，对飘带、服饰衣摆、显化殿武将头、手等部位进行补配。由于技术手段不足，对裂隙的修复未达到应有效果，并且造成颜料层表面覆盖白灰，现今补配构件的部位也存在再次出现裂隙的情况。

（6）积尘：育德殿内所有彩塑都存在表面薄厚不等的积尘。以彩塑底部及顶面较为严重，严重的情况已看不清原有彩绘颜色。积尘长期停留在彩塑表面，形成结垢，难以去除。较厚的积尘可以为微生物、小动物等提供生存条件，造成其他病害。

（7）人为涂写：主要在塑像底部存在少量人为涂写和刻画的痕迹，影响彩塑外观。

（8）泥渍：在育德殿府臣像彩塑面部，存在泥浆附着痕迹，可能因为历史上建筑局部漏雨，彩塑经雨水冲刷，留下厚厚一层泥渍。

经对彩塑初步勘察，彩塑价值极高，做工考究，用料罕见，但存在多种病害现象，其中现存的裂隙、龟裂、起甲、颜料层脱落等为活动性病害，有进一步发展的可能。

图3－1　肩部裂隙

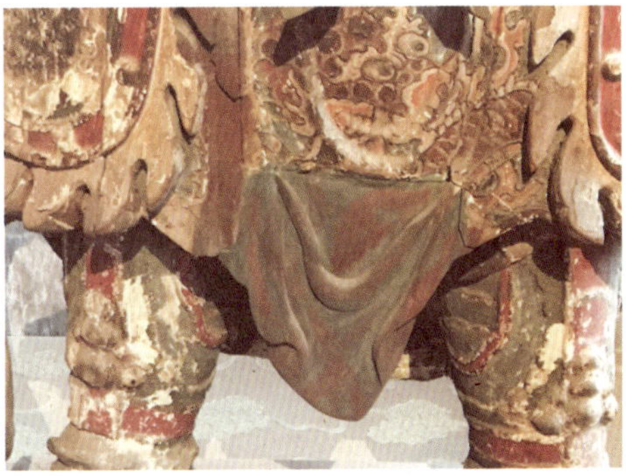

图3－2　历史修补

图 3－3　颜料层龟裂

图 3－4　颜料层脱落

图 3　彩塑病害

四　彩塑病害成因分析

北京东岳庙三官九府彩塑病害产生的因素很多，主要可分为外因和内因两部分，外因包括彩塑所处的温度、湿度、光照、空气降尘等保存环境，[①] 内因包括彩塑本身制作工艺和材料、人为因素等相关条件。

（一）保存环境

1. 温湿度

彩塑所在的北京东岳庙育德殿受殿外温湿度变化影响较大，下雨时，室内地面潮气严重。而冬季干燥少雨，也造成冬季室内干燥的保存环境。温湿度的交替急剧变化，容易导致彩塑表面颜料层龟裂、起甲。

2. 大气降尘

彩塑所在的育德殿常年对外开放，大殿门工作日敞开。经过对北京地区历史天气情况统计，北京春季常出现降尘天气，是彩塑表面灰尘覆盖较为严重的直接诱因之一。灰尘积聚不但影响彩塑观瞻，风沙及降尘还可能会对彩塑表面产生机械磨损，直接造成表面颜料层老化脱落。灰尘的积聚还为昆虫等生物、微生物的生长繁衍提供有利环境。

3. 光照

光照对育德殿彩塑颜料层的影响很明显。育德殿府臣像背后为格扇窗，窗与彩塑之间再没有遮挡物，晴天时，日光常年通过窗户直接照射在彩塑背部，使彩塑背部颜料层呈现大面积的片状脱落，与彩塑正面颜料层较完好的保存状况形成鲜明对比。

① 杨宝：《五台南禅寺彩塑保护与利用》，《文物世界》2015 年第 2 期。

（二）制作材料与工艺

在现场勘查中，从彩塑外部及残损部位观察，初步分析彩塑制作工艺，东岳庙彩塑大体继承了古代木胎彩塑的塑造方法，制作结构可分为木质胎体—白粉层—颜料装饰层（图4）；彩塑先使用金丝楠木雕琢出神像的体态面容；白粉层在胎体之上，附着一层混合了黏合剂的石灰等白色细粉作为颜料层的打底层，目的是使胎体更为光滑平整易于着色，并增加了颜料与胎体之间的粘接力度；颜料层在白粉层之上，为彩塑的艺术表达层，也是文物保护的重点所在，东岳庙彩塑颜料层使用了红、绿、白、金、黑等多种不同的矿物颜料进行绘制。

综上可见，彩塑在制作时，使用了多种不同的材料，由于不同材料之间热膨胀系数不同，再加上外界光照、大气温度等变化引起室内气温的冷热交替变化将导致彩塑不同材料结构间出现分层，这是东岳庙彩塑颜料层胶结材料老化进而呈现彩塑颜料层大面积片状脱落、龟裂、起甲的诱因之一。

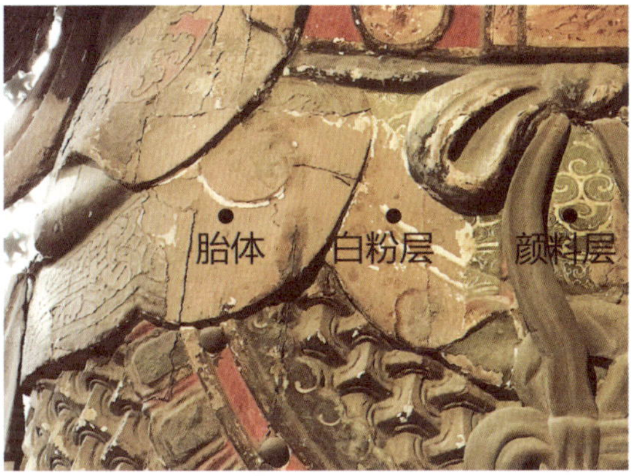

图4－1　北京东岳庙三官九府彩塑现状调查分析

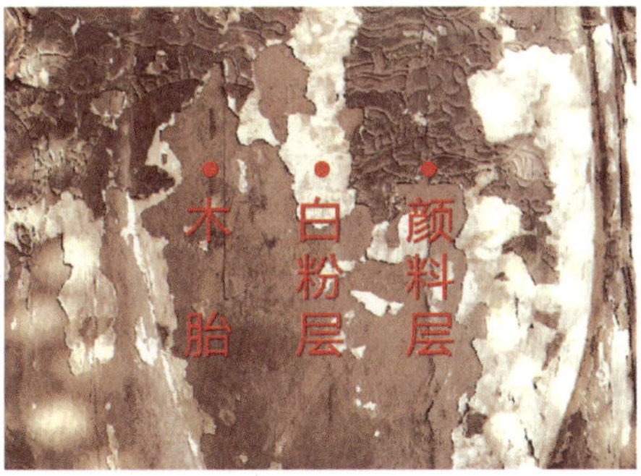

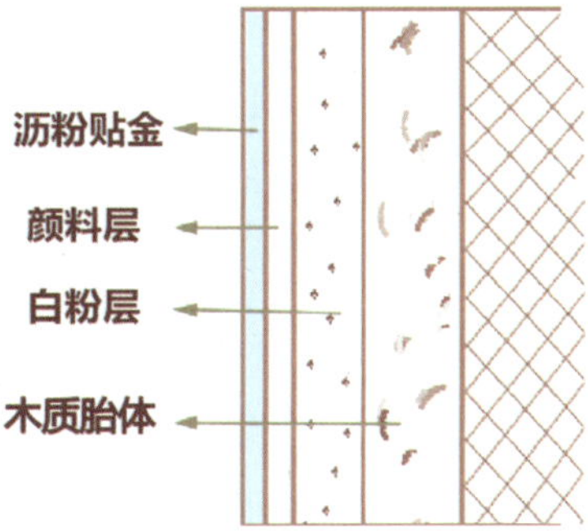

图4－2　北京东岳庙三官九府彩塑现状调查分析

图4　东岳庙三官九府彩塑结构示意图（彩塑局部）

（三）人为因素

1. 彩塑迁移

三官九府彩塑，在历史进程中被保护的同时，经数次辗转，最终被放至北京东岳庙，得以妥善存放。在此过程中不可避免的人为搬运是彩塑出现关节结构性断裂的重要原因。

2. 涂写刻画

在彩塑较低的位置存在铅笔、粉笔涂写刻画的痕迹，是人为因素所导致。

五　问题与讨论

基于对北京东岳庙三官九府彩塑病害情况的调查，为更好保护文物，建议采取以下保护方式。

1. 环境治理。针对文物保存环境，对文物所在空间建筑本体进行日常养护和维护，保持文物保存环境基本稳定，建议在湿度较高的雨季过后进行开窗通风，及时通风除湿。在有条件的情况下，增加防尘设施及殿内温湿度监测预警系统，根据温湿度监测情况增加殿内恒温恒湿设备。针对古建窗户透光造成的阳光直射彩塑的现象，建议对殿内窗户安装遮光设施，以避免直接光照对彩塑颜料层胶结材料造成的老化断裂现象。

2. 数字化保护和日常影像资料的留存。可以通过数字化平台对彩塑影像资料进行展示，强化大众对北京东岳庙三官九府彩塑的价值认识。全面解析三官九府彩塑的历史、科学、艺术、文化、社会价值，从彩塑结构、材料、工艺、保存环境、病害等众多方面开展研究，揭示彩塑所蕴含的信息，综合考古学、建筑学、测量学、文物保护学等多个学科，针对北京东岳庙三官九府彩塑进行评估分析，可以进一步挖掘文物内涵，更深入地发挥其社会价值。实现对这一珍贵文化遗产的综合阐释。

3. 展陈性修复。北京东岳庙现存三官九府彩塑除经勘察的影响到彩塑稳定性的病害外，彩塑表面还存在烟熏、水渍、积尘等表面病害，建议开展对其修复的进一步研究，恢复文物观瞻效果，提高文物的审美情趣。

4. 日常养护。在保证彩塑稳定性的前提下，进行定期除尘。坚持日常巡查。针对彩塑一些渐进性病害现象，如专家所说，保持彩塑文物的“健康”，在“治病”以外更重要的是长期不懈地“体检”，以防微杜渐。[①] 将一些文物

① 中国文化遗产研究院：《文物保护科技专辑》，文物出版社 2013 年版。

保护的科技方式与常规日常的拍照等方式相结合，持续观测彩塑的倾斜、地仗脱落、颜料层脱落等病害的发展情况，可以预防文物病害进一步发展，减缓文物病害的蔓延，采取传统与现代方式相结合的方式记录彩塑现状以防微杜渐。

朝阳门外慈尊寺研究综述

李锦萍*

摘要：慈尊寺位于东岳庙路南，因其与东岳庙的特殊关系而成为研究东岳庙不可忽略的一部分。关于慈尊寺的记载并不多，又因拆除之故，对其研究也不够深入。本文网罗了慈尊寺相关资料，重点介绍一本以描写慈尊寺为背景，并在此基础上探究中国人地狱观念的外文著作，以求对慈尊寺在东岳庙中的地位及其存在的意义有更加深刻和准确的认识。

关键词：慈尊寺　东岳庙　地狱

一　朝阳门外慈尊寺溯源

慈尊寺，俗称十八狱庙，位于北京市朝阳区朝外大街南侧，是一座汉传佛教寺院，与东岳庙隔街相望。慈尊寺内主庙区南北方向，慈尊宝殿和森罗宝殿相向而立，周围由二十八司环绕，十八狱位居其中，每一狱内都有判官高坐供桌之后，侍从沿两墙站立，犯人则在中间接受惩罚。塑像栩栩如生，令人毛骨悚然。据《北京寺庙历史资料·1936年北平寺庙登记》中记载，该庙建于“清雍正年间，私庙，面积44亩，房79.5间，土地2.9亩。上建民房38间，菩萨像86尊，配像312尊，铁香炉69个，铁鼎炉3个，铁香池1个，铁磬9个，锡海灯6盏，铁蜡扦10对，燎炉1座”。

* 李锦萍，北京民俗博物馆馆员。

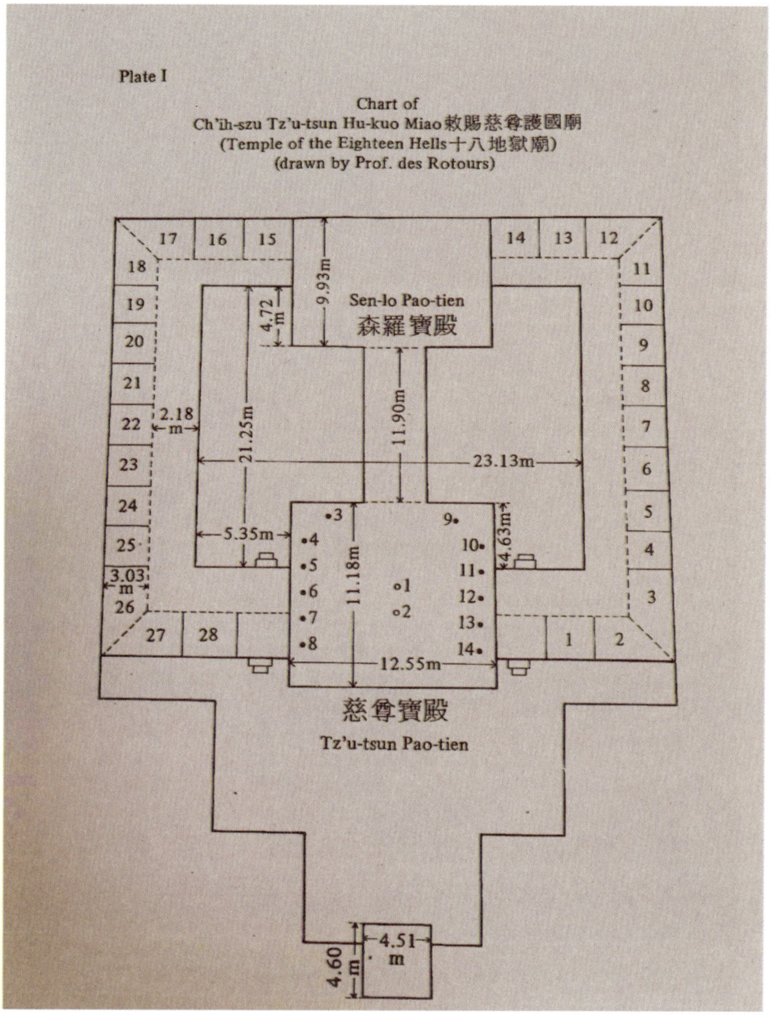

图 1　慈尊寺平面图

资料来源：Anne Swann Goodrich，*Chinese Hells—The Peking Temple of Eighteen Hells and Chinese Conceptions of Hell*，Monumenta Serica Institute，1981，Plate I.

1935 年出版的《北平旅行指南》中记载："九天宫对面有庙曰十八狱，内有阎罗殿，神像威严可畏，十八狱塑像亦均惊惨动人。此外尚有孟婆舍汤、目莲救母、转轮城等塑像。悉已毁坏，不能成形，良可惜也。"1950 年 6 月 14 日，位于朝阳门外大街 117 号的辅华合记矿药厂发生火药爆炸，造成大量人员伤亡，周边房屋受到严重破坏，慈尊寺也在此次爆炸中受到严重损毁。1955 年，该寺被拆除。

东岳大帝掌管人间生死、祸福、尊荣，因而，地狱部分在东岳庙内或多或少都会有所体现，囿于规模、等级以及观念等因素，大部分东岳庙只选取一部分地狱判官来代表全体，比如山西泽州岱庙、山西蒲县的东岳行宫和山西万荣

Feng-lei Ti-yü (Hell of Wind and Thunder). 風雷地獄

图 2　风雷地狱

资料来源：Anne Swann Goodrich，*Chinese Hells—The Peking Temple of Eighteen Hells and Chinese Conceptions of Hell*，Monumenta Serica Institute，1981，Plate XXVI.

东岳庙。[①] 在北京东岳庙七十六司内，也有几座司执掌了地狱部分职能，如还魂司、十五种恶死司等。东岳大帝鬼职功能最集中的体现是山西蒲县东岳庙，其地狱单独设置于整个东岳庙城垣式布局外北段，平面呈方形，利用地势较低的特点，采用下沉式窑洞建筑形式，形成独立的、封闭地下空间，与大众想象中的地狱空间形成完美契合，是现存的唯一一座集东岳文化神职与鬼职功能于一体的东岳庙。[②] 安·丝婉·富善（Anne Swan Goodrich）认为，慈尊寺和东岳庙是有关联的，慈尊寺内的所有殿座都与死后相关。从严格意义上讲，东岳庙中

① 《山西寺庙大全》，白清才等编，山西经济出版社 1995 年版。
② 王春波：《东岳庙建筑规制与东岳信仰——以蒲县东岳庙为例》，《文物世界》2016 年第 2 期。

所奉祀的神是拯救阴间饱受折磨的灵魂，而慈尊寺则是阴间本身。[①] 在徐道龄编撰的《北平庙宇检录》中，一些比慈尊寺规模还要小的庙宇都有收录，但慈尊寺却未列其中，这也从侧面印证了这一观点。因为慈尊寺本身并不是一座独立的庙宇，它和东岳庙东侧的九天普化宫形成了地狱与天堂的对比，并与东岳庙一起构成了整个庞大的东岳庙体系。

二 《北京十八地狱庙与中国的地狱观念》

关于慈尊寺的记载寥寥，外文著作更是凤毛麟角，只有一本书名为 *Chinese Hells—The Peking Temple of Eighteen Hells and Chinese Conceptions of Hell*（《中国地狱——北京十八地狱庙与中国的地狱观念》）对慈尊寺有过较为详尽的描述。该书于 1981 年由位于德国圣奥古斯丁的华裔学志[②]出版发行，作者是美国学者

图 3 森罗宝殿外

资料来源：Anne Swann Goodrich, *Chinese Hells—The Peking Temple of Eighteen Hells and Chinese Conceptions of Hell*, Monumenta Serica Institute, 1981, Plate XII b.

---

① ［美］安·丝婉·富善：《东岳庙》，李锦萍译，清华大学出版社 2019 年版，第 184 页。

② 《华裔学志》自 1935 年在北平创刊之后，由于战乱原因，曾先后迁往日本和美国，1972 年迁往德国圣奥古斯丁至今。

安·丝婉·富善。①

作者在致谢部分谈到了本书的写作初衷：这本书是为巴黎的戴何都②（Robert des Rotours）教授而作。戴何都教授在看过 *The Peking Temple of the Eastern Peak*（《东岳庙》）一书之后，给她寄来一套慈尊寺的照片，并建议她把慈尊寺也研究一下。在对北京东岳庙进行深入研究的基础上，富善女士又对慈尊寺进行了探究，并将研究成果集结成书。全书分为两个部分，第一部分采用共时

图 4　铜柱地狱

资料来源：Anne Swann Goodrich, *Chinese Hells—The Peking Temple of Eighteen Hells and Chinese Conceptions of Hell*, Monumenta Serica Institute, 1981, Plate XVII.

---

① 安·丝婉·富善（Anne Swann GoodRich, 1895.07—2005.04）生平出版过三部著作，分别为：*The Peking Temple of the Eastern Peak—The Tung-yüeh Miao in Peking and its Lore*（Monumenta Serica, 1964）；*Chinese Hells—The Peking Temple of Eighteen Hells and Chinese Conceptions of Hell*（Monumenta Serica, 1981）和 *Peking Paper Gods—A Look at Home Worship*（Monumenta Serica, 1991）。其中，《东岳庙》和《中国地狱》是专门描写这两座寺庙唯一的外文著作。

② 戴何都（Robert des Rotours, 1891—1980），法国人，汉学家，唐史专家。

描写的方法，对慈尊寺的现状（1932 年）进行描述，逐一记录了慈尊寺内各殿各司的现状，重点描写了慈尊宝殿、森罗宝殿和庙区其他各司。此外，还专门对施老师[①]进行了访谈，听取了他对这座庙的认识，并将讲述内容条分缕析单列一章，记录在册。

第二部分则着重讨论了中国人的地狱观。从中国人地狱观的起源，与英文"Hell"一词和西方"Hell"观念的区别，以及文献资料中有关地狱的描述入手，对中国人地狱观念的演进过程进行了梳理，并对核心概念进行了界定。

接下来的一节内容，因《玉历钞传》[②]中记录的地狱形象具有很强的代表性，于是，作者依据《玉历钞传》的描述顺序，结合自己的研究结果，写成了这部分地狱游记，详述了十殿和十殿阎王及其刑罚因由。本章内容不仅是富善女士研究成果的重要组成部分，也从西方学者的研究视角，对《玉历钞传》这本书进行了不同角度的诠释。

本书最后，回答了三个终极问题：为什么会被降下地狱？罪罚是否相适？以及能否从地狱解脱，如果可以，怎样解脱？完整全面地阐释了中国人地狱观念的形成和演化过程，同时也回答了萦绕在普通人心目中最困惑的三个问题。

此外，本书配有三十二幅插图，包括十八狱庙建筑结构，各殿塑像造型及位置，均为慈尊寺内实景拍摄，具有较为珍贵的史料价值。

三　地狱庙存在的历史意义与价值

在佛教传入之前，中国人没有明确的地狱观，但是关于鬼神魂魄的思想却无处不在。从最初的弃尸风俗到殷商崇尚祖先的思想，再到春秋时代"黄泉"观念的形成，早期的冥界思想一步步发展起来，为地狱观念的形成奠定了基础。[③]在这些思想观念中，汉代开始流行的泰山治鬼信仰具有非常强大的生命力。据《三教源流搜神大全》记载："泰山者，乃群山之祖，五岳之宗，天帝之孙，神灵之府也！"在道教信仰中，东岳大帝执掌凡人生死。《三国志·管铬传》记载：但恐至泰山治鬼，不得治生人。《后汉书·乌桓传》：其俗谓人死，则神游赤山，如中国人死者魂归岱山。注引《博物志》：泰山天帝孙也，主招人魂。

① 施老师是富善女士的中文老师。《东岳庙》一书，主要就是在施老师讲述的基础上，结合其研究成果写成的。

② 一部民间流传已久的奇书，又称《玉历宝钞》，成书于清雍正时期，相传是一位法号"淡痴"的修行者，在游历过地府之后，将此书从地府之中带出的。

③ 郑红翠：《中国古代信仰中的地狱观念》，《中国社会科学报》2015 年 3 月 23 日。

东方万物始，故知生命。[1] 由此可知，泰山是死者亡灵最终的归属地。

东汉时期，佛教观念传入中国，其中的地狱观与传统的冥界思想相互融合，[2] 吸收了“泰山治鬼”的传说，并在此基础上逐渐得到了系统的发展，形成了独特的地狱观，并深刻影响了中国人的信仰。各地出现的地狱庙就是这种信仰的集中体现，它们或以独立的形式出现，如丰都鬼城；或以一个大庙一部分的形式出现，如宁夏中卫的高庙地狱。

地狱信仰作为一种民间信仰，有着非常广泛的群众基础。在科学技术还不是很发达的时期，对普通民众的行为和思想起到了一定的教化作用，这种具象化的展示，也更容易让底层群众理解和接受。1939—1940 年，*Peking Chronicle*（《北平时事日报》）连载了一部名为 *The Adventures of Wu*[3]（《小吴历险记》）的小说，通过虚构的主人公小吴的经历，形象逼真地展现了北平市民的生活习俗，其中就有主人公童年时候跟随父母到慈尊寺的场景描写，这是他生活的一部分。不定期造访慈尊寺，让小吴逐渐明白，如果不按照家规行事会造成什么样的后果。采取这种方法，小吴接受了家庭伦理道德教育。

综上，作为整个东岳庙体系的一部分，慈尊寺承担了东岳大帝的鬼职功能，其逼真的塑像和丰富的内涵，与当时的认识水平和生产生活高度契合，对民众的思想和行为起到了规范和约束作用，成为对普通民众进行道德教育的最佳场所。在很长一段时间内，这种规范和约束的意义与法律并行不悖，更多时候，其约束力要远远超过法律对普通民众的影响。东岳信仰以“仁德”为主，地狱体现了“恩威并施”，作为一种警示，通过对鬼神的敬畏以及法律的威慑相结合，[4] 来达到社会治理的目的，对当时的社会产生了深远的影响。

① 《后汉书》卷 120，《乌桓鲜卑传》。

② 范文美：《蒲县东岳庙“地狱变”之调查与研究》，硕士学位论文，兰州大学，2011 年 5 月。

③ H. Y. Lowe，*The Adventures of Wu/ The Life Cycle of a Peking Man*，pp. 116—117.

④ 张焕君、李建淦：《蒲县东岳信仰的教化功能》，《忻州师范学院学报》2017 年第 8 期。

由金门闸的设置变迁解析清朝政府的治水方略

葛淑英*

摘要：金门闸是清代京畿重要水利工程，在保卫京师和永定河两岸人民的生命财产方面曾发挥不可替代的作用，它是中国古代涵闸建筑史上的一个范本，反映了清代中国建筑科学和水利工程技术建设水平，是中国祖先和自然灾害斗争的不朽丰碑。它是清朝历代朝廷治理永定河的历史见证，是清朝政府治理水患的重大实物遗存，其历史地位堪与南方的都江堰媲美。

关键词：金门闸　清政府　治水方略

古代，水患一直是困扰人们的最大自然灾害，它是仅次于战争的重大灾难。古代的流民也大都是水灾所致，平均每年有成千上万的人被洪水夺去生命。可以说中国的一部古代史也是先民与水患作斗争的血泪史。从神话传说的大禹治水，到有明确史料记载的靳辅陈潢治河，还有到现在还在发挥作用驰名中外的都江堰工程，这些都是祖先与水患作斗争的重大实践。

金门闸，是清代京畿重要水利设施，位于河北省涿州市义和庄乡北蔡村的永定河右岸。闸之西、北均与北京市房山区窑上村相邻，闸东与北京市大兴区接壤。它的设置、修建、重建与改造，就是一部清代治理永定河水患的见证史。

* 葛淑英，河北省涿州市文物保护管理所馆员。

一　永定河历代水患频发

永定河前身称漯水、又叫卢沟、浑河或无定河。上游包含了南北两大支流。两大支流在河北怀来汇聚后向东南流经北京门头沟、石景山、丰台、房山、大兴、河北涿州、固安、永清、霸州、武清等地，在天津入海。全长700余千米，流域面积达5万多平方千米。

由于永定河上游流经黄土高原，且支流众多，生态环境破坏严重，导致河水含沙量大，中下游严重淤积，加上流速湍急，出山之后，奔流急泄，自古以来泛滥频发。据《清史稿·河渠三》记载："永定河汇边外诸水，挟泥沙建瓴而下，重峦夹峙，故鲜溃决。至京西四十里石景山而南，迳卢沟桥，地势陡而土性疏，纵横荡漾，为害颇巨。"特别是宋辽金以来，祖先们对黄河上游无节制地破坏性开发已累到了一定程度，自然界的承受能力达到了极限，它就以灾害的形式对人类进行报复。永定河下游常常决口改道，泛滥成灾。为了治理永定河水患，辽代曾经在永定河修筑防洪堤，北宋时知州杨应洵也曾在霸州疏浚河道，修筑堤防。自金代以后，北京就是历朝都城所在地。永定河流经北京郊区，直接威胁着北京的安危，因此历代统治者都未曾放松过对永定河的治理。金大定十二年（1172）曾在金口分永定河水向东注入潞水；并调用民夫封堵显通寨决口；大定二十九年（1189）修建了"卢沟桥"（当时称广利桥）。元代，从金口至武清，修筑了三百四十八里堤防，并多次治理水患。明代在永定河修筑的堤防工程规模更大，石景山一带的石堤修筑得更加巩固。

卢沟桥以下的永定河段，到清代更是水患不断。《清史稿·河渠志》记载："清顺治八年（1651）浑河由永清徙固安，与白沟合。转年，决口始塞。十一年（1654）由固安西关村与清水合，经霸州东，出清河：又决九华台、南里诸口，霸州西南遂成巨浸。康熙七年（1668）决卢沟桥堤，待郎罗多等筑之。康熙三十一年（1692），以河道渐次北移，永清。霸州、固安、文安时被水灾。用直隶总督郭世隆议，疏永清东北故道，使顺流归淀。"清入关以后，自顺治至宣统二百五十多年间，历代皇帝都把永定河的治理列为一项重大国事。河两岸堤防各分工段，编工号，各工号界内村庄有额定河夫，岁有常修，急而有备，朝野上下不遗余力，常年督办。

二　金门闸的设置与康熙时期的疏筑兼施、束水攻沙、以清刷浑治水策略

清世祖顺治九年（1652），调用民夫修筑石景山以南至卢沟桥的决口堤岸，开启了清代永定河水患的治理工程。而清代大规模的永定河治理工程，则是从清康熙年间开始的。当时，明人修筑的永定河堤防工程早已不存在了，下口淤积日甚，致使永定河道渐次北移，永清、霸州、固安、文安等地时常发生水灾，甚至导致上游石景山、卢沟桥一带屡出决口险情，直接危及京师的安全。

康熙三十七年（1698），“以保定以南诸水与浑河汇流，势不能容，时有泛滥，圣祖监视（直隶）巡抚于成龙疏筑兼施，自良乡老君堂旧河口起，经固安北十里铺永清东南朱家庄，会东安狼城河，出霸州柳岔口三角淀，达西沽入海。浚河百四十五里，筑南北堤百八十余里”。（《清史稿·河渠志》）并改浑河叫永定河，希望河水稳固，国家安定。“自是浑河改注东北，无迁徙者垂四十年。”

由于河水上游得不到根本治理，想要河水永定是不可能的。第二年，永定河下口的郎城河就被淤平，康熙帝两次亲临永定河巡视考察，全面考察河水形势，意识到永定河水患概因沙淤所致，因此把治沙列为治河重点。康熙一改传统清淤治沙的办法，一方面筑堤束水，增加河水流速，以自身河水攻沙，一方面把莽牛河清水引入永定河，以外来清水攻沙，名曰“以清刷浑”。

康熙四十年（1701），依据借清刷浑的既定方略，郎中佛保、永定河南北岸分司齐苏勒、色图浑，经过周密实地考察，于莽牛河与永定河之间，斜向竹络坝北挑引河一道，长五里，名小清河，将莽牛河清水逼入永定河。为控制水流，在竹络坝北的小清河入口处的永定河堤岸间建一座口门宽二丈的草闸，名金门闸。金门闸是康熙时期永定河清淤排沙的关键水利工程，是当年永定河防治工程体系的重要组成部分。几年后，又将草闸改建成石闸，永定河水大则闭，防浑水倒流，水小则开，引莽牛河清水攻克永定河河沙。

雍正二年（1724），对金门闸进行了创改建后第一次修缮。配合金门闸修缮，于闸侧筑新河堤一百九十丈。修缮旧大堤四百五十丈，耗银五千多两。雍正时期，金门闸作为永定河上引莽牛河清水排沙的关键性水利工程，在永定河水患防治守卫京师安全中仍然起着至关重要的作用。

三　金门闸的移建与乾隆的疏浚河槽分洪泄水与种植卧柳坚筑河堤的治水方略

康熙时期所采取的疏筑兼施、以水攻沙等治河方略，虽然取得了巨大成效，但不能从根本上治理永定河水患。乾隆二年（1737），永定河伏汛，金门闸被洪水毁废，清都城面临着空前严峻的水患形势。乾隆派协办吏部尚书事务顾琮等，驰驿前往永定河沿岸察勘河情，顾琮提出“不治而治”的主张，但行不通，乾隆又命大学士鄂尔泰前往永定河巡视，寻求更好的治理办法。

乾隆三年（1738），依照鄂尔泰“疏挑下口，使永定河去路通畅，自上游始两岸酌建闸坝引河分洪泄水，再自下而上疏浚河槽”的治河方案，在康熙年所建金门闸南重建金门闸坝，也就是现存金门闸的位置。与原闸不同的是，原金门闸是引水闸，是节制小清河所引莽牛河清水进入永定河。而再建的金门闸（实为坝）是排水闸，是永定河上游的一项分洪减水工程，但仍沿用了康熙金门闸旧称。

在对永定河的治理过程中，实践证明大学士鄂尔泰的治水方案是正确的。乾隆三十七年（1772），以“疏中泓，挑下口，以畅其势。坚筑两岸堤防，以防其冲突。深浚减河，以分其盛势”（见《永定河事宜碑》）为明确指导方略，命大学士高晋、工部尚书裘曰修、直隶总督周元理全面大规模治理永定河。这是乾隆时代永定河治理盛期的标志，也是乾隆帝永定河治理思想的集中体现，反映了乾隆时代治河理论的成熟。据乾隆三十八年（1773）《金门闸浚淤碑》记载，乾隆帝闻“两岸堤工稳固，览奏稍慰”，传旨“务使积淤尽除，水道畅通，以资疏泄。嗣后金门闸每遇过水，永远照此办理。仍将永定河水长落情形，随时奏闻”。同时，乾隆在巡视永定河后，又提出多种卧柳，以加固大堤的主张。并御题《金门闸堤柳诗碑》：“堤柳以护堤，宜内不宜外。内则根盘结，御浪堤弗败；外惟徒饰观，水至堤仍坏。”明确指出为什么要植柳，堤柳该怎么植的主张。实践证明，植柳固堤的方法在实际应用中是很有效的。

四　金门闸的重建与宣统时期的治水创新

乾隆时代以后的历代皇帝的永定河治理，基本沿袭了乾隆成法。金门闸一直作为永定河上的一个关键的分洪减水工程存在。一直是道横在永定河堤口的大坝，以坝位高低控制水量。但坝是固定的，不能控制自如，永定河常常沙淤严重，河底不时淤高，且闸坝易损坏，修筑耗财费力，收效不大。据《重修金门闸上谕碑》记载，道光三年（1850），张文浩等奏“勘估永定河减水闸、坝、越堤等工及时分别修筑”一折，就“共估银十万三千四百五十一两”对金门闸进行了修筑加固。同治十一年（1873），曾耗银六万四千七百四十二两修筑加固金门闸减水石坝。又据吕佩芬在《重建金门闸记碑》中记载：“闸之为用，岂独借清刷浑云尔哉，小可闭之以遏其轶水，大可启之以杀其怒，宣塞随宜而施其功过於坝远甚，奈何废闸而又改为坝也。况永定河水性湍悍，挟沙而行，沙日淤则河日高……故由乾隆下洎光绪必数年一小修，十年一大修。”记载中指出，吕佩芬对乾隆把康熙时修的金门闸改为坝很不理解，他认为，康熙年修的金门闸不只能起借清刷浑的作用，而且能根据水量大小分别启闭，闸比坝起的作用要大得多。

宣统元年（1909），清廷拨银五万二千两，命永定河道吕佩芬主持重建金门闸，吕佩芬请用有丰富治水经验的水利工程师张黼廷协助，经过反复巡视考察，决定在原金门闸的基础上，重新改坝为闸，修建可任意启闭，控制泄水的名副其实的金门闸。此时的金门闸，与康熙时建的金门草闸不同，它完全是按现代涵闸原理和构造设计的。闸共设有涵洞十五道，各洞皆高八尺，宽四丈，打开闸门时足以使水流畅通。又于闸洞上铺平板，平板上铺黄土，可供行人往来。宣统时建造的金门闸，是清代桥闸建筑史上的一次革命，其重要性在清代永定河水利工程史是不可替代的。直到中华人民共和国成立，这道金门闸一直在永定河上发挥着护卫京师安全的不可替代作用。

图 1　重建金门闸记碑拓片

永定河作为首都北京的护城河，流经地域广阔，两岸人口稠密，事关都城安危。中华人民共和国成立后，修筑了宫厅水库，永定河水患得到控制，金门闸也已废弃不用，但清政府治理永定河实施的一系列举措，对今天的我们也有一定启示作用。2002 年修建的小浪底工程，其原理就是通过调控水量，对下游河床进行冲刷，实质也是借清刷浑之策。堤内植柳固堤主张也在人们长期实践中验证了它的实用价值。今天河流治污时运用的河长制，与清代治永定河采用的“河两岸堤防各分工段，编工号，各工号界内村庄有额定河夫”，有异曲同工之处。同时清政府对永定河治理的成败也提醒今天的人们，要想根治水患，就要固本溯源，在上游地区多植树种草，涵养水源，防风固沙，这才是治理水患的根本。

图 2　金门闸全景

金门闸在保卫京师安危和护卫永定河两岸人民的生命财产方面曾发挥不可替代的作用，它是中国古代涵闸建筑史上的一个范本，反映了清代时建筑科学和水利工程技术建设水平，是祖先和自然灾害斗争的不朽丰碑。如今的金门闸虽已废弃，但它是全国重点保护文物，是清代朝廷治理永定河的历史见证，是清朝政府治理水患的重大实物遗存，其历史地位堪与都江堰媲美。

中国古代食盒发展及文化意蕴探微

田莉莉*

摘要： 食盒是中国古代饮食器具中一类常见而又特殊的盛食器。随着时代的变迁，食盒的名称、形制、功能和所承载的文化意义也在不断发生着变化。古代食盒之所以与社会生活密切，不仅因之美观精巧、实用便宜、用途广泛，更重要的是作为文化的载体，它也是身份地位的象征、事死如生观念的体现和传情达意的媒介。食器本身的演变过程和传承规律呈现出器物本身工艺水平的进步，更是不同时期社会生活、审美意趣、生活方式、文化观念和时代风气的折射。

关键词： 古代　食盒　文化

食盒，即盛放食物的盒子，是对古代盛装饭菜蔬果等食物的一类盛食器的统称。其造型多为层式结构，内分多格，材质多样，用途广泛。食盒从出现到现在，名称、形制、功能和文化意蕴等都随着时代的变迁而不断演变。与所有食具一样，食盒的发展具有一定的规律性。通过对器物发展脉络的梳理，不仅可以呈现出器物本身工艺特点的变化，也可以窥探到食盒作为文化的载体，由此呈现出的不同时代的社会风尚和审美意趣。

一　中国古代常见的食盒

中国古代食盒形制多样，本文按形制特点、时间顺序和功能用途将常见食

---

* 田莉莉，北京民俗博物馆馆员。

盒略作梳理，分类介绍。

（一）樏、槅

樏，又称“食垒”，也称“累子”。樏，《说文》未收，从木从累。累有重复、积累等数量多的意思。康熙字典《广韵·上纸》：“樏，似盘，中有隔也。”日本狩谷望之《倭名类聚钞注》卷六：“樏，其器有隔，故谓之累，言其多也，后从木从累。”樏，一般内设多层多格，扁而浅，可以分别盛放不同的饭食菜蔬。樏之格，称为子，分为多少格，就称为几子樏。樏子之数，单双均有，但以单数为常。目前出土的樏最多的是十七子。

在春秋战国时期，樏已经出现。在河南修武的“商冢”中，在墓葬出土器物中有灰陶樏，时代为商代至汉代。[①] 现藏于南京博物院的原始瓷戳印纹多子盒，为春秋时期瓷樏。

汉代时期，樏的形制基本没有变化。1975 年，在广州竹园岗 1180 号、广西贺县高寨 8 号西汉墓中曾出土过扁圆形的陶盒，盒中以隔梁分成若干小格，统称格盒，其无盖者称为格盘，又称多子盒、果盒、格子盘、分格盘。[②] 这种带格子的盘子应该就是樏。到东汉时期，这种食器在岭南仍有出土，樏基本延续之前的形制，只是子（格）的数量有所变化。

三国时期，随着东吴对南方地区的占有，樏也逐渐推广到长江以南。到了西晋，樏又传入黄河以北。在这一时期，不仅樏的使用范围逐渐扩大，种类和形制都有了很大发展，成为这一时代流行而又典型的盛食器。材质上，有陶、瓷、木胎漆质等不同材料，形制上，圆形、方形、长方形同时存在，且方樏开始流行。1981 年北京市海淀区八里庄曹魏墓出土了红釉陶多子槅，器身呈长方形，分成大小不等的十个方形小格，底面附有四个曲尺形的矮足，两个足之间以弧线相连，从而形成垂帐的效果。[③] 1984 年安徽马鞍山出土的东吴朱然墓漆方樏是迄今发现的最早的漆樏。此物长 25. 4 厘米，宽 16. 3 厘米。呈长方形，盘中分大小不等的七格，格内漆绘七种奇鸟异兽，艺术水平高，是三国魏晋南北朝时期富有时代性的漆器品种之一。[④]

与此同时，在名称上，“槅”的称谓正式出现。1974 年，江西南昌东湖区西晋吴应墓出土了一件长方形彩色漆绘格盘，长 26 厘米，宽 18. 3 厘米，高 5 厘

---

① 修武县地方史志编纂委员会编：《修武县志 1985—2000》，中州古籍出版社 2012 年版，第 237 页。

② 孙机：《汉代物质文化图说》，文物出版社 1991 年版。

③ 陈彦堂：《人间的烟火——饮食器具》，上海文艺出版社 2002 年版。

④ 《安徽省文物考古研究所、马鞍山市文化局、安徽马鞍山东吴朱然墓发掘简报》，《文物》1986 年第 3 期。

米，内分大小不等的七格，盒底书有朱漆隶书“吴氏槅”三字。[①] 可见，这类分成若干小格的盛食盒当时叫“槅”。这在同时期的文献中也可印证，晋左思《蜀都赋》：“金罍中座，肴槅四陈。”《娇女》诗中也云：“并心注肴馔，端坐理盘槅。”

关于“樏”与“槅”，陆锡兴先生认为“槅”的名称由“樏”有“隔梁”分隔的重要特征取意而来，安忠义先生认为“槅”是“樏”的借称，“樏”是文献中的正式名称。[②] 还有观点对槅的特征作了更为细致的说明：“槅多呈长方形，中分一大格八小格或六小格，初期是平底，稍后变为方圈足，足壁下部切割出花座。”[③] 综合来看，笔者认为，从“樏”到“槅”，虽名称、外形、子格数量均有变化，但其属于多子分格的盛食器本质特征一致，所以实为同一器物。而且这两个名称在后来也存在交替使用的情形。

六朝以后，从现有的资料看，无论是出土墓葬还是文献记载，对“樏”和“槅”的记载都较少。唐朝时开始出现花型樏。1994 年河北曲阳县燕川村出土的唐五代王处直墓的墓室壁画《仕女图》中，绘有一仕女双手捧樏，外形为四曲海棠花型，共两层，有底有盖，小巧玲珑。这与统治阶级的喜好有一定关系，也是同时代的流行风尚的直接体现。根据安忠义先生的考证，五代十国时期，敦煌文献中多次提到了“黑樏子”“黑木樏子”，[④] 在敦煌壁画中也多次出现。

宋朝的一些文献中，“樏”的影子时有出现。《宋元戏文辑佚·子母冤家》载：“笑道春光好，把花篮旋簇，食樏高挑。”苏轼《苏东坡集》卷四《与腾达道书》，也提到：“某好携具野炊，欲问公求诸红累子两卓、二十四隔者，极为左右费。”“累”即是“樏”。

明朝时，“樏”和“槅”又开始同时出现在记载中。明张合《宙载》：“世所用盛蔬果器，以竹木为质，而文又以漆，中分四格，或三或五，，谓之‘春樏’。今都下樏格，以鄞、徽为著。”《金瓶梅》第四十三回提到：“月娘吩咐玉箫：‘早些打发他们吃了茶罢。等住回只怕那边人来帮忙了。’一面放下桌儿，两方春槅、四盒茶食。”从记载中看，“春樏”和“春槅”实为一物，且与前朝变化不大，名称也是同时使用的。之后，“樏”和“槅”的记载鲜有发现。

（二）攒盒、攒盘

攒盒，也称攒合、攒盘。攒，《说文解字》曰，“攒，聚也”。顾名思义，攒

① 江西省博物馆：《江西南昌晋墓》，《考古》1974 年第 6 期。
② 安忠义：《敦煌文献中几种食器考辩》，《中国文物科学研究》2016 年第 3 期。
③ 张景明、王燕卿：《中国饮食器具发展史》，上海古籍出版社 2013 年版，第 169 页。
④ 安忠义：《敦煌文献中几种食器考辩》，《中国文物科学研究》2016 年第 3 期。

盒或攒盘是由多个盛装食物的盒子和盘子组合而成的食器。在过去，“攒”与“全”同音，民间也常把攒盒写作全盒，取“十全十美”之含义。无论是从形制还是功能看，攒盒与槅、槅基本相同，是这一盛食器的延续和发展。明朝万历晚期开始，攒盘开始出现且从官场到民间迅速风靡。明范濂《云间据目钞》卷二“记风俗”载：“设席用攒盒，始于隆庆，滥于万历。初止仕宦用之，近年仆夫龟子皆用攒盒，饮酒游山，郡城内外，始有攒盒店，而答应官府，反称便矣。”从官员到仆人（仆夫）、龟子（妓院里的男杂工）都在使用，攒盒的受欢迎的程度可见一斑。这时的攒盒不仅使用群体广泛，甚至还出现了专营的店铺。因为这种攒盒在使用时要去盒成盘，所以多称之为“攒盘”。在明朝的典籍和插图中这种器物经常出现。《武林旧事》《金瓶梅》《醒世姻缘传》等诸多典籍都有对攒盒的细致描述。

明万历期间，攒盘的主要材质是瓷，代表性装饰是当时最负盛名的“青花五彩”。典型实物是今藏于北京故宫博物院的“明万历青花五彩镂空龙纹瓷攒盘”。这件作品除了色彩明艳，制作精良外，更重要的是运用了当时最具时代特征的镂空工艺装饰，将镂花与彩绘相结合，尽显“龙凤花草各笑形容，五彩玲珑物极华丽”的皇室要求。其整体器型内的若干部分之间虽不能移动，却为后世攒盘向功能齐备、收取自如发展奠定了基础。①

到了清朝，攒盘的发展走向鼎盛，尤其是宫廷用具，构思巧妙，工艺复杂，华丽精美，堪称登峰造极。形制上，有圆形、四方形、六方形、八方形等，多种多样，叶形、牡丹花形、梅花形、莲花形、葵花形等仿生器型也颇为流行；色彩上，青花、粉彩、三彩、五彩、斗彩、贴花、印花等争奇斗艳；材质上，陶瓷、景泰蓝、珐琅、铜质、玉石、木质等各有特色。尤其是造型上，突破了盘内被分割的各部分不能移动的制约，还开创了集盖、攒盘、盘托为一体的整套器具的先河，且一直影响此后此类器型的发展直至今日。现藏于国家博物馆的“清康熙五彩描金花蝶纹攒盘”、故宫博物院的“童胎画珐琅白猿献寿桃形九子攒盒”等实物都是构思巧妙、精巧雅致，美观和实用完美结合的传世精品。

晚清到民国，攒盘已不再是宫廷专享之物，而在民间广泛流传，风格也从华丽精美向质朴清新转变。攒盘的材质逐渐向轻便、隔热的陶瓷、木胎、纸胎漆器回归，色彩、图案和纹饰都逐渐从华丽繁密转向质朴淡然，普遍采用清新雅致的粉彩、人文画意的浅绛彩、纯净淡然的淡彩等；纹饰题材上，除了八宝、花卉、祥禽瑞兽等吉祥图案外，母婴嬉戏、人物故事、写意山水、花鸟人文等

---

① 赵兰涛、刘乐君：《组合之美——论攒盘造型及其艺术特征的衍变》，《艺术生活》2010 年第 3 期。

生活场景广泛涉及。其形制也在这一时期经过经年累月的积累沉淀，逐渐规范和定型为九子攒盘。

民国时期著名瓷器鉴赏家、收藏家许之衡的《饮流斋说瓷》载：“果盒亦为攒盒，乃盒数个，盘格星罗棋布于中，略似七巧之板，而置种种食品于其内也。”“攒”本来也有“移动”之意。从基本特征和功能看，攒盒、攒盘与槅、槅保持一致，比如在《红楼梦》里多次提到的“攒心盒”，多为圆形或多边形，中心格与外周分格环绕，其形制与汉魏六朝时的圆槅基本无异，但其精妙之处就在于实现了“移动”。互相勾连的小盘攒聚组合，既保留各部分的独立和分隔，又打破格与格之间的孤立，使局部和整体保持了和谐的统一，不得不说这是食盒这种食器在美观和实用性的重大发展和突破。

（三）捧盒

捧盒，顾名思义，是一类盛装物品捧在手中呈送的盒子，用途多样，其中一部分是作为盛装食物的食盒。相对于槅、槅、攒盘等常见形制，捧盒更为小巧精致，基本为单层。捧盒作为食盒最为流行的时期是清朝的鼎盛时期，从宫廷到民间都普遍使用。在宫廷重大节日庆典时，捧盒常作为礼仪性器物使用。不管是皇帝的赏赐，还是臣子的敬贡，用捧盒呈送都体现出一种正式、高贵而又庄严神秘的仪式感。在民间，作为食盒的捧盒也多集中在达官显贵家。《红楼梦》中多次出现过“捧盒”，比如第十一回写道：“是日贾敬的寿辰，贾珍先将上等可吃的东西，稀奇些的果品，装了十六大捧盒，着贾蓉带领家下人等与贾敬送去。”详细描写了捧盒的用途。

捧盒食盒形制精巧多样，分格和不分格均有。其材质各异，但作为手捧器皿，以瓷、漆、木等既轻巧又能保温隔热的材质较为多见。造型上以扁圆形、方形、钟形、六角形、八角形、荷叶形、桃形、牡丹形等既美观又便于捧持的造型为主。纹样上，山水、人物、花卉、虫鸟、走兽等较为常见。捧盒多在宫廷或富贵之家使用，材质和工艺往往更为考究。比如材质会选择名贵红木，技术上采用雕、嵌、描等多种工艺，外观精美，工艺精湛，设计巧妙，具有很高的艺术价值。值得一提的是，嵌螺钿工艺在清朝时期发展到了顶峰，尤其得到宫廷的青睐，被广泛使用在家具制作中。这也体现在捧盒的制作上。尤其是一些漆器捧盒，匠师们除了运用多种雕刻技法在盒身上营造出一种浮雕般的艺术效果，还把螺钿和金银片制成五彩缤纷的小彩片，嵌在漆面上作为主纹的衬景，漆器雕刻与嵌螺钿技术巧妙结合、相得益彰，使捧盒在耐用之余，更加美观悦目，即使流经百年仍然光灿如故。此类精致典雅的捧盒无论是经济价值还是艺术价值，其实早已脱离了其本来的生活实用性，而更多的成为玩家或收藏家的垂青之物。

（四）食垒、提盒

食垒或提盒是食盒中体量较大的一类盛食器。这类食盒多为层式结构，由数格屉盘层叠组成，便于分隔盛放不同的食品。《汉语大辞典》解释“食垒”为多层供盛食物、有提梁的盒子，又作“食樏”或“食櫑”。这种提梁食盒也被称为提盒，很早就已出现，早期是一些商铺和饭馆用来运送食品或小件货物，工艺简单，多为白木涂漆或竹编制成。至宋代时，食樏、提盒就已是普遍使用的器具。比如《宋元戏文辑佚·字母冤家》写道：“笑道春光好，把花篮旋簇，食樏高挑。”元戏《金凤钗》里描写宋人春天出游：“绿杨如烟，郊外踏青赏玩，春盛担子都出去了。”春盛担子就是指挑着的食盒。

后来一些文人对这种提盒产生浓厚的兴趣，将自己的审美旨趣融入其中并参与设计。明朝时期，长方形样式的提盒形制基本被固定下来，而且开始向着精致化和典雅化发展。最为典型的莫过于始于北宋诗人文彦博诗作中的“游山器”和明代大文学家屠隆在《游具雅编》专门谈到的“山游提盒”。如明代雅士高濂《遵生八笺》所载：“余所制也。高总一尺八寸，长一尺二寸，入深一尺，式如小厨（橱），为外体也。下留空，方四寸二分，以板闸住，作一小仓，内装酒杯六，酒壶一，筯（箸）子六，劝杯二。上窄作六格，如方合（盒）底，每格高一寸九分，以四格每格装碟六枚，置果觳供酒觞，又二格，每格装四大碟，置鲑莱供馔筯（箸）。外总一门，装卸即可关锁，远宜提，甚轻便，足以供六宾之需。”这些指的其实都是同一种器物，是文人诗客们外出郊游会友时，用来方便携带干粮、酒水、换洗衣物、梳子、铜镜、笔墨纸砚、甚至整套上好茶具的橱柜式的容器。这种文人使用的提盒除了功能齐备，材质上也多选用硬黄花梨、紫檀、鸡翅木、红酸枝等名贵硬木，一是木质本身的纹理和色泽，典雅庄重；再者因为古代家具多为榫卯结构，硬木制作可以在挑、提的时候避免晃荡、磕碰和汤汁的溢洒滴漏，既美观实用，又显示主人的品味。

提盒的尺寸大小不一，大者达半人高，须由两人穿杠抬行，小型提盒仅一人一手提挈即可。材质从名贵到普通，应有尽有。文人使用的这种提盒虽然精致美观，功能齐备且携带方便，但却主要局限在文人雅士圈子之内，始终没有大众化。原因是因为文人们在实用之外更多的是追求个人审美意趣和欣赏享用，在用工用料、设计工艺上往往追求极致，费工费时，因此这种造价不菲的提盒难以在大众中普及推行。

而且这种对极致的追求愈往上层阶级风气愈烈。到清朝后期，一些提盒从设计之初就已经是按纯粹的工艺品来制作。最具代表性的要数台北故宫博物院藏的清朝象牙镂雕提食盒，该物将镂空、透雕、浮雕等技法发挥得淋漓尽致。“提盒分四层格子，可置放不同的食物。雕工十分精细，主体部分用镂空精雕的象牙片，嵌于框格中，像是丝毯一般。象牙片上还雕有人物、鸟、兽、庭园景物和船，像旧时欧洲人幻想的东方乐园。盖钮、盒身框架及提手，都染有或淡蓝或红色作为点缀。提把上刻有中国传统的八仙人物，亦随画面所需加以染色，盖钮则像是一件西洋带盖高足瓶，还有红色缎带装饰。”① 可见，这个提盒一开始就是按艺术品而不是实用器来设计的。

而提盒在民间则循着另一个方向发展。相对于文人、上层社会对繁复工艺、奇趣旨趣的追求，百姓更在意食器对生活实际需求的满足。因此，材质上，百姓们因地制宜、广泛取材，竹、木、藤等都成为常见材质；主题上包罗万象，多选取福禄寿喜、百事如意、多子富贵等饱含吉祥寓意纹样图案；外观上不拘一格，圆形、方形、八角形、六棱形等广泛使用。因为百姓将器物的实用性放在首位，所以取材便宜、形制简单的木制、竹制、藤编、藤编漆质的圆形提盒颇受欢迎。在明清的诸多小说、戏文等文学作品中，提盒也经常出现。比如《金瓶梅词话》第十四回载：“西门庆听言大喜，即令来旺儿、玳安儿、来兴、平安四个小厮，两架食盒，把三千两金银先抬来家。”《儒林外史》第一回：“正存想间，只见远远的一个夯汉，挑了一担食盒来。”沈榜《宛署杂记·经费下》记万历二十年吏部住宿床家伙清单中有：“食盒六抬，大托盘六十八面，攒盒三十六个。”

较之文人及上层阶级提盒的精美雅致，民间的提盒更胜在自然质朴，充满了生活的智慧和生气。民间提盒易于取材，方便实用，文化内涵生动而丰富，在设计上也不乏巧思和创意，整体简单不失庄重，古朴而独具韵味，呈现出另一种自然和朴素之美，最重要的是它与人们的日常生活联系紧密，应生活需要而出现，又在需求中不断实现美观与实用的平衡与统一。这种生活性也赋予了提盒经久不衰的生命力，让器物既保持着固有的特色，又在不断创新中传承至今。

二　中国古代食盒的文化意蕴

（一）身份和地位的象征

以檈、椭为代表的食盒出现早期多为象征身份和等级的礼器。春秋战国时

① 参见百度百科介绍，https：//baike. baidu. com/item/清象牙镂雕提食盒/8157728？fr = aladdin&fromid = 11170682&fromtitle = 象牙镂雕提食盒。

期，作为食盒的樏就已经出现。“在春秋时期，饮食器具除了日常生活外，主要作为礼器出现，一般在墓葬中随葬，并可根据主要器物类别的数量判断墓主人的身份。”① 在出土的这一时期的墓葬中，樏并不鲜见。比如前文提到了修武出土的陶樏，南京博物院樏馆藏的原始瓷多子盒等，樏作为礼器而随葬，一方面说明樏在日常生活中的重要性，但也从另一方面说明此时的樏并不十分普及，器物的象征意义大于它的实用价值。而至少在西晋时代樏已经列为皇家食器。在南朝时，方樏仍是祭祀的礼器，地位很高。②

此后逐渐走向民间日常生活的食盒，不论是攒盘，还是捧盒、提盒等，除了生活实用，仍是身份和地位的标志物。有别于其他食器，食盒的主要功能除了盛装食物，更重要的在于运送。相对于平民百姓间用食盒单纯地运送餐食，皇宫内的食盒传递，特别是受皇帝旨意发出的食盒，就不仅仅是简单食物搬运移送的器具，而往往是统治者权力和意志体现的重要载体。如前文提到的“赐食”，除去菜品本身因素，盛装器食盒的形制、数量、规格等都是判断君臣关系、身份等级、受宠程度的重要参照物。

“赐”本来就是专属于帝王的特权，除了赐封外，“赐死”更是统治者体现和巩固自己绝对权威、至高无上地位的重要权力和工具，而且更加不容置疑。中国自商代至晚清一直延续着赐死制度。历史上，对某些身份特殊的人，皇帝在发出赐死的诏令后，既要保证自己的意志和指令被绝对执行，又希望能给赐死之人保有一定的尊严或是事件不被张扬，用“赐食”的方式来代替统治者“发声”就成为一种既隐秘又体面的选择。比如，获赐空樏寓意“禄尽命绝”。《三国志》记载：植既以才见异，而丁仪、丁廙、杨修等为之羽翼。太祖狐疑，几为太子者数矣。而植任性而行，不自雕励，饮酒不节。植尝乘车行驰道中，打开司马门出，太祖大怒，公车令坐死。由是重诸侯科禁，而植宠日衰。太祖既虑，终始之变，以杨修颇有才策，而又袁氏之甥也，于是以罪诛修。③ 讲的就是杨修收到空食盒，领会了“禄尽命绝”的圣意，于是拔剑自刎。曹操的谋臣荀彧的命运与杨修如出一辙。类似的例子还见于《清代野史》对慈禧赐死嘉顺皇后的记载。这些史料的记载未必真实，但也从某种程度上反映出食盒在体现君主专制权威时的特殊作用。

如前文所讲，食盒作为礼器，已然是身份等级的象征。食盒流行普及后，对于达官显贵，无论是受封、自用还是恩赏他人，其造型、材质、数量、精致

① 张景明、王燕卿：《中国饮食器具发展史》，上海古籍出版社 2013 年版，第 100 页。

② 陆锡兴：《从樏到攒盒》，《中国典籍与文化》2003 年第 3 期。

③ （晋）陈寿：《三国志》，中华书局 2011 年版，第 463 页。

程度无一不是家族富有程度、地位威望的体现。对于文人雅士，这既是家世财力的显示，是抒发意志、流露审美旨趣、生活品味情趣的载体，也是他们彰显个人气质、社会身份的重要标识。尤其是当后期食盒向精美的极致化发展成为艺术品和收藏品时，完全是身份地位的标志物。

（二）事死如生观念的体现

中国“灵魂不死”的观念，可以上溯至原始社会。在进入文明社会之后，这一观念被儒家的“事死如事生 事亡如事存”的伦理思想推到了极致。《荀子·礼论》：“丧礼者，以生者饰死者也，大象其生，以送其死，事死如生，事亡如存。”古人崇信对待死者应该“事死如事生”，因而陵墓的地上、地下建筑和随葬生活用品均应仿照世间。

在出土的晋以后墓葬中就发现了放置有食物的槃、槅。1982 年，在辽宁朝阳袁台子东晋墓出土的漆盒内置漆盘，盘内存羊头骨、脊椎骨、肢骨；另一件椭圆形漆盒内分四格，一格现存一具鱼骨。① 1974 年山东邹城西晋刘宝墓中，墓室中的随葬品有两件长方形多子槅，形制尺寸相同，其槅盘上纵横分为 12 个正方形大格，5 个正方形小格和一个长方形格。下附高圈足。清理时在槅上有横置的完整鱼骨。② 陪葬食物的习俗由来已久。人们普遍认为人死后只是到了另一个世界，在阴间仍然过着类似阳间的生活，与现世生存的人一样需要衣食住行，将食物放置于盛食器中一同埋葬，是希望墓主在另一个世界依然能够享受生前的生活。这些信息反映了古代人们事死如生的生死观和精神诉求，也反映出食器在社会生活中的流行程度和墓主生前的生活习惯和品味。槃、槅等食盒不再单纯是身份等级的象征物，而更多地回归到了生活属性而被重视。

（三）传情达意的媒介

对平常百姓而言，最为看重的还是食盒的实际生活功用，应生活之需的食盒用途自然多种多样。起初，除了盛装饭食蔬果，食盒多用在餐食的转移运送，比如外出送饭、外卖送餐，等等，后来随着社会的发展，食盒曾作为盛装文房用品的文具盒、男子梳洗用具的“梳妆盒”；而逢年过节造型多样、吉祥喜庆的攒盒逐渐成为节日的标志物，影响至今。但民间最常见的还是将食盒作为盛装礼品的礼盒。赵树理《邪不压正》一文写道：“这地方的风俗，送礼的食盒，不只光装能吃的东西，什么礼物都可以装食盒。”《中国近代反帝反封建历史歌谣选·宋景诗起义》曰：“家家户户都献礼，火腿板鸭送食盒。”

尤其是人生礼俗中，食盒必不可少。过去在京城，未婚男女会将各自精心

---

① 张景明、王燕卿：《中国饮食器具发展史》，上海古籍出版社 2013 年版，第 189 页。

② 山东邹城市文物局：《山东邹城西晋刘宝墓》，《文物》2005 年第 1 期。

准备的衣食、点心、礼物等放在食盒中彼此交换，以此传情达意。在婚俗中，食盒更是尤为重要。“旧时，在京城，订婚习俗包括小订和大订。所谓小订，即提亲后，双方交换生辰八字，如合适，则确定姻亲关系。小订时，男方向女方送的礼品中必须有食盒，一般多为方形提梁食盒。食盒中放点心，每样四品，取‘四喜’之意，即‘福、禄、寿、喜’。到后来则发展成以蒲包取代食盒的。大订指确定吉日，即择日成婚，大订也要送食盒，食盒比小订时多，除了点心和酒外，必须在食盒外拴着鹅。鹅的翅膀染成红色，代表喜庆。在担食盒的过程中，鹅‘哦、哦’地叫着，对应了‘鸿（红）雁传书’的吉语。”① 而利用“盒”与“和”“合”的谐音，在新房中人们还会准备食盒或者悬挂和合二仙手捧食盒的画像，取意和和美美、百年好合。

寿礼时，“糕点店就会备有圆形四五层肩挑的食盒，亦称圆笼。食品不放入盒内，而置于盖上，寿桃点心类，寿面（切面）上，压一张纸制寿星老，挑到受礼家，使客人心明眼亮，心情愉悦”②。直到今天，中国多地仍将食盒作为礼盒。除了盛装食物礼品，食盒作为一种重要而又特殊的沟通交流、表情达意的媒介，仍为人们所看重。

（四）社会风尚的映照

与所有食器一样，食盒的发展过程除了反映出器物本身的衍变轨迹，也揭示出不同时代社会生活的进步和生活观念的变化。

比如，湖南省博物馆馆藏晋代青瓷槅，除了从槅的功能反映出所在地域瓜果丰盛的地域特色外，从槅的材质——青瓷的选用，反映出当时社会的发展情况。汉朝是中国陶瓷史上的一个重要转折点，尤其是青瓷的创烧可谓是中国陶瓷史上的里程碑，之后青瓷大为盛行，同时槅这种食器在当时极为流行。晋代饮食奢华，觥筹交错、燕舞莺歌更是豪门贵族的日常，“肴槅四陈”是对宴饮成风社会风气的真实写照。因而这件青瓷槅不只说明了器物本身的流行状况，而是综合反映了地域特色和时代特征。敦煌博物馆馆藏的晋代多子盒、朱然墓出土的漆槅等，则从另一个侧面反映出这一时期中原习俗对边疆地区、吴地与蜀地的间的文化交流与融合。

唐代食盒新器型——花型檏的出现和普及，则与统治者的喜好密切相关。比如武则天对花的偏爱，影响各行业特别是金银器中花型仿生器物的流行。同时还有女性地位的提高，从唐开始影响后世的女子野宴之风的兴盛等。这些都

① 李代广：《人间有味是清欢：饮食卷》，北京工业大学出版社 2013 年版，第 273 页。

② 参见张连志《瓷房子故事之——闲话食盒》，http：//blog. sina. com. cn/s/blog_ 60c9536e0100m8iw. html。

是推动新器型产生的重要因素，由此可以看出女性独特的视角和审美观在器物发展中的影响。

宋代是中国古代商业发展的一个巅峰，经济发达，生活富足，因此对吃格外讲究，如《东京梦华录》所载，繁华的街道，酒楼和各类饮食店占据所有店铺的半数以上。《清明上河图》中，描绘有店小二手挎食盒送外卖的形象。仅从食盒一物，呈现出宋人精致丰富而又情趣盎然的社会生活，而当时细致的社会分工、发达的饮食业、高度繁荣的商业、丰富多彩的文化生活等气象万千的社会风貌由此可见一斑。

明清时期，“山游提盒”在文人圈的流行，攒盒特别是瓷器攒盒、攒盘的风靡一时，既跟当时的制瓷业的发达、统治者的推崇有关，也与文人雅士积极参与、文化观念的影响，加之外出野游的风气盛行密不可分。在这些因素的推动下，这一器物无论从外观还是功能上都有了前所未有的突破，同时也促进了饮食器具在商业的繁荣。

由此可见，不同时代的食盒保留和记录了器物本身发展发展的过程，也是追溯不同时期迥异历史风貌的重要线索。

三　结语

纵观中国古代食盒的发展，从早期的祭祀礼器到逐渐成为节令庆典和人生礼俗中款待宾朋的重要物件，从寻常百姓饭桌案头的日常器具到皇宫贵族餐厅茶室的必备之物，从文人雅士的赏玩之物到当今博物馆、收藏市场的珍贵藏品和热门宠儿，食器本身的演变、传承过程和规律反映出各时期社会生活的进步和观念的变化，也呈现出中国古代“美食配美器”的饮食文化精髓、生活审美趣味、韵味流转的时代风气在器具上的折射。而在今天快节奏的生活中，对这些精巧美观的器物再次赏析，既是对古人雅致、从容、性灵的生活态度和方式的追慕，也能对当下回归有韵味、有意趣的生活有所启示。

明代宫廷诞育制度管窥
——以月子房为例

陈豆豆*

摘要： 月子房是明代宫廷医疗机构的重要组成部分，其主要职能是为后宫妃嫔产育服务。它的设立既是对历代宫廷产育机构的继承，也改变了以往后宫医疗机构的混乱，提高了宫廷医疗的安全性、科学性和可靠性，在中国古代宫廷产育医疗制度发展史上有着相当重要的作用。

关键词： 宫廷医疗　诞育　月子房　妇产

明代，是中国古代历史上的最后一个汉家王朝。朱明皇室为后宫妃嫔生产专设的月子房，不仅是皇家产育文化的缩影，也代表着民间汉家百姓的日常产育习俗。明代在医学技术上取得了较大的进步和成就，特别是中医妇产科学的发展，使宫廷和民间相继出现了许多医术高明、专事妇产的女医，也造就了更为丰富的产育文化。

一　月子房的来历

月子房，又称暖宫，是明代皇家专为后宫设置的产房。早在周代，皇室就有在宫内为产妇设置产房的习俗。《礼记·内则篇》记载：“妻将生子及月辰，居侧室，夫使人日再问之。作而自问之，妻不敢见，使姆衣服而对一至于子生，

* 陈豆豆，西南民族大学硕士研究生。

夫复使人日再问之。夫斋，则不入侧室之门……妻将生子及月辰，夫使人问一问之。子生三月之末，漱浣夙齐，见于内寝，礼之如始入室。”[1] 汉代继承周礼，进一步形成了临产后妃“任（妊）身就馆”的宫廷习俗，即宫廷妇女在临产前要离开平时居住的宫殿，迁至外边馆舍等待分娩。

之所以让妇人在外待产，主要是因为古人认为妇女行经、临盆、小产排除的污血均属于不洁之物，男子遇之不祥，王充的《论衡·四讳篇》就有提及：“三曰讳妇人乳子，以为不吉。将举吉事，入山林，远行，度川泽者，皆不与之交通。乳子之家，亦忌恶之，丘墓庐道畔，逾月乃入，恶之甚也。”[2] 帝王乃万乘之尊，更是不能进入产室范围内，但是为了保护皇子女的诞育安全，因此历朝皆有设置专门的医疗机构管理后宫妃嫔生产。如，宋代“宫中凡分有娠，将及七月，本位医官申内东门司及本位提举官奏闻门司特奏，再令医官指定降诞月分讫，门司奏排办产”，[3] 在妃嫔怀孕将及七个月时，就提前安排产阁，以备生产；《元史》中也有记录：“凡后妃妊身，将及月辰，则移居于外毡帐房。若生皇子孙，则锡百官以金银彩缎，谓之撒答海。及弥月，复还内寝。其帐房，则以颁赐近臣云。”[4] 明朝在继承前朝的基础上又结合汉家民间习俗，于内廷内专设月子房，负责后宫嫔妃产育等事宜。

二　明朝皇家生育观念和生育文化

《礼记·曲礼》载：“纳女于天子，曰备百姓。”[5] 皇家本着“上以事宗庙，下以继后世”的观念，“广衍储嗣”成为皇室的主导思想。为了能够更多的诞育子女，皇家实行一后群妃制，广选适龄少女，不断充实后宫，以获得更多生育子女的母亲。明朝大臣张鼎就曾经建议孝宗说：“古者天子一娶十二女，以广储嗣，今舍弗图，乃徒设斋醮，不已惑乎！”[6] 建议皇帝多纳后宫，以求子息繁多，宗庙烟火不断。

明制规定：凡妃嫔生育皇子，即可依例晋级。后宫妃嫔为了改善处境，提高地位，大多寄希望于诞育皇子，盼望得到皇帝的临幸，这一点从明代宫人沈

① 张凤娟：《大学·中庸·礼记》，内蒙古人民出版社2007年版，第207页。
② 王充著，黄晖编撰：《论衡校释》，中华书局1995年版，第975页。
③ 四水潜夫辑：《武林旧事》，浙江人民出版社1984年版，第129页。
④ （明）宋濂撰：《元史》，中华书局1976年版，第1925页。
⑤ 朱维铮主编，（清）王引之撰，钱文忠、虞万里、杨蓉蓉等整理：《中国经学史基本丛书》，上海书店出版社2012年版，第136页。
⑥ （清）张廷玉等撰：《明史》，中华书局1912—1949年版，第3524页。

琼莲的《宫词》一诗中可见："尚仪引见近龙床，御笔亲题墨沈香。幸得唱名居第一，沐恩舞蹈谢君王。"①《大戴礼记·本命》："妇有七去：不顺父母去，无子去……"②，宫廷更不例外，后宫众多妃嫔特别是皇后，如果不生育子嗣，就面临着被废黜的危险，更有甚者天顺以前，没有诞育皇子女的后宫，在皇帝驾崩后还要被殉葬。因此对于后宫嫔妃而言，为皇家增添一男半女不仅是提高自身地位的方法，更是保全自家性命的必要途径。

帝王之家不仅希望生育更多的子女，而且希望更早生育子女。如明宪宗28岁时就感叹自己"老将至矣，无子"；明世宗26岁育有皇子，但被大臣认为子嗣太少，就纷纷上言："陛下春秋鼎盛，宜博求淑女，为子嗣计。"③ 因此明代帝王多师法上古君主，广立后宫，以便"子出多母"，达到"广嗣"的目的。

皇家为繁育较多的子女，可谓无所不用其极，宫廷当中更是到处充斥着生育文化。明人黄省曾《洪武宫词十二首》中说："清萱到处碧鬖鬖，兴庆宫前色倍含。借问皇家何种此，太平天子要宜男。"④ 古人认为萱草宜男，因此明宫中便广植萱草，以图吉利，怀孕的嫔妃也多佩戴萱草，希冀能够生个皇子。就连明朝内廷后三宫中，帝宫乾清宫和后宫坤宁宫之间的交泰殿，也是取自《易经》中"天地交合、康泰美满"之意，乾坤交合之象，即天地相交，诞育出皇嗣的寓意。

宫内许多建筑和用品也冠以多子的名称，后宫要用"百子帐"，铺"百子被"。群妃居息之处，叫"百子门""螽斯门""广生门""千婴门"等，甚至御马佩戴的铃铛也用"百子"命名，这些名称都表达了皇家要百子千孙的生育愿望。后宫妃嫔还通过宗教信仰寄托对生育子嗣的祈盼，如明神宗生母李太后，因神宗即位后久无子嗣，就派人到五台山举办祈嗣无遮法会，在住所慈宁宫内供奉六尺高绿刺观音，并在京城内外广建佛寺数十座，"顾好佛，京师内外多置梵刹，动费数万"，⑤ 一心为神宗求子，并且在皇子出生后都要剃度童子代其出家。

三　月子房的具体设置情况

（一）设置、隶属和具体位置

明朝后宫机构规制宏大完备，洪武五年（1372），就"定为六局一司。局曰

---

① 朱權：《明宫词》，北京古籍出版社1987年版，第7页。
② 新乐县志编纂委员会编：《新乐县志》，中国对外翻译出版公司1997年版，第620页。
③ 郭超主：《四库全书精华》，中国文史出版社1998年版，第2864页。
④ 朱權：《明宫词》，北京古籍出版社1987年版，第217页。
⑤ （清）张廷玉等撰：《明史》，中华书局1912—1949年版，第3536页。

尚宫，曰尚仪，曰尚服，曰尚食，曰尚寝，曰尚功。司曰宫正”，① 六局下又各设分管机构，如“后宫设六局，由尚食同负责医药，内设司药 2 人，掌管医方和药物，并有典药 2 人，掌药 2 人，均由女官充任”，② 各部门分工细致，各司其职，“六局一司”属司礼监管辖，各局之间遇事则互有调派。刘若愚的《酌中志》中就详细记载了月子房的隶属：“礼仪房掌管一应选婚吉礼。每年四仲月选乳媪，生男十口，生女十口，月给食料，在奶子府居住。凡宫中有喜，铺月子房，生皇子，则用生女奶口，皇女则用生男奶口。”③

明代后宫临产并不出宫，而是在宫内待产，但因为皇宫禁忌，“月子房”均设置于宫中偏僻安静之处，《明宫史》有载：“凡宫中有喜，铺月子房，则生男生女各一二口，在文华殿外西北临河之小房住。”④

月子房乃内廷的常设机构，但是该机构主要人员则是依照后宫妃嫔的孕产情况，临时从其他机构中调派组成。明朝宫廷规矩严苛，“凡宫中遇有疾病，不许唤医人入内，止是说证取药”，⑤ 谨防后宫与外人有染，保障皇家血统。负责月子房医药的主要由太医院、御药房、尚食、仪礼房这几个部门负责，太医院和御药房隶属于礼部，后宫六局和仪礼房隶属于司礼监，各部门分工明确，层层监管，在后宫产育医疗中发挥着重要的作用。

（二）基本人员配置

宫中后妃无数，时时有幸，司礼监会不定时的在民间招选“三婆”与“诸母”，以备内廷不时之需。明制，后宫妃嫔有孕，需先核实情况，由专门部门记录，“后妃群妾御于君所，书其月日”，⑥ 确保是皇家血脉后，再禀明皇帝，皇帝便派专人负责伺候妃嫔孕产，司礼监和礼部开始筹备孕产相关事宜。

明人沈榜在《宛署杂记》中就详细记录了专门为皇家产育事宜服务的“三婆”，“民间妇无得入禁中者……惟“三婆”则时有之”。⑦ “三婆”乃：医妇、收生妇、奶婆。

医妇又称医婆，“取精通方脉者，候内有旨，则各衙门选取，以送司礼监会选中籍名待诏。入选者，妇女多荣之”。⑧ 古代男女大防，特别是宫廷妃嫔，更加不能接触男子，名医闵齐伋就曾提到，“望闻问三事可施诸丈夫婴儿，而每穷

① 胡丹辑考：《明代宦官史料长编》，凤凰出版社 2014 年版，第 9 页。
② 卫强：《药学文化概论》，安徽大学出版社 2014 年版，第 65 页。
③ 朱權：《明宫词》，北京古籍出版社 1987 年版，第 204 页。
④ （明）刘若愚，（清）高士奇：《明宫史 · 金鳌退食笔记》，北京古籍出版社 1980 年版，第 28 页。
⑤ 胡丹辑考：《明代宦官史料长编》，凤凰出版社 2014 年版，第 55 页。
⑥ 金人、宇景：《中国宫闱秘史》，团结出版社 1997 年版，第 245 页。
⑦ 沈榜编著：《菀署杂记》，北京古籍出版社 1982 年版，第 83 页。
⑧ 同上。

与女妇”，[①] 而医妇有天然的性别优势，能进入月子房为待产的妃嫔诊断，这是太医院男医生们所缺少的，也为产妇在生产中提供了安全保障。

收生妇又名稳婆。“即民间收生婆中，预选籍名在官者，惟内所用之……奶口则用以等第乳汁厚薄，隐疾有无。如内庭有喜，则先期预集老于事者直宿，日夕候之，事定乃罢。”[②] 内廷多选择接生经验丰富、技术娴熟的稳婆，“凡用稳婆，必须择老成忠厚者”，[③] 这些稳婆虽然没有得到过专业训练，但是凭借多年的接生经验，解决了很多孕产问题。

奶婆，负责哺乳皇子女。皇城“东安门外稍北，有礼仪房，乃选养奶口以候内庭宣召之所。一日奶子府……每季精选奶口四十名养之内，日坐季奶口，别选八十名籍于官，日点卯奶口，候守季者子母或有他故，即以补之而取盈焉。季终则更之”。皇家挑选奶婆最为严苛，礼仪房常年备有京城大兴、宛平两县及各地衙门选送的奶婆，年级须在十五以上，二十以下，儿女双全，并且容貌端正的良家妇女，且生产第三胎仅三月者，方可入选，还要经稳婆验无隐疾，才能入宫侍奉。诞皇子用生女奶口，诞皇女用生男奶口，来自汉人民间“开奶”的习俗，相传这样喂养，可以使婴儿茁壮成长，避免夭折。

诸母。除“三婆”以外，还要提前为皇子女挑选“诸母”，即“慈母、保母、乳母”，取自“慈者知其嗜欲，保者安其居住，乳者以乳食子，乃其质清性美、体无疡秽、与所生每事相宜者耳”[④] 之意。

“十月怀胎，一朝分娩”，宫廷为守候皇子女的诞生，所做的准备不可不谓之全面。内廷对于“三婆”的要求非常严格，规定“凡医妇、收生妇入宫，必再三验焉”，[⑤] 严防有孕妇女入宫，避免晦染宫廷。“三婆”一旦选入内廷，待遇颇丰、地位提高，医妇以入选内廷侍奉为荣耀，又“诸婆中有一经传宣者，则出入高髻彩衣如宫妆，以自别于俦伍。民间亦以此信而用之”。[⑥]

四　月子房的具体运作情况

清初宋起凤的《稗说》中详细记载了明宫中产育的具体情况：“宫中遇三宫或他妃有娠，例召保母数人日夕承值，调其饮食起居。自是上罢行幸，数遣赐

① 齐仲甫：《女科百问》，上海古籍书店 1883 年版，第 9—10 页。
② 沈榜编著：《宛署杂记》，北京古籍出版社 1982 年版，第 83 页。
③ 张景岳：《景岳全书》，山西科学技术出版社 2006 年版，第 445 页。
④ 顾明远总主编：《中国教育大系・历代教育制度考》，湖北教育出版社 2015 年版，第 1128 页。
⑤ （明）刘若愚：《酌中志》，北京古籍出版社 1994 年版，第 202 页。
⑥ 沈榜编著：《宛署杂记》，北京古籍出版社 1982 年版，第 83 页。

食用，使宫侍传候，迁外暖宫，乃分娩。”[①] 王誉昌的《崇祯宫词》一诗中也提到：“眉间喜气报新黄，隔月先铺月子房。”《明世宗实录》记载：“甲申，册封德妃张氏。是时妃有娠，将就室。”[②] 在确定嫔妃怀孕以后，派遣保母等人伺候，在临产前一月内，选择吉祥的日子，准备好月子房，然后嫔妃迁入居住，等待分娩。月子房同时配有专门的医官3人，医士36人，医妇、稳婆、奶婆数十人，轮番值班，昼夜不息，更派遣“老成宫人十数人旦夕侍卫”。皇帝派司礼监掌印太监前去负责，督促御膳房专备膳食，并对来往人员一一查验，以保障产妇安全，恐防不测。

明朝皇家胎教之仪，沿袭前代胎教文化，明世宗就曾嘱咐过有孕妃嫔注意胎教，“谓妊子及月辰，特为一室处之，即令东宫官属，将二南诗古诗演歌法，将历代女德兴废之事，编成简明说词，选收朦瞽妇女十有余人，以备轮直。且传称妊子之时，必谨所感，凡中宫图画花草禽鸟一切寓目之物，尤当一一拣择”。[③] 月子房内的宫人和布置都是经过精心挑选和布置的，目的是“为圣子神孙修德养身之助，其关系甚大”，[④] 希冀由外而内地影响皇子女的发育和将来的成长。即使嫔妃生产子女后，皇帝和宫中男子也不能踏进月子房看婴儿。

皇家在妃嫔诞育前后，往往嘉封有孕或为皇室添丁的嫔妃。产前，如嘉靖十二年，张氏因为怀孕被册封为德妃；万历十一年七月，“淑嫔郑氏及未封常氏今俱各有喜。淑嫔郑氏册封为德妃，常氏册封为顺妃”。[⑤] 产后，如万历十二年六月，因王氏生皇三女，被册封为荣妃；万历二十二年十月，李氏因有孕被册封为敬妃，至万历二十五年，又诞下皇七子，又被追封为皇贵妃。皇室期待子息繁盛，优待和嘉封产妇的做法，可以使产妇身心得到关怀及爱护，减少临产前的紧张心情，顺利待产。皇帝不仅派遣宫人前往月子房问候待产嫔妃情况，表示关心爱护，并赏赐大量的药品、珠宝、金银、日用品和补品，还不时召见太医院医官，亲自询问产妇情况。

五　月子房设置的利弊

从上述分析来看，朱明皇室采用“就室”措施对待产妃嫔和婴儿进行特殊保护，其中安静卫生的医疗环境、专业的医护人员、严格的安全保护、丰厚的

---

① 彭勇、潘岳：《明代宫廷女性史》，故宫出版社2015年版，第155页。
② 李国祥、杨昶：《明实录类纂》，武汉出版社1995年版，第491页。
③ 顾明远总主编：《中国教育大系·历代教育制度考》，湖北教育出版社2015年版，第1128页。
④ 同上书，第1129页。
⑤ 《万历起居注》，北京大学出版社1988年版，第392—393页。

物资储备、合理的饮食安排和及时的皇家抚恤，都为后宫孕产带来了极大帮助，大大降低了流产难产的发生率。同时依靠皇家力量，集合国家在产育方法有经验的人才，设置专门的产育机构，有效地保障了产妇和婴儿的生存率，先进的生育医疗技术，不仅影响民间，而且远播海外，如李氏朝鲜王朝就仿照明朝月子房制度，在后宫同样设置产室厅。月子房中的产育经验非常值得今人借鉴，是古代生育文化史中智慧的一笔。

但值得一提的是，月子房的设置主要是源于古代的生育陋习。在男权社会，长期将女性正常生理反应妖魔化，并勾画种种厄运，对女性加以限制，无视女子的权益和自由，将临近产期且又敏感脆弱的产妇与丈夫分开，并且加以各种宗法的约束，致使产妇缺乏家庭的关爱。忽视父亲在生育期间的作用，将孕育问题全部归咎于女性身上，特别是“家国一体”的思想理念下，后宫孕产也不再是私事，而是上升到国家传承的政治高度，使古代宫廷妇女长期担受着生育的重担。而月子房的设置，也并没有彻底解决明朝皇室的子息问题，如，明代宗、明武宗、明熹宗相继绝嗣，这主要是因为子嗣长成，不仅是诞育问题，也是养育问题，只有两者相辅相成，科学抚养，才能使子息繁盛。

月子房这种带有现代专门医疗机构色彩的宫廷卫生部门的设置，在处理皇家产育事务中发挥了重要的作用，有效缓解了古代宫廷妇女在生产过程中的危险，起到了保障妇女产育医疗健康的作用。

综上所述，月子房是由明朝皇家直接控制，司礼监和礼部共同负责的宫廷产育医疗机构，它将宫廷生育文化与医疗文化和礼乐文化紧密地结合在一起，共同构建成了我国古代丰富多彩的宫廷生育礼俗。专业产育医疗机构的设置，是古代医疗体系的一大进步，医药学与妇产学的紧密结合，有助于我国古代妇产科学的进一步发展，月子房也反映了古代中国以“礼”为中心的生育文化，对它的研究，有助于我们深入了解明代社会的方方面面，而其中蕴含的部分生育科学，对当今妇产学科有一定的启示作用。

以开发促保护、以宣传促利用

——朝阳区文物工作探索

曹彦生*

摘要： 北京市朝阳区以现代化、时尚化、国际化著称于世，是首批公共文化服务体系示范区、全国唯一的国家文化产业创新实验区、全国文明城区。在打造全国文化中心核心区的进程中，以北京奥运会为契机，仔细梳理朝阳区有效保护、合理利用文化遗产的成功经验，有助于对文化遗产保护工作提供借鉴。

关键词： 保护　利用　传承　文化遗产

北京市朝阳区拥有日坛、西黄寺清净化城塔、东岳庙、元大都土城遗址、八里桥、北顶娘娘庙、491 电台等各级文物保护项目 106 项，有闻名世界的“798”“706”等近现代优秀建筑、工业遗址近 30 处，有全国规模最大、数量最多、管理最为规范的潘家园、古玩城、高碑店古典家具民俗旅游村等古玩艺术品市场、旧货市场 11 家。文物拍卖行业中名列前茅的中国嘉德公司、北京翰海公司、中贸圣佳、保利等知名拍卖公司的交易活动，也都集中在北京市朝阳区。朝阳区是北京 CBD 商务区、国际区，亚运会、奥运会主场馆所在地，经济飞速发展，开发项目多，文物保护任务重、责任大。朝阳区文物工作者以北京奥运会、2022 冬奥会为契机，创新文物保护模式，经过十几年的不懈努力，在北京奥运会上让文化遗产大放异彩，最好地诠释了“人文奥运”的理念，并探索出

* 曹彦生，中国民俗学会副秘书长，北京民俗博物馆馆长、北京东岳庙管理处主任。

一条“以开发带文物保护”的新路。中央、北京市领导对龙王庙、北顶娘娘庙在奥运会上的作用给以高度评价；对弥陀古寺、乌雅氏家族墓碑林及社会资金修缮古建20余处等文化遗产保护的做法十分赞赏。“以开发促文物保护”“以宣传促文物利用”“让文物活起来”的思路和做法受到首都文博界的广泛称颂。

一　以奥运会为契机，为“人文奥运”文物古建的保护探索朝阳模式

作为北京奥运会主场馆所在地的朝阳区，在奥运场馆规划、设计、建设之时，朝阳区的文物工作者便敏锐地意识到奥运场馆中的北顶娘娘庙、龙王庙、弥陀古寺、乌雅氏家族和图海家族墓碑林在“人文奥运”中的分量。从2003年起便开始奔走呼吁、组织论证、筹措资金、协调修缮等艰辛的文化遗产保护之路。2005年龙王堂、乌雅氏家族墓碑林修缮保护工作被列入北京市人民政府《奥运倒排期折子工程》。

在前期拆迁中，朝阳区文物工作者就提出“规划先行、保护为主”。一方面与属地地区办事处协调，发挥“区、街道、社区三级网络联动”机制，加强对文物的巡查，把奥运用地范围内及周边地上文物保护项目拉出清单，给当地街道政府、拆迁单位、奥组委同时备案，以免给地上文物造成无可挽回的损失。制定了“关于在朝阳区绿化美化工作中保护文物，发挥历史文化遗产作用的意见”，意见中强调对朝阳区的文物一要普遍调查，整体规划，二要确定重点，列入人文奥运修缮计划。

奥运场馆地下墓葬无计其数，是朝阳区重点地下文物埋藏区。朝阳区文化委员会及时向北京市文物局、北京市奥运场馆建设指挥部办公室提出《朝阳区文化委员关于奥运用地不可移动文物保护的意见》，吁请北京市奥运场馆建设指挥部办公室协调有关部门配合奥运场馆建设，做好奥运用地地下文物勘探和不可移动文物保护工作，希望保住文物、保住历史、保住典故、保住民俗、保住“人文奥运”要求的民族文化和民族精神。朝阳区奥运功能区规划出台后，理清文物资源，从点到线、从线到面整体打造奥运会主场馆和奥运森林公园中的人文景观，并结合公园建设，深入挖掘传统文化遗产，让奥运会主场馆和奥运森林公园成为2008年北京“绿色奥运”“人文奥运”“科技奥运”的杰作，奥运场馆区的三处古建群、三组碑林，更是谱写“人文奥运”精彩华章。

在奥运场馆中心区，即俗称鸟巢、水立方的国家体育场和国家游泳中心，有历史上北京中轴线北延长线标志性建筑、著名的北京五顶八庙之一、市级重

点文物保护单位、始建于明代的“北顶娘娘庙”。2004 年启动了主殿碧霞宫和东西配殿及鼓楼的修缮，并对药王殿、玉皇殿及东西配殿遗址做了绿化保护。在奥运场馆规划建设中，朝阳区文物部门提出原规划图中水立方距北顶北侧遗址太近，已影响到北顶文物遗址的保护，建议将新建场馆向北迁移 100 余米，使北顶遗址能得到有效保护。在奥组委组织的协调会上，朝阳区文物工作者据理依法力争，并说明该庙在北京城建史上的重要性，得到市领导和奥组委的高度重视和肯定，故水立方为北顶娘娘庙向北移动 100 米。北顶娘娘庙地理位置优越，很多开发商和打着宗教旗号的各色人等多次提出想共同开发，都被朝阳区婉言谢绝。朝阳区文物部门顶着巨大困难与压力确保了施工的进度和文物的安全。奥运会前夕，修缮后的北顶娘娘庙迎来近百家中外知名媒体到访。第 29 届奥运会奥运协调委员会主席海因·维尔布鲁根参观后留言：“简直难以置信，突然发现一座五百年历史的庙宇，这是一个伟大的发现，感谢北京奥组委，这是北京这个伟大城市的一个不朽的传奇。”

龙王庙位于朝阳区原洼里乡龙王堂村，现奥运地区办事处奥运森林公园国际区。始建于明代弘治十四年（1501），再建于正德十六年（1521），清乾隆二十七年（1762）重修。有院墙山门，山门中为龙嘴门，左右为龙眼门，殿内设有龙王、龙母神像及黄、红、青、白四海龙神像，门前有泉眼。本为皇亲贵族郊游习骥之地，后因战乱，屡遭兵火践踏，风貌严重受损。修缮前只存有玉皇殿及过墙门楼，为朝阳区文物登记项目。洼里“龙王庙”是北京众多龙王庙中罕见的求晴不祈雨的收水龙王庙，原由洼里乡龙王堂村委会使用，由于无力对该庙进行修缮保护，于 1998 年将该项目移交文物管理部门。朝阳区文化委员会于 2006 年启动对龙王庙的修缮复建工程。修缮后的龙王庙，被选定为北京奥运会村长办公室，接待世界各国代表团贵宾，在奥运会期间大放光芒。国际奥委会主席罗格先生对龙王堂非常推崇，希望以后的奥运会主办城市都向中国北京学习，有固定的奥运会村长办公室。

在奥运媒体村，有始建于明代，清朝康熙年间重修，现存民国时期修缮的弥陀古寺。院内古槐直径粗约两米，势如苍龙盘踞。为保护这一珍贵遗产，在北京奥组委的有力支持下，重新改变媒体村图纸，以弥陀古寺为中心重新设计媒体村，奥运期间中外媒体记者对修缮后的弥陀古寺大加赞赏。

乌雅氏家族墓位于朝阳区原洼里乡龙王堂村和关西庄村，现奥运村地区办事处奥运森林公园范围内，建于清代早期，是雍正皇帝外祖家族墓。乌雅氏家族属有清一代南征北战的名门望族，仅乌雅氏家族在《清史稿》有传可查的便有 26 人之多，墓碑、华表规模之大，规格之高在北京屈指可数，现存该家族墓碑九通和四根华表。兆惠墓碑和华表就立于网球馆边，是北京悠久历史非常好的代表。图海家族墓碑位于朝阳区奥林匹克公园内关西庄，后移至奥运森林公园内结合周围景观进行保护，一片绿树掩映下，石碑穿过历史带来悠悠古意。在奥运媒体村，有始建于明代，清朝康熙年间重修，现存民国时期修缮的弥陀古寺，院内古槐直径粗约两米，势如苍龙盘踞。历经四年，文物部门坚决保护的立场毫不动摇，为保护这一珍贵遗产，在北京奥组委的有力支持下，重新改变媒体村图纸，以弥陀古寺为中心重新设计媒体村，奥运期间中外媒体记者对修缮后的弥陀古寺大加赞赏。

朝阳区文物部门坚持“保护为主、抢救第一、合理利用、加强管理”的文物工作方针，做到“主动配合、提前介入、有理有度、争取两利”，克服重重困难穿梭于奥组委、08 办、政府相关部门和开发建设单位之间，使奥运场馆内的地上地下文物得到有效保护与利用。

二　发挥政府主导作用，开拓多渠道筹资，创新文物保护思路

城市现代化建设是中国经济发展的历史必然。当一个国家由计划经济向市场经济转化时，按市场经济规律而进行的大规模城市建设是不可避免的，文物古建和城市发展存在的矛盾也越来越突出。这就要求文物主管部门变被动保护为主动出击，保护好古都历史文化遗产。在城市化进程日益加速的过程中，朝阳区开发项目众多，拆迁工地也多，每年大大小小的项目有 2000 处左右，朝阳区政府高度重视文物保护工作，朝阳区文物主管部门早在 2004 年便分别致函朝阳区规划委、朝阳区建委，要求项目开发时文物审核前置，朝阳区文化委员会派专人审核该项目地上、地下文物情况，开发项目单位必须与朝阳区文化委员会签订《朝阳区基本建设施工过程中的文物保护协议》，10 年来，北京市文物研究所在朝阳区勘探面积超过 2000 万平方米，经过主动科学挖掘，出土了大量珍贵历史文物。2004 年在建财富中心时，因为先进行了考古，在施工工地发现了著名的燕京八景之一的金台夕照遗址和乾隆皇帝亲手题写的石碑，具有珍贵价值。由于采取措施得当，经过文物部门与施工单位通力合作，使遗址和石碑得以保护下来。

严格做好土地联审和“绿色通道”项目的审核工作。朝阳区文化委建议在土地开发过程中注意文物保护单位的安全，原址保护，合理开发利用。如对文保单位有所涉及提前与土地开发单位商讨。根据市政府要求，目前北京市扩大

内需项目的工作属重中之重。每期项目多，时间非常紧，朝阳区文物部门收到项目表后都以最快速度处理。处理多项文物审核工作，出具文物部门的意见。在“保稳定、促增长”的指导下，积极保护文保单位安全，与各相关单位协调工作，做到经济发展绝不能以牺牲文物为代价。

按照“五纳入”的要求，朝阳区政府每年用于文物古建抢险修缮的经费不低于40万，并遵照文物修缮上一年做计划、出图纸、方案的审批程序，20多年间投入文物环境治理、文物修缮的资金超过5亿元，近几年投入古建修缮的资金便有4000万元。朝阳区文物管理部门从大局着想，“不求所有，但求所在”，打破文物为文物部门所有的思想，创新文物使用方式，以开发促修缮，利用开发商等社会资金6762万元，先后对张翼祠堂、常营清真寺、东岳庙远门、东湖关帝庙、南磨房关帝庙、朝阳公园老君庙、北湖娘娘庙、那桐墓、来广营关帝庙、来广营娘娘庙、大屯太清观、清河营娘娘庙、通县界碑、王四营关帝庙、通惠河神祠、朝阳公园老君庙、兴隆寺、图海墓碑林、弥陀古寺、黄木厂神木谣碑亭等20处濒临倒塌的古建进行抢险修缮，并对其合理利用。朝阳区财政投资10043万元，修缮了北顶娘娘庙、龙王庙、肃慎亲王敬敏墓、东岳庙西路古建、大屯关帝庙等5处古建群和奥林匹克公园朝阳贞石园。北京市财政投入近7000万元对东岳庙、西黄寺、显谨亲王坟、十方诸佛宝塔、东坝真武庙、小郊亭普门寺、高碑店平津闸闸口7处古建进行修缮。以国家投资为主导，调动社会单位保护文物的积极性，利用社会单位资金修缮文物，使文物在新时代得到更好的发扬传承，达到共赢。朝阳区近10年来投入地上古建保护资金近2亿元，修缮项目20余项。吸引社会投资投入文物保护项目，目前在朝阳区已形成良好氛围。朝阳地上文物保护模式，赢得北京市文物局和区县文物界的普遍肯定。

三　依法行政，以训代练，建立文物保护三级安全防护机制

在文物保护工作中，需要做到有法可依，依法行政。《中华人民共和国文物保护法》（以下简称《文物法》）、《中华人民共和国文物保护法实施条例》、《博物馆管理办法》、《博物馆条例》、《关于进一步推动非国有博物馆发展的意见》等一系列法律法规，促进文博事业的规范、有序发展，更是各级文物主管部门完善政策引导，明确职责划分，加强依法管理的尚方宝剑。朝阳区针对区域内文物保护范围广、工程多、民办博物馆多等实际情况，采取相关措施，出台相关政策，建立健全三级文物保护网络制度，切实保护文物安全。朝阳区文化委

员下设文物科、文物管理所、文物执法队管理全区文物保护工作，通过区、街乡、社区和村三级管理网络和联动机制，以属地街乡为责任单位，层层签订安全责任书，明确责任单位、责任人，把地上文物保护单位责任、地下文物安全落到实处。对全区一百多家地上文物保护单位项目，逐级逐项落实到单位和个人。将日常巡查与重要节日、重大活动的检查相结合，找出文物安全隐患。在日常巡视检查中，发现区级文物保护单位“肃王坟”碑楼南门被拆开，立即与乡、村有关部门联系，现场办公当天即排除隐患。发现违法行为及时进行纠正限期整改，如在日常巡视检查中，发现区级文物保护单位“山东海阳义园”使用单位“呼家楼房管所”，在未经文物管理部门的审批下对古建进行擅自翻建，同时使用不具备古建修缮资质的施工队，对此责令使用单位立即停工，同时致函其上级管理部门区房地局；指出其违法事实及处罚依据，对其进行了依法处罚和通报批评。对造成文物破坏及损失的单位，开创了追缴文物补偿金的先例，得到市局的采纳并向全市推广实行，缓解了文物保护经费不足的矛盾，为国家节约了部分资金，弥补了地区文物资金短缺的问题。

在文物保护三级管理中，培训工作必不可少。朝阳区以训代练，加大基层相关人员《文物法》及文物知识培训的力度，坚持区属各街乡文化干部每月例会制度，及时通报文物工作的进展及动向。利用多种形式、手段，加大《文物法》宣传，不定期组织全区 43 个街乡文化干部培训学习新修订的《文物法》，并以免费订阅专业报刊、举办专题培训等多种形式对群众尤其是文物市场和文保单位周边居民进行文物法教育。借助世界文化遗产日、国际博物馆日和东岳庙节庆活动等时机，利用文物知识有奖问答形式，进行文物法普及。通过各级电视台和《中国文物报》《北京晚报》《朝阳报》等媒体多次进行专题、专版报道，公布举报和热线电话，使群众潜移默化地了解文物相关知识，提高文物保护意识。群众就像文物部门在文物周边的眼睛一样，时刻协助文物部门注意文保项目的安全情况，努力形成保护文物人人有责的社会风气。

四　树立博物馆开发利用的典范，强化博物馆公共服务功能

朝阳区区域内现有博物馆 50 余家，其中非国有博物馆 20 多家。随着经济的飞速发展，朝阳区的博物馆事业日益繁荣，显示出巨大的文化潜力。区域内的中国农业博物馆是国家级农业专业博物馆；中国科学技术馆是国家级综合性科技馆；北京航空航天模型博物馆，是中国首座模型博物馆，也是目前亚洲地区

最大的航空模型博物馆；北京民俗博物馆是国办民俗类专题博物馆；观复博物馆是中华人民共和国成立以来第一家注册的私立博物馆；紫檀博物馆是中国首家规模最大的专题类私立博物馆；今日美术馆是定位高端的当代时尚艺术代表；陶瓷艺术馆是集展览、培训、制作、旅游为一体的综合艺术馆。朝阳区如何多维度挖掘各类博物馆（国办、民办、社区；博物馆、美术馆、艺术馆）特色，找准优势和亮点？朝阳区文化委敏锐地认识到：未来博物馆之间的竞争，是公共文化服务能力的竞争。博物馆，不在于拥有什么，而在于能给人们带来什么。故以其直属单位北京民俗博物馆为抓手，深入挖掘东岳庙民俗文化内涵，走“以活动推展览互动走向社会”的博物馆发展之路，带动、协调区域内各博物馆资源共享，优势互补，加强交流与合作，共同提高公共服务能力，达到博物馆最终为人民服务、增强国家文化软实力之目的。

北京民俗博物馆（东岳庙）从1999年春节开放至今游客已突破七百万人次，“来东岳庙祈福，到民俗馆怀旧”的主题理念深入人心，并受到社会各界尤其是文博界的广泛关注。作为全国重点文物保护单位和拥有700年历史的东岳庙的开发利用，首先应立足挖掘自身蕴藏的深厚道教文化、民俗文化、传统文化内涵。继承东岳庙“祈福迎祥，戴福还家”的传统，移风易俗地推出“出入平安”“子孙成才”等8种福牌，既表达美好祝愿，又成为东岳庙靓丽的风景线。画福布代替了文物古迹被乱涂乱画的恶习，任由游客抒发情感，多年来东岳庙未发生一起文物古建遭涂画的现象。东岳庙庙会历史悠久，北京民俗博物馆结合春节长假，成功举办了十九届春节文化庙会，并适时过渡为北京民俗文化节，以环境优美、文化含量高著称于京城庙会，连续多年被百姓评为“最喜欢的庙会”、专家评为“最有文化的庙会”。

在挖掘东岳庙自身资源的同时，2002年起北京民俗博物馆率先在全国推出传统节日文化系列活动，与中国民俗学会联合主办东岳论坛，深入挖掘节日文化内涵，并把节日文化带到街乡社区，成功举办首届北京市幡鼓齐动十三档民间花会展演大赛，相继在北京市朝阳区部分乡镇、社区建立了8个民俗文化传承基地，丰富了群众文化生活，使“我们的节日”成为北京民俗博物馆的文化品牌。在实践中，北京民俗博物馆找准了发展的支撑点和自身优势，即以东岳庙元明清古建群为载体，以北京民俗博物馆馆藏丰富的民俗文物为展示实证，以馆庙一体所积淀蕴含的优秀道家文化、行业信仰习俗文化、传统民族文化为主题，以中华民族传统的春节、端午节、中秋节、重阳节等节日为时段，以丰富多彩寓教于乐的民俗活动为主导，以活动推进民俗展览、非物质文化遗产的抢救、搜集、整理、展示、研究和宣教工作。自1999年开放至今，先后推出

《北京东岳庙历史展》《老北京人的生活展》《老北京商业民俗文物展》《中国传统节日文物展》《中国民间医药用具文物展》《中国道教文化展》《丝绸之路精品文物展》《吾在其中——十二生肖文物展》《华衣冠佩——北京民俗博物馆精品文物展》等数十部专题展览并赴香港、韩国举办国际交流展；举办土耳其、秘鲁文化周；举办近20次国际国内学术研讨会；出版《漕运文化研究》《礼与中国文化》《北京东岳庙楹联荟萃》《中国匾额保护与文化传承论文集》等民俗研究专著30多部；北京电视台"这里是北京"栏目为博物馆先后制作《这里有年味》《娘娘庙里亮绝技》《不重样的重阳节》《红腰带岁末又当红》《二月二何止龙抬头》《明明白白过清明》《北京城里寻妈祖》《古村过端午》《奶子房——古村里的慈善》《另类中秋节》等17部专题片，并出版《北京寻五顶》音像片。

全国重点文物保护单位北京东岳庙以博物馆的形式得到合理保护、开发利用，引起文博界、民俗界的极大关注。北京民俗博物馆的实践表明，以公众心理需求为出发点，主动利用现代各类媒体和自身资源，通过多途径、新方式对传统文化进行宣传，既注重传统文化特别是精粹文化的知晓率和普及率，也注重文化品牌、文化精品的培育和打造，对于激发公众参与热情，培养文化传承的潜在力量，构建传统文化传播传承体系，对首都文博界宣教工作来说可谓是成功的探索。朝阳区正是以北京民俗博物馆为典范，通过民俗研究、展览、活动，加强与同行的交流与合作，一方面提示各级博物馆走出象牙塔，拓展业务空间，提高博物馆公共服务能力，扩大影响力；另一方面为优秀传统文化在基层扎根传承的实践找到突破口。

朝阳区在文物保护和文物利用上，探索"以开发促文物保护""以宣传促文物利用"的工作模式，契合党中央"让文物活起来"的精神，为中华优秀传统文化传承体系的创建，克服原有管理体制和机制的限制，不辱文物工作者使命，率先进行了文物保护工作创新探索。当然，我们也应看到天时、地利、人和对文物保护工作地域性的影响，而观念、格局、意识、责任担当和职业素养等对文博工作者的要求，更是决定文物保护和利用成与败的关键所在。

社区博物馆的现在和未来

文爱群*

摘要： 通过对社区博物馆定义特质的阐述，梳理出中国社区博物馆发展脉络，分析其加速发展的内在因素，指出中国社区博物馆目前发展中存在的问题，对社区博物馆的未来发展提出一些建议。

关键词： 社区博物馆　博物馆学　社区　非物质文化遗产

一　社区博物馆的定义和特质

社区博物馆诞生于20世纪60年代，以美国的安娜考斯提亚邻里博物馆，法国的勒克鲁佐生态博物馆为代表，这些新形态的博物馆以为社区服务作为博物馆的使命和中心任务，致力于激发社区成员的凝聚力，促进社区发展、提高社区生活质量。这是博物馆工作者和公众的积极尝试，以博物馆业务为手段，以社区为平台，以文化遗产为纽带，以激励社区成员实现其社区振兴、文化传承等发展目标、应对社会改革巨变的影响、试图通过这种实践重新定位博物馆在社会发展中的作用。

因为社区博物馆迄今为止仍然没有一个明确的定义，所以现在学界都是以自我理解的角度去阐释社区博物馆的内核。吕建昌认为："社区博物馆是以收藏、保存和展示与当地社区居民在感情上有千丝万缕联系的、反映该地区社会

* 文爱群，北京民俗博物馆副研究馆员。

发展与自然环境变迁的历史见证物为手段，提升社区居民素质，增加居民认同感和归属感，推进社区的经济和文化发展为目标的机构。”① 曹兵武认为：“社区博物馆是博物馆功能与社区需求的成功对接，是博物馆文化基因或种子在社区土壤上的落地和生成，它立足于社区，为了社区，以社区内的自然与人文遗产为主要资源，在社区居民主导下开展遗产保存、整理、研究、展示，对内对外开展社教服务于交流的文化机构或工具，是博物馆大家庭中的一个特殊门类。”② 宋向光认为：“社区博物馆是现代博物馆基本精神、使命、任务、职能、作业方式和业务表达形式与社区发展需求的结合。是博物馆工作者主动参与社会发展的创造，具有在地、当下、动态和遗产化的特点。”③ 这三者对于社区博物馆的理解殊途同归，即只要是在社区这样一个地域范围内，运用了博物馆的一些常规工作方法，如利用基本的藏品或展品、开展展览、宣教等公益性的活动、为社区的生存环境、文化传承、构建价值与群体认同等，开展有效的工作，这样的文化机构我们都基本上归类为社区博物馆。通常情况下各个城市中街道、乡等新农村建立的乡情陈列馆，村史陈列馆、美术馆、艺术馆等。都视为不同语境下的社区博物馆。同传统博物馆相较更加突出社区空间、强调其社区成员参与，以社区文化遗产为节点，同时运用博物馆的手段，进行文化传承与创新，促进社区发展。

对“社区”概念的界定，在学界，也是从多维度多视角来阐述的。社区这个概念是中国社会学者在 20 世纪初期，从英文意译而来，因为与区域相联系，所以社区有了地域的含义。20 世纪 90 年代，随着中国农村的城镇化，社区这个概念使用范围越来越广，社区管理与社区服务越来越受到政府和社会的关注。2000 年 12 月，中共中央办公厅、国务院办公厅转发《民政部关于在全国推进城市社区建设的意见》中指出：“社区是指聚居在一定地域范围内的人们所组成的社会生活共同体。目前城市社区的范围，一般是指经过社区体制改革后做了规模调整的居民委员会辖区。”这里的“社区”主要参照我国政府部门使用的含义，即以街道下属居委会范围社区为准。

社区博物馆的概念特征的形成不是一蹴而就的。它是在实践探索的过程中，逐步完善发展而来的。它发源于西方，在早期阶段，社区博物馆主要关注社区

① 吕建昌：《博物馆“社区”概念及社区博物馆》，《回顾与展望：中国博物馆发展百年——2005 年中国博物馆学会学术研讨会文集》。

② 曹兵武：《重构大变动时代的物人关系与社群认同——谈社区博物馆与新型城镇化及城市社区文化建设》，《中国博物馆》2014 年第 2 期。

③ 宋向光：《守望社区价值 服务社会发展——谈社区博物馆的特性与社会责任》，《中国博物馆》2011 年合刊。

议题和日常生活、强调社区博物馆的地域性、参与性。

比如安娜考斯提亚社区博物馆的馆址是利用美国华盛顿特区的黑人聚居区中的一个废弃的小型电影院，它推出的第一个展览是“老鼠：人们所引来的苦恼”，第一个管理规划这个博物馆的是一个社区的黑人青年。这个从社区中自然生长起来的博物馆，蕴含了初期博物馆的所有特征，成长于社区，响应这一社区的生活并工作于这一社区人们的需求和愿望，积极为社区服务。我们再把视野投向其他几所早期博物馆的建立，无一例外地发现，他们的产生都是偶然性的创办，如尼日利亚的首都尼亚美的露天博物馆，有当地热心人士筹建，因为是刚刚摆脱殖民地的统治，所以当地的首要任务是强调本土文化，增进国家认同，陈列展示的是本民族的手工技艺、音乐舞蹈，反映该国人民及其祖先的生活。这些陈列没有学术性，但是受到民众的理解和喜爱。

还有葡萄牙的 Seixal 社区博物馆，当地居民团体在由渔业码头向现代城镇演变的进程中，不忘过去的传统和习俗，由一位老师带领，创建自己的社区博物馆。展品与渔业有关，也包括当地的农业、政治和社会生活的资料，甚至码头、渔船都是博物馆的展品。从这些社区博物馆的出现来看，社区博物馆它没有确定的模式，它必须随社区的变化而变化，它的架构和组织可以实时调整。

这三个博物馆的出现，全然为社区而建。从社区的需求出发，社区存在困扰居民的问题就建立一个文化机构解决这个问题，思路简洁、目标明确，就是服务于社区居民。正如西方人史密森总裁雷普利对社区博物馆所做的诠释，认为安纳考斯提亚社区博物馆的宗旨，“是在提供当地社区民众一个愉快学习的场所，它没有华丽而高不可攀的殿堂，或艰涩难懂的说明，而是一座‘低压力’的文化设施，致力于一个亲和的环境，希望吸引从未进入或享受博物馆乐趣的民众前来参观。在经营管理上，关键字眼是民众的参与，所谓参与，不仅是希望民众能参与展示，而是希望创造博物馆与社区为一体的感觉”①。

二　中国社区博物馆的发展脉络

中国社区博物馆的理论认识始于 20 世纪 80 年代后期，1986 年《中国博物馆》第四期发表了西方学者关于生态博物馆的文章，社区博物馆进入我国博物馆界的视野，1993 年南开大学举办中美国际博物馆学研讨会，介绍了美国社区博物馆建设的有关情况，此后中国博物馆界对社区博物馆的研究逐步加强。社

① 张誉腾：《生态博物馆——一个文化运动的兴起》，台北：五观艺术管理有限公司 2004 年版，第 134 页。

区博物馆的实践始于21世纪。目前基本认定在2008年后，中国各地陆续建立一批社区博物馆，象征着社区博物馆实践的发端。如北京东城区花市枣苑的“北京花市社区博物馆”开馆，南京石头城社区历史文化博物馆建立，天津市和平区崇仁里社区的社区居委会博物馆建成，这批社区博物馆的陆续建成。基本上为后来社区博物馆构建描摹出大致的轮廓和架构。而国家认可的中国第一个社区博物馆是福建三坊七巷古街区博物馆。2011年，由国家文物局授牌，这个社区博物馆主要融入了遗址保护的理念。因为三坊七巷街区保存明清200多座古建筑。从中国社区博物馆的实践过程可以看出，对具有历史文化内涵的区域文化整体保护是我国官方认同的初期建设社区博物馆的基本条件之一，对后来全国各地利用建筑遗址开辟各类社区博物馆起到示范的作用。如山西乔家大院，王家大院等都属于遗址新建社区博物馆的类型。北京地区也有很多这类社区博物馆如史家胡同博物馆、牛街历史文化展陈室、以建筑遗址为展品纷纷建起了各具特色的社区博物馆。

中国社区博物馆在从20世纪80年代理论兴起到今天的发展。伴随着中国经济的飞速发展和社会体制的巨大变革，在发展过程中呈现出加速发展的态势。从2008年到2018年是社区博物馆的加速发展期。这一时期社区博物馆的数量和质量都有很大的提高。社区博物馆的这种加速发展态势，是与我们国家经济政治的巨大变革紧密相连。如中国的城镇化及奥运会的筹备、非物质文化运动的持续展开。

首先是改革开放及社会主义现代化的发展，特别是党的十八大以后提出建立新型的城镇化，农村的城镇化。使社会人口流动幅度加大。不同地域的人口逐渐汇聚到大中小城市，因为文化差异性很大，人口结构的复杂化，来自不同地方的人把各自的文化带入城市，多元的文化成为社会很重要的特征，同样被城镇化的新型社区也带来很多的后遗症；人口迅速增长，交通状况恶化。资源能源供应紧张，生态环境破坏加剧，生活质量进一步降低。社会问题愈来愈多，社会矛盾加剧。文化认同弱化。来自不同地区的人们携带各自家乡的风俗习惯，聚合在一起，因文化的不同产生排斥、猜忌、漠视等心理，从而导致彼此之间的各种纠纷、矛盾，人与人之间缺少友情、信任、亲密。邻里之间淡漠，这种社会状态就容易导致社区管理难度加大。这种态势显然与政府提倡的和谐社会的目标背道而驰。于是在政府的倡导下，开展了构建和谐社区、宜居社区、美丽乡村等运动。以求改变人们 的心态，重新构建美好空间，社区博物馆因其服务社区的使命成为构建和谐社区的文化工具。

一个新社区的建立，就要找到构建新的社区文化认同的契合点，就是社区成员能够维系在一起的道德规范，对社区利益事件的处理原则等。这些契合点体现的是社区居民的综合素质。提高居民的综合素质，不是朝夕就能完成的，就需要有担当的文化机构，持续性的进行引导和培养，社区博物馆应运而生。这一时期涌现的社区博物馆主要以拆迁农民的农耕工具，以往过去的日常生活用品为主，采用模拟老旧的生活环境等手段，配以图片、影像等，生动详实地再现本社区的历史足迹，发展历程。以此激发社区成员的爱社区、爱家的认同感和自豪感。因为收藏过去是博物馆的特征，因此专家们通常把这类文化机构冠以“街乡博物馆”或者“乡土展示馆”“生态博物馆”等。这类小型博物馆多是利用社区文化中心等公共场所，面积300—500平方米不等，当时有代表性的北京地区的社区博物馆如高碑店村史博物馆、南磨房地区博物馆，金鱼池社区老舍博物馆、龙潭社区时传祥博物馆、白纸坊纸文化博物馆、安定门京城老物件博物馆、和平门社区博物馆、前门历史文化博物馆等。这些社区博物馆为构建社区的公共精神文化空间，起到积极的作用。

中国社区博物馆加速发展的第二个因素是奥运会的举办，奥运会从申办筹备到举办跨度达到10年，10年间国家大力推动精神文明的建设，提高居民的文明素养，另一方面为在奥运会期间，为了向世人展示优秀中国传统文化，筹备期间深入挖掘各个地区的传统文化资源、倾力打造增强国家民族的凝聚力文化设施名片，这些举措无疑是社区博物馆建设的一个机遇。很多具有文化创新意识的街道在这个时期建立社区博物馆，如中华民族园、奥运村地区博物馆等。

中国社区博物馆加速发展的第三个因素是非物质文化遗产运动的兴起。非物质文化遗产概念在我国正式登场是以昆曲进入世界非遗名录为肇始。2001年5月18日，联合国教科文组织在巴黎宣布第一批“人类口头和非物质遗产代表作”名单中，昆曲列入其中，中国首次被列入世界非遗名录的19个国家之一。

2003年，联合国教科文组织通过了《保护非物质文化遗产公约》（以下简称《公约》），《公约》明确强调社区环境、社区认同，以及社区群体相互尊重的需要和可持续发展等问题。《公约》提倡首先应该保护其领土上的社区、社群甚至是个人的非物质文化遗产，其次是做好宣传传播和教育培训计划。同时强调社区要努力确保拥有文化遗产社区的群体和个人最大限度的参与，并吸收他们积极地参与有关的管理。公约中“社区”被认定是非物质文化遗产保护和传承管理的主体。中国也立刻启动中国民间文化遗产抢救工程，2005年，国家正式下发各种文件，确立了“保护为主、抢救第一、合理利用、传承发展”的十六字非遗保护指导方针，并要求建立国家级和省、市、县非物质文化遗产代表作名录体系，同时，各级非遗工作部门相继建立，开启了我国的“非遗四级保护体系”。2006 年,《国家级非物质文化遗产保护与管理暂行办法》实施，对国家级非遗的记录、保护、传承，传承人的认定、职责、培养以及各级管理部门的职责等一系列具体行为和要求做出了明确规定，非遗保护开始走向常态化。政府、社会全面对非物质文化遗产的理论实践达成了共识。非物质文化遗产保护工作覆盖到街乡和社区。作为社会最基层的社区村委会也积极行动起来，各个社区开始挖掘、整理、保护、利用本社区的传统文化资源，开展教育活动，提升社区居民的文化素质。当时每个街乡社区都积极筹建社区文化中心、街乡陈列室、展示馆，运用博物馆的展陈方法展示本辖区内的民间手工作品。

东城区花市社区博物馆的建立。正是以社区为中心，以文化遗产为纽带，运用博物馆工作方法建立的社区博物馆的实践。这个社区位于城市中心区，居民中有很多老的民间手工艺人。社区文化干部充分发掘这些文化资源，利用花市枣苑社区 8 号楼、9 号楼之间的地下空间环境，专门展示本社区的手工艺人的作品，如“花儿金”“葡萄常”，突出民间手工艺特色，以民间手工艺的展示、体验为主，兼有民间手工艺延伸产品的开发。强调地域文化个性，其宗旨是社区居民百姓可以了解东花市的历史。这种有底蕴内涵的文化展示更能增强社区居民的自信心，自豪感，起到凝聚人心的作用。

花市社区博物馆以文化遗产为纽带，以博物馆业务为手段，使社区的非物质文化资源转化成新型社区发展振兴的催化剂，我们不能忽视非物质文化运动的兴起在我国社区博物馆建设发展中的催化作用。而且正是非物质文化保护运动向社区的持续推进，社区博物馆在随后的几年在全国各地持续升温。

《公约》之所以把非物质文化主体下沉到社区是因为非物质文化遗产都是在具体的民众生活中产生并成长起来的，它们凝聚着大众朴实的生活习俗，浸透着乡间里道最真实的生存艺术，具有深厚的民众生活底蕴。非物质文化遗产项目大多具有广泛的群众基础；而且与当地自然环境、社会生活环境密切相连，有深刻的地方特色，是一个民族世代传承下来的文化认同。它不仅蕴涵着历史根源，更体现了民族的价值。而现代化和全球一体化瓦解了这种传统的文化认同，使人们的内心和现实之间产生了分离。非物质文化遗产的出现让人们开始重新认识现代社会文化力量与民族身份意识之间的关系，并借助非物质文化遗产来增强民族性，认同感，要实现这种文化认同，就要让非物质文化的保护和传承要回到它所产生的地域中，作用于特定的人群，社区无疑是最佳的选择。用形象的比喻就是有了土壤和种子（社区是土壤，非物质文化是种子），用什么样的工具和方法播下去，让种子生根和发芽，茁壮成长。这个工具和方法就是社区博物馆。社区博物馆在传承弘扬传统文化价值方面有得天独厚的优势。由于博物馆的介入，使社区的文化遗产的价值和功用获得最大化。准确地说就是使社区文化遗产能够转化为社区发展的动力，能够塑造社区成员的历史认知、能够构建社区成员的共同价值观与群体认同感，达成社区的核心凝聚力。这就是传统文化的创造性转化、创新性发展，使之与现实文化相融相通。而社区博物馆就是链接的桥梁和纽带，一端系着昨天、传统和历史，另一端系着明天、现代和未来。随着非物质文化遗产运动展开、推动中国的社区博物馆的建设进程不断延伸和深化。

三　中国社区博物馆的发展现状

发展到了今天，博物馆与社区的联系更加紧密，是民众参加文化活动的重要阵地。是凝聚社区共识、表达政治意识、传达社会教育的中心。博物馆热更是让社区博物馆建设上升到新的高度。

北京市政府正式发布的《北京市“十三五”时期加强全国文化中心建设规划》（京政发〔2016〕20 号）对于社区博物馆的建设是这样解读的：整合博物馆资源，重点在城郊新建综合功能区及人口密集区域建设大型博物馆及博物馆群，在条件具备的乡镇（街道）、行政村（社区），加大乡村博物馆、社区博物馆建设力度，完善全市博物馆布局。从这个规划可以看出政府对社区博物馆的认识已经提升，并在政策层面提出合理化的建议。但是我们知道社区博物馆在实践中却还有很长的路要走。社区博物馆现今发展状况是不尽人意的。

国办社区博物馆的运营状况不如民办社区博物馆。这主要有几个因素。

（1）部分国办社区博物馆在建立之初，没有长期的运行规划、没有长期的博物馆专业指导，大部分是相关部门为完成文化建设指标，或者树立社区文化品牌匆匆而建。场地由区域内地方政府临时解决、人员也是由社区政府机关工作人员抽调，社区博物馆管理人员对社区博物馆的工作缺乏基本了解。博物馆的运营偏向于行政指令，具体的管理事务和博物馆的业务很少过问。更没有按照博物馆的工作方法和标准常态化运营。社区博物馆的存续受当政者的影响较明显。领导重视，社区博物馆运行比较好，领导不重视，社区博物馆就会逐步萎缩并被放弃。

（2）民办社区博物馆与文物部门缺乏直接的行政隶属关系，所以行政部门对其管理比较松散。总体上缺乏对民办社区博物馆的宏观战略规划管理，缺少其发展环境的营造，缺少对其运作能力和运营状况的了解。所以民办社区博物馆作为开办者的个人行为，有能力则办，无能力则关。

（3）社区博物馆的专业人才队伍匮乏、人员流动性大，职称评定困难。目前国办社区博物馆的管理都由政府机关或社区文化干部兼职，没有多余的编制引进专业的博物馆人才。高校社区博物馆的人员多由教师兼职。既有教学任务、又有博物馆工作要求，很难两者兼顾，民办社区博物馆专业人员队伍职称评定没有纳入体制内，抑制专业人员的工作积极性，留不住博物馆专业人才。

（4）大部分民办社区博物馆的经费不足，运营艰难。除了几家大的民办社区博物馆有实体支持、运营正常外，多数小型社区博物馆场地使用、规划建设、土地征用、财政补贴方面很难得到各级政府的各个部门的有效支持。各种减免优惠政策只是宏观导向性的，缺少基本法律和配套政策及实施细则的支持，难以落实到位。

（5）社区博物馆缺乏协同发展的有效机制。博物馆之间的资源、人才利用率没有最大化。馆际间缺乏交流、发展不平衡，差距比较大，社区博物馆可持续发展的动力不足、其政绩效益不明显，难以持续受到区域内当政者的青睐。社区博物馆的这种发展状况是同满足人民日益增长的文化需求是不匹配的。

四　中国社区博物馆的发展方向

虽然社区博物馆的发展状况令人担忧，但是在现代化的今天，随着新型社区建设越来越完善，居民文化素质不断提高，社区博物馆的文化价值会逐渐深入人心。我们要分析总结现在社区博物馆存在的问题，为未来社区博物馆的建设提供依据。社区博物馆的发展要遵循博物馆的一般发展规律，也要突出社区这一显著的特征。未来社区博物馆的发展一定要紧紧抓住社区要素；一是选址首先考虑建立在社区，要把社区建设规划与社区博物馆的发展规划同步进行，让社区博物馆建立与社区的发展相伴始终。这样社区博物馆就能够用博物馆的方法真实记录保存社区发展的过程。社区博物馆还要重点收藏反映社区当下生存状态和发展构想的典型物件、资料和记录材料，并将体现社区发展历程和发展特点的物质及非物质的存在以博物馆的工作方法、手段展示出来，让社区成员更深入准确地了解社区历史，认识社区的创新发展过程。从而增强社区成员的凝聚力、认同感。这样的社区博物馆更加贴近社区与生活，从社区中来并服务社区，这种社区博物馆更具持续力。当然，建立社区博物馆也不能一哄而上，要选择的合理布局，要分批分区域的一个一个落实。要重点支持文化遗产特别丰富的乡村、街道，发展建立具有丰富文化内涵和鲜明个性特点的社区博物馆。其次，社区博物馆的发展一定要关注社区成员。社区成员的支持和参与是社区博物馆发展的关键因素。要加强宣传，积极探索按照责、权、利相一致的原则，多种方式调动社区成员特别是年轻人保护文化遗产、发展社区博物馆的积极性。这是社区博物馆以人为本的体现，同时也是社区博物馆延续的内在动力。社区博物馆需要社区成员的广泛参与，通过社区成员的参与，使社区成员的价值观，社区的信念、道德规范得以变化和升华，从而促进社区的和谐与发展。再次，社区博物馆要获得持续发展的动力，深入挖掘并掌握社区现有的文化遗产，使社区博物馆能够与所在社区的文化遗产做到有效链接。并通过对文化遗产的解读和利用体提升所在社区成员的整体素质。未来社区博物馆的持续发展，也离不开管理部门的宏观调控、政策人财物的支持。政府要提高认识，加强统筹规划，充分调动和利用高等院校和科研单位的力量，组织有关专业机构深入研究社区博物馆的发展规律，借鉴国际先进理论、理念和实践经验，形成符合中国国情、具有较强针对性和适用性的社区博物馆理论体系，提高对社区博物馆的认识水平。在此基础上制定和完善社区博物馆建设和发展的评估标准，建立相应的咨询、指导、协调、督察和管理考核机制，确保社区博物馆有效实现其运营目标，最大限度地实现自然与文化、遗产与现实以及相关方面的利益与和谐。规范管理，建立社区博物馆后不管不问，形同虚设，是最大的浪费社会资源。为促进社区博物馆的发展，关键是抓住四个环节：设立准入条件，严格审核登记，执行年检制度，细化奖励与惩处。对于免费的民办社区博物馆，按参观人数、展览次数和规模等级给予经费补助。完善激励机制同时给与必要和适当的扶持。将社区博物馆明确列入社会公益事业，享受税收优惠政策，节省的资金用于博物馆建设，对于在实施重大工程时，政府可以设立免息或低息的贷款，或实行场馆建设补助，土地采取优先供给，价格按公益类用地计价，降低兴办博物馆的成本。尝试新的管理体制，或实施国外的“董事会模式”，其主旨是：藏品不归个人，以理事会托管的形式回归社会，博物馆的一切重大决策都由理事会产生，馆长实行聘任制。或者社区博物馆实行政府购买服务，由村委会管辖的社区博物馆可以托管给大的国办博物馆，实行专业化管理和运营。社区博物馆是全球化进程中产生的一种博物馆新类型，它没有固定的模式可以遵循，我们只能在发展的过程中把握其规律，使其作为一种促进文化建设的工具，更好地为社会服务。

浅论博物馆的藏品管理和利用

何菲菲[*]

摘要： 藏品是博物馆一切业务活动的物质基础，是关系博物馆生存和发展的重要因素和根本保证。如何借助科学的方法、健全的制度、规范的流程、先进的技术，做好藏品的保护管理、提供利用和科学研究是博物馆保管工作的重要任务。在新的时代背景下，博物馆藏品保管工作者要更新观念，努力探索一条让藏品资源可以持续发展与有效利用的道路。

关键词： 藏品　藏品保管　藏品利用

一　“博物馆藏品”定义的认知

博物馆必须具备一定数量和质量的藏品。《中国博物馆学基础》在描述博物馆应具备的四个条件中，“首先是具有藏品也就是实物”,[①] 将“藏品”放在博物馆构成要素中的首要位置。

王宏钧主编《中国博物馆学基础》一书，对藏品的定义是：“藏品是博物馆为了社会教育和科学研究的目的，根据自己的性质，搜集保藏的自然界和人类社会物质文明、精神文明发展的见证物。”[②] 宋向光在《物与识——当代中国博物馆理论与实践辨析》一书中，将博物馆藏品的概念描述为“博物馆根据收藏

* 何菲菲，北京民俗博物馆助理馆员。

① 王宏钧主编：《中国博物馆学基础》，上海古籍出版社 2001 年版，第 42 页。

② 同上书，第 133 页。

标准和履行特定工作程序收藏、管理的人类和人类环境的物证”。① “物证”一词表明，博物馆藏品不仅具有实物性，同时也具有信息性，将博物馆藏品“信息载体”的属性予以确认。

这两个定义中，将博物馆藏品的属性和内涵明确为“自然界和人类社会物质文明、精神文明发展的见证物”，而且指出，是为了特定的“目的”“需要”，经过特定“工作程序”收藏的，因此博物馆藏品是根据博物馆性质及社会功能的需要而征集收藏的，具有历史价值、科学价值或艺术价值的代表性、典型性实物资料。

由于博物馆藏品具有物质实体和信息载体两方面的特性，如何利用博物馆藏品这一“信息传播工具”，使其实现为社会教育和有关科学研究服务是每一位博物馆工作者需要积极探索的重要任务。

二　博物馆藏品管理工作的思考

博物馆藏品是博物馆各项业务活动的物质基础，是关系博物馆生存和发展的重要因素和根本保证，是国家宝贵的科学文化财富。博物馆承担着征集、保护和推广其藏品的责任。因此，科学地保护和管理藏品，是博物馆的重要业务工作，不容忽视。

博物馆藏品管理既是对藏品本体属性的收集整理，又包括对藏品接收后相关工作流程的管理。其作用在于，一方面能够提供文物研究的基本信息；另一方面，能够对藏品实行科学管理与保护，更好地为陈列展览和科学研究服务。

（一）藏品管理工作的基本要求

科学管理藏品，必须按照一定的步骤和方法进行。藏品的鉴定、登记、分类、入库排架、编目、统计、建档、检查和清点等一套完整工作流程的目的，一是保护藏品的安全，防止丢失、损坏；二是方便研究、利用，使藏品的内涵价值转化为社会价值。要做好藏品科学管理工作，在具备专人、专库等基础上，还必须做到：制度健全、鉴定确切、账目清楚、编目详明、保管妥善、查用方便。

1. 制度健全是藏品安全的保证

健全的规章制度，是藏品科学管理的依据和准则，也是提高保管工作水平的关键。遵循藏品保管法规，不但可以消除保管工作中的弊端，也可以让保管

---

① 宋向光：《物与识——当代中国博物馆理论与实践辨析》，科学出版社 2009 年版，第 309 页。

人员清楚地认识到自身工作职责，建立严格的工作秩序，按照客观规律和科学方法做好保管工作，提高藏品保管工作水平。博物馆的藏品保管制度，不仅保管人员要严格执行，全馆工作人员也要共同遵守。每一位博物馆工作者都有责任和义务制止违反藏品安全制度的行为。

1986 年 6 月颁发的《博物馆藏品保管办法》中对藏品的性质、目的和建档、库房管理、保养、修复、复制、提用、注销和统计，以及保管的要求、奖惩办法等，都作了原则性的规定。各个博物馆要以此为根据，结合本馆的具体情况，制定出适合本馆的详细规定和制度。

以笔者工作的北京民俗博物馆为例，其藏品保管工作制度就是以《博物馆藏品保管办法》为依据，通过对中国国家博物馆、首都博物馆等国家一级博物馆的调研，参照其保管制度并结合本馆实际制定的。严格遵守保管工作的规章制度，才能使藏品保管工作安全有序的进行。笔者认为，大致可以分为安全保护和业务管理两个方面。

藏品安全制度包括：库房安全管理制度；库房安全检查和保卫工作制度；藏品提用与管理规定；库房钥匙管理规定等。

藏品业务管理制度包括：藏品库房管理制度；藏品的鉴定制度；藏品编目条例；藏品登记制度；藏品征集原则和入藏规定等。

总之，建立健全科学的管理制度，才能科学有效地管理藏品，做到规范化、科学化、专业化。

2. 账目清楚是藏品管理的关键

做好藏品登记工作是妥善保管及科学管理的关键，是检查藏品数量和质量的依据。藏品登记要建立一套完整、准确的藏品登记账，包括藏品总登记账、藏品分类登记账、借出品登记账、参考品登记账，以及复制品登记账等。其中最重要、最根本的是博物馆藏品总登记账，这是国家科学文化财产账，账簿由国家文物局统一印发，博物馆必须严肃认真地进行藏品总登记。

国家文物局印发的藏品总登记账中包括以下项目：登记日期、总登记号、分类号、名称、时代、数量、尺寸重量、质地、完残情况、藏品来源、入馆凭证号、注销凭证号、级别和备注，其中有详细的填写说明。

博物馆的每件藏品都必须按照入馆凭证，核对藏品，进行登记。登记时严格按照规定格式，逐条、逐项用不褪色墨水笔认真地填写。字迹要工整、清晰，账面要保持整洁，如有订正、注销，用红色墨水笔划双线标示，并由登记人在订正处加盖私章。藏品总登记账应由专人负责登记管理，严密、永久保存，并要有固定的保管场所和必要的保管设备。在藏品保管工作中，还要注意根据藏品保存现状查漏补缺，不断完善藏品总登记账，切实做到账册健全、账目清晰，避免有物无账、有账无物、账物不符等现象出现。

除了做好藏品登记，还需要建立入库凭证、出库凭证、入馆凭证、出馆凭证等。藏品提用时，虽不涉及账目变动，但要有相应的交接程序，并填写藏品交接单，妥善保管。

藏品如有注销时，必须要以书面凭证为依据，并在总账中予以注销。

3. 保管妥善是藏品管理的重要环节

藏品要有固定、专用库房，设专人管理。《博物馆藏品管理办法》中规定：藏品要有固定、专用库房，由专人管理。库房建筑和保管设备要安全、坚固、适用，并建立定期的安全检查制度。

藏品保管的主要工作是防火、防盗、防止藏品自然老化和损毁。因此，文物库房要有防火、防盗、防震、防尘、防潮、防虫、防污染等设备，还应采取安全警报、监控等措施，并对藏品及藏品保存环境进行定期检查。库房内及附近需保持整洁，严禁烟火，禁止存放易燃易爆、腐蚀性等有碍文物安全的物品。藏品库房切忌存放其他物品，更不允许存放私人物品。

藏品库房要设专人管理。藏品保管工作人员要保证相对的稳定性，这样有利于保管人员熟悉业务，管理藏品，有效地发挥藏品作用。

藏品保管要力求科学，为保证藏品安全，应按照“上轻下重、上小下大、前低后高、高卧矮立”的原则进行排架。

藏品安全管理是一项经常性的工作，主要是防火、防盗、防破坏和防人为的藏品损伤等。如通电的库房，要注意检查电闸和电源开关，如有异常应及时检修。出库时，应拉断库房电源开关和电闸。库区内严禁吸烟，并配备适量的灭火设备。

藏品库房钥匙应由保管部或设立专门机构统一管理，保管员进库时按规定领取，用完及时归还，不允许将库房钥匙带出馆外。

保管员应当定期打扫库房卫生，保持库内清洁。另外，保管员要仔细填写库房日志，库房日志中要记录进出库房人员的姓名、进出库的时间、事由，库内温湿度情况等。保管员要严格遵守文物安全操作规范和各项制度，妥善保管藏品。

（二）藏品科学管理流程

博物馆藏品管理流程大致可分为：接收、保管、提用与外借、统计、注销等。在日常工作中，保管人员涉及较多的主要是藏品的接收、保管、提用与外借等流程。

现就笔者在首都博物馆调研时观摩学习的藏品接收基本流程，结合本馆工作实践作以下梳理。

博物馆征集的藏品入库时，应在征集部门获得领导批准后，由征集部门和保管部总账管理员共同完成藏品移交工作。征集部门根据征集的原始资料记录建立相应的征集原始账目，并将征集的藏品放在征集部门临时库房中，将征集账、物一同移交给总账管理人员。总账管理人员要录入原始基本的数据信息，完成账目抄写工作，然后填写入库凭证，并完成分类登记账，再由总账管理员将移交文物和分类登记单复写第一联移交给各分库房保管员。藏品移交入库时，库房保管员要验收，如发现问题，由总账管理人员订正分类保管登记单。总账管理人员在“移交人”处签字，保管员在“保管人”处签字，保管部负责人、分馆领导逐级签字确认后，藏品最终移交到文物库房。

藏品移交到文物库房后，保管员就需要负责一系列的保管工作，具体内容有入库排架、编目、保管、养护、照相、提修、观摩、展览提用、文物研究等。

（三）藏品的科学保护工作

藏品保护工作主要有两个方面，一是藏品的安全保护，即建立健全各项规章制度，完备安全措施，加强防火防盗等安全管理，做好藏品出入库、提用等安全工作。二是利用科学技术保护藏品。

藏品保存的环境因素，影响着藏品质量。维持有益于藏品并相对稳定的保存环境，可以阻止或延缓其自然损坏。影响藏品质量的环境因素主要有环境气候、空气污染、光线辐射、昆虫危害、微生物繁殖等。

为了更好地保护各类藏品，需要创造良好的保管条件，防止藏品遭受损坏。

文物库房的温度和相对湿度，是衡量文物库房环境气候的主要指标，对藏品有很大影响。温度和湿度变化剧烈，会破坏藏品内部平衡，导致损坏，如纸质品变脆、发黄，漆器干裂，翘曲，等等。

目前认为比较适宜的库房内温、湿度的范围是：温度15℃—18℃，相对湿度55%—65%。一般气温日变化不高于2℃—5℃，相对湿度波动不能大于5%。不同质地的藏品，其适宜的温度和相对湿度条件不尽相同。例如木质、漆器类藏品库房的相对湿度是55%—65%，纸质类、织绣类藏品库房相对湿度是50%—55%，收藏书画、文献、古籍和纺织品的库房，室温应控制在16℃—18℃，等等。博物馆在藏品保管和陈列时应尽量为藏品创造最佳的保存环境，如安装恒温、恒湿的空气调节系统，保证藏品库房室内温度、相对湿度，恒定在标准范围之内；使用加湿机、除湿机等调控设备。

空气中的污染物、灰尘也对藏品有危害。二氧化硫可使金属锈蚀，丝织品、纸质品酥碎，绘画变色等。氯化物可使纸张、皮革的纤维断裂，有色材料变色、褪色等。灰尘中的微生物会造成藏品的霉变和虫蛀。因此，藏品库房要保持环境清洁，进行防尘处理，藏品库房可以通过安装空气过滤设备、门窗加密封条、采用防尘材料等办法，防止有害物质污染藏品库房环境。

光线中的紫外线和红外线对藏品的危害较大，紫外线通过光解作用和光氧化作用破坏藏品的结构和成分，使藏品失去光泽、褪色或变色，机械强度降低、变脆或断裂。由此可见，应当避免阳光直射藏品，同时库房内的光线要柔和，光线要与藏品保持一定距离。对于有机质地的光敏性藏品应当封闭贮藏，将藏品放在柜、箱、囊匣中避光保存。

三　藏品管理工作存在问题及改进措施

（一）改善藏品保存环境，加强日常保护工作

目前中国许多博物馆，尤其是基层博物馆保管条件都比较落后，基础设施有待改善。笔者工作的博物馆是古建类博物馆，由于古建筑的特殊环境特点以及文物保护的特殊要求，受使用情况的限制，存在着库房面积不足、设备陈旧等问题。目前部分文物的保存环境未能达到标准要求，库房缺少恒温、恒湿的空气调控设备，虽然部分库房安装了空调，但每间库房在无人工作时需要断电，空调不能使用，难以解决根本问题。季节变化时温湿度变化较大，不利于藏品有效保护，一些藏品褪色、断裂、生虫。因此，博物馆需要加大资金投入，改善库房保存环境，更换陈旧的库房设备，增加现代化的保护措施，使用科技设备和科学方法加强博物馆藏品的管理工作。

（二）完善规章制度，建立科学的藏品管理体系

博物馆藏品管理工作中规范化程度不够，各项规章制度有待完善，并需要博物馆工作人员严格遵行。目前，许多博物馆受一些客观原因的限制，造成基础工作不能严格按照藏品管理办法操作，比如，文物账本和保管文物由同一人负责；保管部工作人员发生变动后，缺乏交接手续和文字资料；藏品管理不完善，缺乏原始资料，难以科学记录藏品档案；有些藏品在入库时基础性工作不完善，影响后续工作，等等。如果藏品保管人员在工作中不能按照保管制度和管理流程进行操作，一是容易造成藏品信息采集不完整；二是给藏品的安全与保护带来隐患。基础工作不牢固，就更谈不上对藏品的研究和利用。只有严格执行各项保管制度，才能确保各项工作科学有序、有条不紊地进行。所以，博物馆不仅要有健全的规章制度，还应该建立科学的、规范的藏品管理工作体系。

（三）培养复合型人才，适应博物馆发展需要

当前藏品管理中，专业人才较为缺乏，即使是专业人员，一般也是考古、历史、文博专业的业务人员，保管人员知识结构单一。在平时工作中疏于对相关人员业务能力的培养，业务素质有待提高。受传统观念的影响，保管人员仅以“保管文物”为职责，在学术研究中发挥作用不够积极。

随着博物馆事业的发展，单一的“保管员”观念已经不能适应时代的需要。保管部需要培养具有扎实的专业知识，高度的敬业精神，能认真做好基础工作，同时还要有一定的研究能力，能进行藏品研究的高素质人才。另外，新时期博物馆的藏品管理工作也涉及了许多其他学科的先进科技和专业技能，如文物修复、计算机、摄影、数据库等技术，这些也都成为保管工作人员所需要掌握的能力，特别是中小博物馆保管人员编制有限，专业人员不足，培养一专多能的复合型人才非常必要。在工作中，可以通过举办专题讲座，参加业务培训等多种渠道，培养复合型人才，适应博物馆发展的需要。

四　藏品保护为主，合理利用

藏品是博物馆业务活动的基础，对藏品的保护格外重要，但是在做好藏品保护的基础上，如何合理利用藏品，充分挖掘其珍贵的文化价值、历史价值，为宣传教育和科学研究等社会公共文化事业服务，才是藏品保护的根本目的，也是博物馆服务社会功能的体现。

藏品管理如果只是强调保护，不重视藏品的利用，那么大多数的藏品都无法实现其本身价值，但是藏品价值的利用，首先要建立在保护的基础上，要坚持保护为主，合理利用的原则。同时也要认识到藏品的合理利用也会促进藏品更好地得到保护。

（一）举办专题展览，提高藏品利用率

陈列展览是博物馆进行直观教育、传播文化信息和提供审美欣赏，实现其社会功能的有效途径。目前，中国许多博物馆，特别是中小型博物馆，受到展陈条件和展厅面积的限制，基本陈列更换的周期长，展出藏品数量少，大量的藏品保存在库房中无法与观众见面。针对这一现象，可以通过举办各类专题展览和临展，以及举办巡展和联合办展等方式，提高藏品的利用率和馆际之间的交流合作。

（二）加强藏品研究，建立藏品信息库

传统的藏品研究往往限于藏品的名称、时代、质地、工艺等基本属性，从发展的角度看，现在的藏品管理工作不仅仅是对藏品的保护、藏品账目、藏品库房的管理。随着博物馆事业和信息化技术的发展，许多博物馆都开始采用数字技术管理藏品，引发了博物馆工作者对“藏品信息”的新思索。藏品信息包括藏品基本信息，以及关系到藏品安全保存、传视情况、研究文献、影音记录等各方面信息。

“博物馆资源数字化的内容包括两个层次，一是博物馆藏品的基本信息，包括藏品名称、时代、类别、计件、规格和影像资料等作为基础档案资料的信息，以及博物馆对藏品施以保护、管理、利用活动的信息，如入藏、修复、展览、科研、宣传等内容；二是基于对藏品及相关资源的研究而开展数据积聚与加工形成的信息，如反应藏品内涵的专题片、动漫作品、游戏、娱乐产品等。”①

综上所述，想要达到以上藏品数字化管理，必须加强对藏品的研究工作，更广泛、更深入地挖掘藏品包含的信息，完成藏品的数字化处理。实行藏品管理数字化后，对于一般藏品的研究可以不再进行反复的实物提取，还可以快速、安全地完成藏品出入库程序，保障了藏品的安全利用。在藏品信息管理系统中，设置藏品提用记录、展览情况、研究文献、音像记录等查阅链接，将对提高藏品管理的工作效率有重大意义。

（三）强化馆校合作，发挥教育职能

收藏、研究、教育，是博物馆的基本功能。博物馆作为宣传教育机构，其实物性是博物馆区别于其他文化教育机构的根本特性。利用博物馆的藏品资源，通过各种方式为社会教育和有关科学研究服务是博物馆根本任务。

博物馆中收藏和保存了大量的实物资料，利用藏品实施教学，相比于校内的课堂教学更为直观生动，效果更为显著。因此，博物馆应该充分发挥教育职能作用，切实加强与学校、学生的和合作与联系，通过有效的教育活动，传播科学文化知识，开展爱国主义教育。

博物馆要充分利用自身优势，探索形式多样、生动有趣的教育方式，可以通过组织学生参观展览、举办专题讲座、开展互动体验课程和特色主题活动等教育手段，加强博物馆教育与学校教育的课程连接，促使“走向博物馆”成为现代教育的趋势，真正发挥博物馆藏品的教育价值。

结　语

博物馆是文物和标本的主要收藏机构、宣传教育机构和科学研究机构，是

① 金瑞国：《试论我国博物馆资源的数字化开发与共享——部分以“文物调查及数据库管理系统建设项目”为例》，《数字博物馆的生命力》，中国传媒大学出版社 2007 年版，第 156 页。

我国社会主义科学文化事业的重要组成部分。博物馆的各项社会职能都是依靠对藏品和其相关资源的研究和利用实现的。加强对博物馆藏品的保护力度、建立科学的藏品管理体系，充分挖掘藏品的价值，准确理解藏品与博物馆职能的关系，才能充分发挥博物馆的社会效益，更好地为社会公众服务。

参考文献

［1］王宏钧主编：《中国博物馆学基础》，上海古籍出版社 2001 年版。

［2］宋向光：《物与识——当代中国博物馆理论与实践辨析》，科学出版社 2009 年版。

［3］单霁翔：《加强博物馆藏品保护的思考》，《文物春秋》2013 年第 2 期。

［4］李文琪：《对藏品及藏品保管工作的再思考》，《中国博物馆》2013 年第 1 期。

［5］石银花：《浅谈博物馆藏品保管》，《春草集——吉林省博物馆协会第一届学术研讨会论文集》，吉林人民出版社 2011 年版。

［6］滕瑜华：《浅谈民俗文物藏品的保护和利用》，《中南民族大学学报》2006 年第 6 期。

［7］修东：《博物馆文物藏品的保护和利用》，《遗产与保护研究》2017 年第 5 期。

基于协同教学理论的馆校合作实践探索

——以广州博物馆为例

林　晖*

摘要： 中国博物馆事业正处于蓬勃发展的黄金期，随着全国及各地方博物馆法规性文件的相继出台，博物馆与学校资源共享，共同为学生构筑立体的教育网络，拆除博物馆与学校之间的“墙”正成为博物馆和学校教育从业人员所一同努力的目标。馆校合作是实现博物馆教育资源公共价值的重要途径，本文基于协同教学理论，结合以广州博物馆为例的馆校合作探索实例，由此探讨馆校协同教学实践开展的有效途径和方法。

关键词： 协同教学　馆校合作

据最新统计，截至2016年年底，中国备案博物馆达4873家，其中国有博物馆3576家，非国有博物馆1297家，举办展览超过3万次，实施专项教育活动约11万次，参观人数约9亿人次。这一系列的数据说明中国博物馆事业正迎来发展的春天，博物馆也正逐步成为人们日常出行参观和学习场地的新选择。作为博物馆重要职能之一的教育功能，越来越受到关注和重视。

近年来，国家文物局、教育局等相关职能部门相继出台法规条例，指导促进博物馆与学校资源融合发展。2015年3月20日，我国博物馆行业第一个全国性法规文件《博物馆条例》正式施行，对博物馆的“三大目的”做了序次调整，其中“教育”被提至首位。并且第三十五条提到了鼓励学校利用博物馆资源，

* 林晖，广州博物馆馆员。

以此对教育行政部门、学校和博物馆都提出了相应的要求。2015 年 6 月，国家文物局、教育局发布《加强文教结合，完善博物馆清少年教育功能的指导意见》，旨在加强博物馆与学校的联系，完善博物馆的教育职能。文件中明确提出了博物馆开发教育项目、建设教育资源库、实施流动教育项目等七项任务。[①]

在国家推出一连串的举措之后，全国各地也纷纷响应，在法律层面或者组织协作方面，都推出了不少新举措。2017 年 12 月 1 日，历时近两年的筹备和论证，《广州市博物馆规定》正式对外颁布。这是国务院 2015 年颁布《博物馆条例》之后，全国第一部地方性博物馆专项法规。《广州市博物馆规定》第四十条提到“鼓励学校与博物馆建立合作关系，结合学校的教学计划和课程设置，利用博物馆资源开展教学、社会实践活动。学校利用博物馆资源开展教学、社会实践活动的，博物馆应当提供支持”。这为博物馆与学校建立联系提出了规范化的要求。因此，探索如何有机地结合博物馆资源和学校教学，使国家的法规政策实实在在地落地，使馆校合作的模式更有成效地运行便成为摆在博物馆与学校教育工作者面前亟待解决的问题。

一 馆校合作的研究及实践探索

博物馆教育是社会教育中的主要组成部分，它与学校的基础教育存在着很大的不同。两者具有完全不同的体系、不同的模式、不同的评价标准、不同的教学方法。博物馆教育的很多方法，像实物教学、情景教学、体验互动的教学方式都是学校课堂中很难做到的。[②] 然而无论是博物馆教育还是学校教育，目标都是促进个体素养的全面发展，并且两者在个体教育的过程中，可以互为促进和补充。自从 20 世纪以来，馆校合作便是博物馆教育方面热度未减的重要议题。

廖敦如认为馆校合作是指博物馆和学校因为学生教育的需要而建立的一种合作教学关系。它是一种长期性的互动，彼此有共同承诺及共同目标，在活动过程中能在行为目标上相互配合。[③] 关于馆校合作，欧美国家已经积累了相当不错的经验，例如美国科技博物馆依据国家科学教育标准，主动配合学校的科学教育改革，其教育项目通常可分为场馆教育（field trip）、到校服务（outreach）、

① 许超琪：《博物馆教育：未来教育的重要基地》，《开放学习研究》2016 年第 6 期。

② 黄琛：《博物馆教育如何开展：中国国家博物馆青少年融合发展模式研究》，《美术报》2017 年 4 月 29 日第 17 版。

③ 廖敦如：《我的教室在博物馆：英美“馆校合作”推展及其对我国的启示》，《博物馆学季刊》2005 年第 1 期。

博物馆学校（museum school）及教师职业发展四种类别。中国台湾地区学者刘婉珍则是按主导方的不同，将“馆校合作”的成熟形态分为六种模式：即提供者与接受者模式、博物馆主导的互动模式、学校主导的互动模式、社区博物馆学校模式、博物馆附属学校模式、第三方机构主导模式。

馆校合作项目如今已经成为全国博物馆教育的进行时，北京、上海、浙江、重庆、广东等多个省市都在开展这方面的探索。2012 年，国家博物馆与史家小学就博物馆资源优势促进学校教育的方面开始了一年的合作尝试，取得良好的反响。同年，国家博物馆与所在东城区教委深度合作，进一步深化博物馆课程的合作开发。2015 年由国家博物馆和史家小学组织专业人员共同开发的《中华传统文化——博物馆综合实践课程》，是专为小学三年级至六年级开设的博物馆综合实践性课程。课程内容分“说文解字”“美食美器”“服饰礼仪”“音乐辞戏”四大主题，共计 32 组教学单元，136 课时教学内容。[①] 拥有 100 多家博物馆的上海，同样也有不少新举措。早在 2015 年，上海市教委启动“馆校合作”项目，在其推动下，陆续有一批博物馆、科学馆加入此项目，两年多的时间，浦东区已有 40 多家中小学把课堂转移到博物馆，寓教于“馆”的浸润式教学让师生们收获满满。在上海市教委抛出“馆校合作”橄榄枝的同时，博物馆界也作出积极回应。2016 年 5 月国际博物馆日期间，“上海博物馆教育联盟”在上海成立，成员有上海市、区的博物馆单位、上海市青少年学生校外活动联系会议办公室等，联盟的建立为整合各博物馆间教育资源，促进馆校之间的联动搭建了良好的平台。作为两个组织的共同成员，中国航海博物馆开展的馆校合作项目，至 2017 年已形成 5 个相对成熟的子项目，分别是馆校课程开发、博老师研习会、微课题研究员、科学诠释者、文化服务包。其中“科学诠释者”和“微课题研究员”项目面向全市中小学生暑期招募，“科学诠释者”主要面向小学五年级至高中二年级的学生，项目包括博物馆参观、培训、实操、评定等 6 次活动；“微课题研究员”面向小学五年级至高中生进行公开招募，由中小学老师、博物馆业务骨干等担任指导老师，指导学生全程参与微课题的研究，最终以研究论文和观察报告的形式结题。项目实施之后，还有专家评审对项目进行成果评估和展示。

虽然不少博物馆在馆校合作方面都进行了不同程度的探索，也有一些特色的做法。但从国内博物馆的实操案例来看，实操过程中引入教育学、系统学等其他学科理论，并探讨实施过程这些理论的使用及效果为数不多。为了更好地

---

① 黄琛：《不忘初心　思虑前行——谈国家博物馆馆校资源融合模式》，陕西新华出版传媒集团、三秦出版社 2017 年版，第 36—41 页。

实现馆校合作，需要找到一种科学、便捷、可行的合作模式，指导双方顺利推进工作，在实施环节中，尝试引入其他学科理论让博物馆与学校两个不同系统融合和运转更加科学、合理是值得探讨的领域。为此本文将在馆校合作实例的基础上，结合协同教学的理论以及现有的馆校协同教学的理论模型，进一步探讨构建和优化博物馆语境下馆校协同教学模型。

二　协同教学的内涵和发展

协同教学所依据的协同理论，也称协同学，是由原联邦德国斯图加特大学教授、著名物理学家哈肯于1974年提出。该理论认为在一个完整的系统中，在特定的条件下，子系统之间通过非线性的相互作用可以产生协同现象和想干效应，使系统成为具备功能的组织性结构，达到新的有序状态。将协同理论引入到学校教学上，进而形成了协同教学。协同教学（Team Teaching），一般是指两个或两个以上的教师共同对同一学生群体的教学负责。其旨在打破个人与学科疆界，协同各学科所开展的教学研究，优化教学的过程。可见，协同教学是协同理论在某一特定领域应用的“操作图式”，是基于协同理论的特殊设计。

协同教学并非指单一的一种教学模式，而是一个教学策略系列，由此可以产生众多的模式。国外对于协同教学的实践经验来看，协同教学在实施过程中形式可以相对灵活。主要有以下形式。

（1）两个或更多的教师在同一时间教同一班级的学生。

（2）教师通过交流沟通分享观点和资源，但一般独立实施教学。

（3）教师团队共同负责一组学生，共同计划教学，但不同成员分别教不同的子群体。

（4）一个个体开发规划教学活动，为教师团队的不同成员所用。

（5）教师团队共同制定计划，但每个教师负责自己的专业或技能领域。

（6）团队为学生群体开发、设计教学资源材料，可能在也可能不在课堂情景中教学。①

由此可见，协同教学在此之前大多数情况下是用于同一单位内部或者同一行业之间教育人员的协作教学。但是如果将协同教学放在馆校合作的范畴，教师团队是来自于场馆和学校双方的教育人员，且场馆和学校是存在着众多差异的不同组织体系。为了使馆校合作的范畴特殊性融入协同理论的共有原理，王

① 王少非：《协同教学：模式与策略》，《外国中小学教育》2005年第3期。

乐通过引入一般学习结果理论（Generic Learning Outcomes），即所有场馆学习可能结果的五个方面：知识与理解，技能，态度与价值观，娱乐性、启发性和创新性，以及活动、行动与成长，将学校和场馆教学连接起来，利用协同理论将系统内的各参量进行了结构化处理，构建特殊“操作图式”的馆校协同教学模型①，如图1所示。

图1　馆校协同教学模型

图1模型中所指的场馆，不仅包括科技馆、天文馆、自然博物馆等室内封闭场所，也包括动物园、植物园等与科学教育相关的室外半封闭场所。② 博物馆是场馆中的一类，而在博物馆中进行的学习是属于场馆学习的一种形式。

本文根据图1所示模型的相关要素，结合博物馆和学校的相关实际情况，梳理得出博物馆语境下实施馆校协同教学的实操模型（如图2所示）。在馆校合作协同教学的大系统中，博物馆资源与学校资源是属于其中的两大主要的子系统，而两者又在各自的系统中遵循着一定的运行规律。图2为博物馆语境下的馆校协同教学模型所示，展品是博物馆资源的重要基础，展览、活动等都是围绕着博物馆展品所作的延伸和拓展，展品的类型、体积、材质等都决定了视觉空间的营造，而活动与空间是博物馆教育资源中相互制约、相互影响的一组关系。当然它也是影响博物馆教育行为发生的两个重要因素。博物馆教育行为的实施主体为博物馆教育人员，也是博物馆资源的一部分（见图2“博物馆资源”所示）。学校资源的部分，关联课程决定了参与主体的认识程度以及实施教学的教学方法，两者同样是相互制约、相互影响。而两者又与促进学生的全面发展这一学校教学的终极目标息息相关。在学校，教师是实施教育的主体（见图2“学校资源”所示）。上述的博物馆与学校两个子系统

① 王乐：《馆校协同教学：馆校合作教学模式的理论探索》，《开放学习研究》2017年第5期。

② 伍新春、曾筝、谢娟等：《场馆科学学习：本质特征与影响因素》，《北京师范大学学报》（社会科学版）2005年第5期。

应在“GLO理论”指导下实现连通和互动，为此本文在实操模型中通过建立馆校协同教学小组来实现。

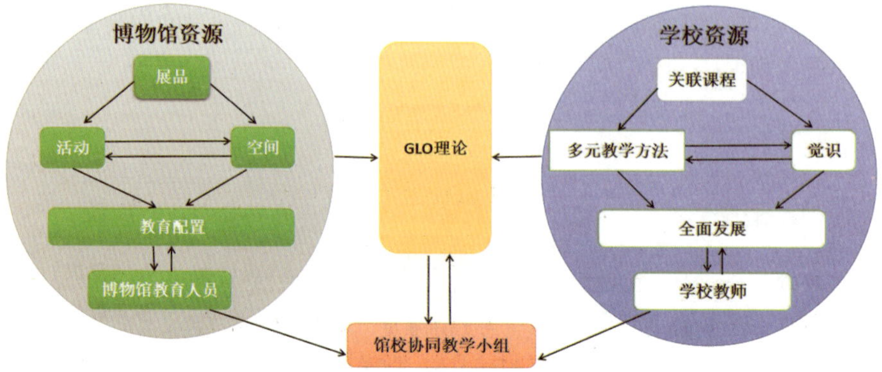

图2　博物馆语境下的馆校协同教学模型

三　广州博物馆馆校合作实践探索实例

2016年广州博物馆联手百年名校——广东实验中学，开设了《广府文化专题课程》。本课程被纳入该校2016学年度高一校本课程的特色选修课。修满课时的学生即可获得2个学分，并计入高中三年学业总成绩中。校本课程源自于20世纪70年代的英、美等发达国家。它是指以学校为本位，由学校自己确定的课程，与国家课程、地方课程相对应。随着中国新课改的推进，课程多样化的趋势进一步加快，校本课程被引入国内，成为新课改的重点。①

现在，广州地区的大部分中小学校都陆续开展了校本课程的研发和实践。校本课程的设计一般要以学生的需求为前提，内容选取上偏重学生所在地的自然条件、人文历史、民俗风情等方面，博物馆对于学校而言，无疑是满足教学需求的“一本生动的活教材”。因此，馆校合作在目前校本课程普遍实行的情况下具有重要的意义。广州博物馆与广东实验中学双方依据博物馆语境下的馆校协同教学模型为指导，主要通过下面四个步骤实施《广府文化专题课程》。

1. 馆校协同教学小组的组建

依据图2博物馆语境下的馆校协同教学模型，首先组建了馆校协同教学小组，教学人员由学校教师与博物馆教育人员共同对一个学生群体的教学负责，

① 黄斌：《浅谈校本课程的教学实施与考评：以〈历史与旅游〉校本课程为例》，《教育教学论坛》2017年第26期。

以学科分组，每组由一至两个学科教师带队，加上博物馆指派相关教育人员加入教学组，共同参与学生教学，完成既定的教学目标。

《广府文化专题课程》为历史科的一个选修课程，因此学校方成员为历史科的骨干教师，而广州博物馆则派出3位专职的教育人员组成该课程的协同教学小组。课程的编写由小组的双方代表讨论完成，制定课程的学期计划和课程表。课程的授课频率是一周一次，每次为两节课的课时。

2. 关联课程编写

课程主题：《广府文化专题课程》。广府文化是两千多年岭南文化的本源，也是中华文明重要的一脉。作为新广州抑或是老广州的新生代，通过专题课程的学习，可以使其加深了解和认识广府文化，达到弘扬优秀传统文化，培养学生文化自信的目标。

课程内容：根据广州博物馆馆藏特色资源，紧紧围绕广府文化的主题，以清代广州外销艺术品为实物载体，串联还原广州作为海上丝绸之路重要港口以及岭南文化发源地的地域文化特色。课程下设外销通草画和纹章瓷两个专题。

3. 组织实施

依据模型的有关因素，博物馆方面首先对展品进行系统梳理和特色提炼，对应学校的教学需要设计了关联课程。接着结合博物馆现有的教育空间及活动，基于博物馆教育具有的情境性、自主选择性、主动探究性及结果输出的多元性四个特点，设计了博物馆参观、探访非遗工作室、手工制作体验、历史研学课堂等多元教学方法。[①] 尤其其中学习外销通草画专题时，学生们探访了苏昕通草画非遗工作室，现场观摩通脱木种植、通草纸张切割、通草画绘制并体验绘制通草画。所有的这些设计和教学都以知识和技能的教育为支撑，以价值观教育为终极目标的教育，与"GLO 理论"相契合。

4. 评价结果

经过一个学期12周课程共计24课时的学习，课程圆满结束并取得良好的反响。课程的结束则以开放式的问卷调查和师生发表感言作结。这也是这次馆校协同教学合作的一次大胆的创新和尝试。参照图2模型的"GLO 学习结果理论"提出的五个方面，课程输出结果的检验更允许多元化，不再是单一的、教条的试卷和评分，而是通过学生与教育人员的对话来感知学习过程的自然而然、轻松有趣。另外，问卷调查的发放和回收，可以检阅课程的实施，指导今后的博物馆课程。

---

① 李小红、姜晓慧等：《场馆教育：指向学习者综合素质的提升》，《中小学管理》2017年第7期。

四　有关馆校合作实践的启发和思考

通过广州博物馆与广东实验中学开设的《广府文化专题课程》，馆校协同教学理论和模型得到了一定程度的检验，同时在实践过程中，也引发对协同教学理论指导下馆校合作的一些启发和思考。如图 3 所示，通过对馆校合作大系统内各子系统序参量的研究发现，博物馆资源及学校资源各层级序参量的分布，两个子系统间存在着相对应的联系，在此基础上我们进一步完善了博物馆语境下的馆校协同教学模型以供今后参考改进之用。

1. 课程输送

基于图 2 模型所示，博物馆课程的设计，是博物馆资源及学校资源两个子系统协同运作的结果，首先根据博物馆资源设计与学校课程相关联的特色课程。在设计课程之前，要求博物馆教育人员必须对馆藏资源和特色进行全面系统的梳理，提炼主线，设计不同专题的课程框架。之后通过“相关性”的原则，将博物馆课程与学校课程的内容进行有效对接，互为补充。另外，课程制定过程中学校和博物馆沟通和交流必不可少，包括学校向博物馆陈述自己的需求，同时博物馆阐明自己的期望等，从而明确双方的“需求与供给”，实施“需求对接机制”。展品和关联课程分别作为基础，决定各自子系统运行的关键因素（见图 3“虚线一”所示）。

2. 外借资源包

博物馆是通过大量的实物展示人类文化的场所，使得博物馆教育往往也是围绕着“物”来进行的。虽然，近年来博物馆与学校的合作无论在广度或者深度上已经有了很大的突破，其中学生实地考察还是馆校合作最为常见的形式。这种形式就决定了博物馆资源的利用会因诸多的客观因素影响而远远未能达到预期。对此有专家学者提出博物馆要将服务的输出突破现有的时间（开闭馆时间）和空间（实体博物馆面积）限制，进行教育资源的合理配置和部分配送。[①] 于是便有了博物馆资源整体打包，对外输送到有需要的学校或是单位，即外借资源包的产生。

基于图 2 模型的实践过程中发现，博物馆教育与学校教育形式上最大的区别，在于博物馆的“物”，即是展品。除了可以带给学生直观印象的展品复制品之外，现在因为新媒体等科技手段、方法的引入，国内很多博物馆都已投入并

① 郑奕：《馆校合作：即使有好的初衷，也可能以失败告终》，《光明日报》，2018 年 4 月 7 日第 8 版。

建立了网上虚拟博物馆、数字化商城等。这些都是可以作为博物馆教学辅助的教具存在。因此博物馆资源展品对应的元素引入新的参量“教具”，可以进一步细化和丰富系统。其分别也对活动、空间产生影响并共同作用教育配置。如图3模型中活动、教具、空间作为展品的第二层级因素与学校实施教学的方法、学生的认知程度的因素息息相关（见图3“虚线二”所示）。基于此，外借资源包的构成可以设定为活动、教具和空间三个主要类型，具体表现方式为重要展品的模型或复制件、展厅及展品3D数据库、学习单、互动游戏等。资源包的引入，可在很大程度上改变课程单一的教学方法，打开学生学习的新视角。

3. 双方人员培训

正如图2模型中所示，馆校协同教学小组是维系、协调博物馆与学校间的重要桥梁和纽带，博物馆教育人员及学校教师又都是具体实施教育行为的主体，因此，在双方人员间开展培训是必不可少的重要环节。博物馆可以通过参观考察、讲座培训、经验分享、学术研讨等多种方式，增进学校教师对于博物馆资源有更深入和全面的了解。而学校方面，也要积极创造条件，如邀请博物馆教育人员观摩学校的学科教学、教研成果分享等，让博物馆和学校双方可以保持良好的互动，并在这过程中培养学校教师担任馆校合作教学的能力。在这过程中，除了双方教育资源的共享外，还能促进教育资源的合理配置，如合作项目资金、培训资源以及实践平台等，使学生在馆校合作项目的推进中真正受益。如图3所示，教育配置处于博物馆资源中的第三层级，这部分所涉及的博物馆教育行为的资源的投入程度势必影响博物馆与学校馆校合作的最终教育目标的实现程度（见图3“虚线三”所示），即学校资源第三层级的全面发展。

4. 科学调研

馆校协同教学小组的建立，除了负责课程的具体规划、教学之外，还必须借助科学的手段对课程的实施进行监测。调研内容包括课程开展前的调研和课程实施后的调研。这也是项目的重要部分——科学调研。调研手段可以通过调查问卷、专家咨询、座谈研讨、试讲等，来修整、增强课程的针对性和可行性。《广府文化专题课程》问卷针对课程的实施效果设置，对本课程学生和老师发放，共计47份，回收40份。其中谈到最喜欢的上课形式，博物馆参观和观摩工作坊是分列第一、二位，分别有57.5%和37.5%，然而另一项问到参观博物馆频率的问题，57.5%的人是平均一年一次，可见，如何吸引学生观众并让博物馆参观成为其日常的习惯是做好馆校合作的首要基础。此外是关于博物馆专业人员与学校老师不同之处，有85%的人认为博物馆专业人员会结合馆藏实物和图片资料，让讲课内容更加丰富生动，75%的人则更看重博物馆人员的专业性和知识储备。最后问到关于选修本课程收获如何的问题时，97.5%的人选择了非常大或者比较大。由此可见，对于博物馆课程，学生普遍持欢迎的态度；但对于博物馆教育人员以及馆校合作的授课形式也提出了相应的要求。

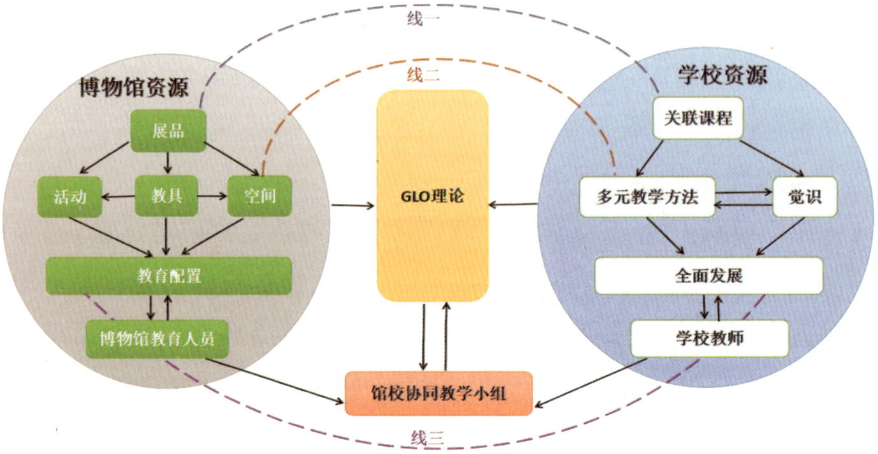

图3　优化的博物馆语境下的馆校协同教学模型

广州博物馆与广东实验中学开设的《广府文化专题课程》可以说是馆校合作方面进行的重要尝试，通过协同教学理论以及馆校协同教学模型等科学手段的引入和指导，进而探索和思考博物馆与学校两者间达到互通有无、合作共赢的运作模式，实现博物馆教育资源输出最大化并最终惠及广大师生。

略论中华节俗文化中的革新精神

赵　书*

摘要：中华节俗文化的革新精神主要反映在四个方面："二十四节气"是对天文学的伟大发现、阴阳历结合的"农历"是对历法的伟大发明、"年禧"日期的确定是中华民族的伟大选择、生肖文化是对时序排列的伟大创造。这四点成就，彰显了中华行为文化在节俗方面的革新精神，抒发了中华民族的浪漫情怀，表现了中华民族对事物的科学态度。中华节俗文化具有悠久的历史，是在不断革故鼎新，不断汲取各方营养中形成和不断丰富发展的。中华节俗文化发展的历史，就是中华民族彰显在革新中迸发前进力量的历史。

关键词：节俗　发现　发明　创造　革新

中华民族是一个崇尚革新精神的民族，尊重自然规律，讲究天人合一，综合协调，平衡有序地推动历史前进。尊重历史，崇尚革新，使中华民族在发展器物文化、制度文化、观念文化、行为文化方面不断在求得和合境界中取得新的发现、新的发明、新的创造、新的进步，从而为人类文明做出了自己的独特贡献。节俗文化是行为文化重要组成内容，是中华传统文化中最鲜活，最直接，最有人民性，影响最广泛，最具影响力的精神文明宝库。节俗文化是中华民族文化身份的重要标识，积淀着中华民族祖先的文化创造和生活智慧。节庆民俗

---

* 赵书，中国民间文艺家协会顾问、北京市名城保护委员会专家团成员，北京市文史研究馆馆员。

作为一种文化生活秩序，是一种由人身体携带的行为文化，是人们共同心理素质的展现。节俗文化的特点是不怕重复、发自内心、公众行为。中华节俗文化的革新精神主要反映在四个方面："二十四节气"是对天文学的伟大发现、阴阳历结合的"农历"是对历法的伟大发明、"年禧"日期是中华民族的伟大选择、生肖文化是对时序排列的伟大创造。这四点成就，彰显了中华行为文化在节俗方面的革新精神，抒发了中华民族的浪漫情怀，表现了中华民族对事物的科学态度。中华节俗文化具有悠久的历史，是在不断革故鼎新，不断汲取各方营养中形成和不断丰富发展的。中华节俗文化发展的历史，就是中华民族彰显在革新中迸发前进力量的历史。

一 "二十四节气"是中华民族祖先对天文规律的伟大发现

谈中华的节俗文化，首先要谈建立在严谨科学研究基础上的二十四节气，这是指导我们祖先农业生产和日常生活时序安排的特殊历法，"二十四节气"是中华民族对天文学的伟大发现。恩格斯在《自然辩证法》中指出："事实上，首先是天文学，游牧民族和农业民族为了定季节，就已经绝对需要它。"中国远在一万年前就发明了农业，到了新石器时代中期晚期又出现了南稻北粟的分野。农业生产季节性很强，必须有一定的天文历法知识，才能适时农作物的播种、管理、收获、收藏。中国在商周时期，就知道了一年内昼夜长短和正午太阳高度的变化。春秋时期就已经利用土圭测量日影长短的变化，从而有了"二分"（春分、秋分），"二至"（夏至、冬至）的概念，"二分"的时候白天和夜晚时间同样长短，"二至"的时候夏至时太阳的影子最短，白天的时间最长；冬至的时候太阳影子最长，日照的时间最短。到了战国时期，又增加了"四立"：立春、立夏、立秋、立冬。加上原来发现的"二分二至"共计八个节气。掌握了这八个节气，就掌握了农业和采摘的农时。要掌握农业生产时间安排规律，既需知道一年十二个月的季节变化，还需知道自己所在地的空间位置。从民族学的资料中发现，中国远古人类在"古国时期"就知道了太阳升起的方向是东、落日的方向是西，后来又根据四季太阳悬空的位置，确定了南北方向，使居住地方均选择"坐北朝南"的向阳地方。翻开中华民族时间生活的历史，每一代均有对天文学的新发现；每一代均有对观测到的天文规律的总结；每一代均有对自己时间生活安排的措施，不断革新，不断丰富，使我们民族的时间生活丰富多彩，与时俱进，充满活力。"二十四节气"作为一种文化载体，包括了天文、气象、农事、物候、谚语及不同节气期间的生产、生活、保健、娱乐、社交等活动，是一种百科全书式的“生活历”，随着时代的科技进步，显示出越来越强的生命力。

中国现在是世界上对太空以至宇宙进行探测和研究较深入的国家之一，2016 年建成的 500 米口径球面望远镜，与古代用土圭观测日影变化一脉相承，是中国对天文观测科学活动的延续，历史上中国就是最早观测天文和应用物候的国家之一。从民族学资料看，原始人已经掌握不少物候知识，以便指导自己的生产活动。《诗经》：“四月秀罗，五月鸣绸”“八月剥灾，十月获稻”。战国末期《吕氏春秋》中已明确提到冬至、夏至、春分、秋分四个节气。在西汉刘安组织编写的《淮南子》一书里有完整的“二十四节气”记载，并详细地介绍了节气推算的方法和节气的有关内容，论述了天地日月、风雨雷电自然现象的生成，以及对人类和社会生活秩序与农业生产的影响。在西汉时期物候专著《夏小正》中，详细地记录了物候、气象、天象和农事活动。这是我国最早记录节气以及物候变化的里程碑式的文字，所记载的内容和观察，是“二十四节气”的基础。古人以五日为候，三候为气，六气为时，四时为岁，每岁有“二十四节气，七十二候应”。揭示了气候的实质是地球与太阳的相互运动，以及农业生产实践过程中物候与气象的有机组合。“二十四节气”的名称以不耽误农事为目的，是标准的农业社会立法，所以古代与适时历法相比，又称“农历”。这种认识比西方观测气象要早 500 年。[①] 陶寺古观象台形成于公元前 2100 年的原始社会末期，比目前世界上公认的英国巨石阵观测台（公元前 1680 年）还早 500 年。“二十四节气”歌诀深入人心：

春雨惊春清谷天，夏满芒夏暑相连，
秋处露秋寒霜降，冬雪雪冬小大寒。

这四句话对黄河流域的气候变化作了准确而生动的概括，有力地指导了古代的农业生产，在世界上被誉为“中国的第五大发明”。2016 年，“二十四节气”被联合国教科文组织列入人类非物质文化遗产名录，它不仅是具有行为文化意味，具有民俗性质的文化遗产，还是中华民族的祖先历经几千年的农业生产实践创造出来的宝贵科学遗产。

如果把二十四节气进一步分类，可分为四种类型。

① 袁于飞：《“二十四节气”的科学价值》，《光明日报》2016 年 12 月 5 日第 6 版。

一种是反映寒来暑往天文变化的，如立春、春分、立夏、夏至、立秋、秋分、立冬、冬至八个节气。

一种是反映温度升降的，有小暑、大暑、处暑、小寒和大寒五个节气。

一种是反映降雨量，有雨水、谷雨、白露、寒露、霜降、小雪、大雪七个节气。

一种是根据物候而确定农事活动的，有惊蛰、清明、小满、芒种四个节气。

“二十四节气”在生产生活中的实际应用，有效地促进了农业生产，使人们合理地安排自己的生产、生活。

节气文化没有国界，适合全球，可增强人类命运共同体的感受，通过“人类生活在同一个地球村里”的宣传，使大家对保护“地球村”生态的责任感增强。由于“二十四节气”是超越国家和民族的自然现象，所以以其为载体打造人类共同命运体的平台很容易达成共识。北京朝阳区朝外街道地处日坛公园，他们自 2007 年以来每年举办“春分朝阳”活动，这一天白昼和黑夜同样长，“环球同此凉热”，在许多国家是那吾鲁孜节，是辞旧迎新的节日，引起国际友人关注。同样，东城东四街道“立春”前一天的“喊春”，建国门街道在古观象台的“打春牛”活动，每年也吸引了大量游人观赏。

节气文化提高了民族健康水平。在养生学上已形成系列理论。在一年中，每个节气的到来，都预示着气候气温度变化，同时也暗示着物象的更新交替。“二十四节气”所反应的物候特征说明了自然界的一切生活都与节气有密切关系，于是一门关于人体的五脏六腑、七窍四肢、筋骨皮肉等组织机能活动与节气变化的养生学问应运而生。《黄帝内经、素问、四季调神大论篇》中曰：“阴阳四时者，万物之终始也，死生日之本也，逆之灾害生，从之则苛疾不起，是谓道也。”把节气变化和人体健康养生科学紧密结合，彰显了中国医学的科学性，为提高全民的健康水平做出了贡献。

节气文化促进了经济发展。据不完全统计，中国目前各种节庆活动已超一万个，北京乡镇、街道以上的节庆活动已近 300 个，几乎每天都有不同名义的节庆活动，如东城的“地坛庙会”、大兴的“西瓜节”、平谷的“桃花节”等已成北京市的文化名片，成为拉动内需和刺激消费及带动就业等方面的新兴产业。节气是“天时”，是纯粹的自然时间；节日是“人时”，是社会文化时间的选择。“清明”是节气，又是中国重要传统节日之一。“清明”兼具自然与人文两大内涵，既要礼敬祖先，慎终追远；又要亲近自然，珍重生命。把这二者有机结合，显示了中华民族的智慧。

中国有句俗语：时间最公平，对任何人都是一样的。中国时间文化博大精深，具有强大的包容性、感召力和渗透力，与各国各民族的文化有明显的相通之处，在推动“一带一路”的建议中，可发挥文化认同的作用。世界各国人民交往越广泛，节气文化在世界上文化地位就越高，它的文化魅力影响到人们对自己时序生活的安排，具有普世价值。“二十四节气”影响的提高，增强了全民族的文化自信。“二十四节气”是我们实践着的真理，不仅规范了我们的行为，而且启迪了我们的思想。①

二　阴阳合历的“农历”是中华民族的伟大发明

“历”的作用，是用来判别节候，记载时日、规定计算时间标准的。太古时之人“日出而作，日落而息”，只有一天之内的昼夜概念，无“时辰”“月份”“年度”的推算。随着人类逐渐进化，关系日益复杂，需要有一个统一的计算时间的准绳，于是把一昼夜为一天，把月亮盈亏一次为一月，一个寒暑为一年的标准，应运而生。这种计时方法就出现了两种情况：一种是“阳历”，又称太阳历，又称阳历，以地球绕行太阳一周为一年；一种是“阴历”，又称“太阴历”，是以月亮绕行地球一周为一月，又称阴历。两种历法都是围绕“年”的概念而展开的。“年”的概念在甲骨文中是用来表示谷物成熟的，在古代黄河地区，把谷物成熟一次为一年。对“年”的计算，首先说“阳历”，它是地球绕太阳转一周，为365天48分46秒。再说月亮历，又称阴历，它是月球绕地球转一周为一个月，十二个月为一年。朔望月29天12分44、3秒。一年354天，阴历最大月30天，小月29天。无论是阴历或是阳历，都是伴随着农耕社会的诞生而形成的。中国对历法的应用十分悠久，不断改革完善。相传在古国时期天皇氏制乇支，伏获氏作甲历，黄帝氏命大挠作甲子，太昊氏设历正、颛顼氏作新历、帝尧氏命羲和敬授人时，已知道每年为三百六十五天左右，以闰月定四时成岁，与近代推算回归年的时间长度大略相等。由于农业劳作对季节的特殊要求，对于“年”特别敏感。《尔雅·释天》说“载，岁也。夏曰岁、商曰祀、周曰年，唐虞曰载。”可见“年”的概念由来已久，名称的变化记载了历代对“年”的探索与革新。专家们考证，甲骨文中“年”的本意，是用来表示谷物的成熟。谷物成熟了，人们可以庆祝丰收，用祭祀仪式感谢大自然，于是出现了“腊祭”，腊祭也是人们享受农闲的季节，于是各种游乐活动应运而生。

由于朝代的更替，古代各朝为政治需要，又选择了不同岁首：夏朝的岁首

① “24节气启示我们：可持续发展要抓住‘第三只手’——生态环境”，《北京日报》2015年3月11日全国政协委员牛有成的发言。

是寅月初一，与现在农历春节择时一致。商取代夏之后，修改历法，表示鼎新，把岁向前移一个月，定为丒月初一，等于现在农历的十二月初一。周取代了商，又把“年”提前了一个月，周建子，即以现行农历的十一月初一为正月初。所以《四书、孟子》内有“七八月之间旱则苗稿矣”之句，此处所谓七八月，即现在农历的五六月。现在通行的农历所设置的新年，是与夏代所选择的时间是一致的，因此又称“夏历”。其间经过商、周、秦的三次更动，到汉武帝（公元前104年）颁布《太初历》选定了寅月初一为“元旦”，正在“立春”节气前后。由于阴历十二个月一年354天，与岁实相比较，约余十一日，积至三年，累计余三十三日，故每三年设一个闰月，但仍余三日或四日，再积二年，其余二十五日或二十六日，可置一闰月。由于“农历”与“公历”在日历上是相互游动的，所以在何年置闰月，没有一定排序，平均计算，每十九年置七闰。置闰在与二十四节气相对应时，以有节无气之月置闰，因此在农历中，有的月有两个节气，有的有月有一个节气。这样既因有“二十四节气”而不误农时，又有按朔望计月的天相显示，兼顾了阳历和阴历规律的“农历”，是中华民族顺应天时的伟大发明，是中华民族祖先勇于革新，不断把时序安排符合实际生产生活要求的体现。

严格来说，将中国“旧历”称为“农历”并不科学，因为中国古代农业生产是靠“二十四节气”来指导的。把中国传统历书称为“农历”，是习惯用语，属民俗文化现象，不是科学定义。文化是人类对自然的干预，是人类为了保护自己、发展自己、激励自己、娱乐自己的物质运动。世界上任何一种事物或景象，一旦被认可为“文化”后，就成为一定地域人群的共有财富。中国的节庆文化是以自然现象为基础的传统历法，结合人类社会发展为满足人民不断增长的物质财富和精神要求而形成的，具有极大的亲合性。中国古代春分祭日、夏至祭地、秋分祭月、冬至祭天，表示对大自然的敬畏。在漫长的岁月里，许多人文历史形成的精神要求又以各种民俗事象嵌入节庆仪式之中，形成了沁人肺腑的自觉的节俗活动：十几亿人在没有任何人的号召和组织下，春节吃饺子、正月十五吃元宵、端午吃粽子、中秋吃月饼等，这是一股多么神奇而又伟大的力量。多少美妙诗歌表述“花好月圆”的幸福感受，表达了“月圆人圆大团圆”的追求！天上的圆月引起人们无限遐想，“天人感应”，浪漫而又壮观，这是民俗心理的认同，是文化的力量！节俗文化是人类为了合理安排自己的生活时序，继承和发扬历史优良传统而形成的一种群体性的情感体验活动，从而加强集体记忆和价值观的认同。在《现代汉语词典》“我国历代纪元表”中，既列循环往复的“干支次序表”、又列历代帝王年号、又标有公元年份，充分展示了中国时间文化的丰富多彩，简单几个文字，蕴含着深厚历史文化信息，彰显着中国古代所创造的阴阳合历的“农历”的文化魅力。这种历法相传创始于夏代，所以又称夏历。也叫旧历，通称阴历，传统上称“农历”。由于中国实行的传统历法并非“阳历”，也不是“阴历”，更不是指导农业实践的“农历”，它就是显现中华革新精神、中国特有的传统历法，因此本文建议称为“中华历”，或者“中国历”。

三 “大年”定在寅月初一是对节气的伟大选择

由于在计时方面，中国经历了一个漫长的发展时间，所以中国计时方法丰富，表达时间的用语十分丰富。中国从公元前 841 年西周厉王〔姬胡〕年间开始出现干支“庚申”记年的记载，从公元前 163 年西汉文帝刘恒当政时出现了以帝王“后元”年号纪年的记载，但是根据政治需要，帝王专用年号经常有变，在唐高宗李治时代，当政三十多年，用了十四个年号。到明朝基本稳定在一帝一年号。公元 1911 年 12 月 31 日，辛亥革命后湖北军政府发《内务部关于中华民国改用阳历的通谕》，中国始用公历纪年，农历的正月初一改称“春节”。民国政府公布公历 1 月 1 日为新年，废除农历元月初一为“年”。但是，我们祖先所选定的农历正月初一在“立春”节气前后，有自然节日属性，符合人民过节的情感要求，一纸公文把公历 1 月 1 日称为“新年”的指令得不到人民的呼应。因为农历正月初一为“大年”是历代祖先对“年”的日期的伟大选择。无论农历正月一日在公元日期上怎样移动，都是在“立春”节气前后，中国的“大年”是迎接春天的节日，符合民众对“福”的期盼要求，民国政府只好将其定名“春节”，在全国人民心中，“春节”仍是“大年”，中华民族最隆重的节日。由于“春节”，时间在“立春”节气前后，有深厚的自然属性；几千年的节庆文化积淀把“一年之计在于春”的思想深扎每个中华民族子孙心中，具有强大的感召力。“中国年”的时间选择，给“春节”的节庆文化发展，提供了坚实的后蓄动力。

把“年”变成“节”是个革新，让中国人过起了三种“历书〔节气、公历、农历〕”的时间生活。“春节”日期的确定，是对“二十四节气”的人文实践。这种实践立足于科学，不仅规范了我们的行为，而且启迪了我们的思想。春节，古称“元旦”“正旦”“正日”“元日”“上日”“岁首”“新正”“新年”“三元”“三朔”“春节”等。之所以出现这么多名称，是历代探索“年”的时间而留下的行程记录。在中国的 5000 年历史中，“年”的日期曾出现随着统治者对历法的改变而改变的现象。古代中国的历法虽有变化，但万变不离其宗，都是以夏历为基础。最后认定寅月为正月，正月初一为“大年”，正好是在“立春”节气前后。这一时间的选择使中国的“大年”有了“长”“圆”“方”三大特色：所谓“长”是讲春节的历史长，春节的年禧期长，从腊月二十三一直到正月十五，每天都有约定俗成的民俗事象。第二是“圆”的，农历六十年一“甲子”是呈螺旋形循环向前推进的，在长达二十几日的年禧期中，以各种民俗事象调整天、地、人的各方面关系，达到圆满团结的目的。所谓“方”，就是非常稳定：凝聚中国人的伦理情感、生命意识、审美趣味、宗教情怀。① 通过春节活动人们对历代祖先的感恩、对社会各业的感恩、对父母乡亲的感恩。这些感恩都是通过具体时间和具体仪式来传承的，所以深入人心，非常稳定。春节是一个“年禧期”，有一首歌谣是这样描述的：

小孩，小孩，你别馋，
过了腊八就是年。
腊八粥，喝几天，
哩理啦啦二十三。
二十三，糖瓜粘；
二十四，写大字；
二十五，磨豆腐；
二十六，割年肉，
二十七，洗疚疾；
二十八，把面发；
二十九，贴‘倒酉’；
三十晚上熬一宿儿，
大年初一走一走：
您新禧，您发财，
福、禄、寿、喜全都来！

这首歌谣版本很多，但大同小异，把节前准备说得很清楚。春节是个“年禧期”，对节后的安排也是有约定的。节后初一是“三元日”，视为“鸡”的生日；初二是“义犬”狗的生日；又称“赤狗日”，狗的生日；初三又称“小年

① 萧放、许明堂：《春节》，中国社会出版社 2006 年版，第 5 页。

朝”，“猪”的生日；初四呈吉祥，是“羊”的生日；初五“送穷日”，是“牛”的生日；初六为“马”的生日，又称“归宁日”，妇女回家的日子；正月“初七”是“人日”，又称“人胜节”；正月初八“顺星节”祭拜星星的日子；正月初九“上九日”“天诞节”，玉皇大帝生日；正月初十，石头的生日。由于“春节”是自然时节，人们就着天时的便利，举行各种春节仪式，重温着家庭亲情，协调着人际关系，放松身心，脱离紧张忙碌的现代生活节奏，回归传统的悠闲。感谢祖先给“春节”选择了这么美好的充满希望的时间，大年的节俗之所以这样丰富多彩，传承有序，是与“年”的时间选择有直接关系的。“年”的时间合适，为创造新的年风年俗，受到各国人民的关注和欢迎。节俗不会一成不变的，它会在不断传播中，不断增加新的内容。“贺年片”代替了信函，“短信”又代替了贺年片，“微信”又可隔空说话等。随着科技进步，春节民俗不断通过创新，形成新的民俗。方便的交通工具，造成了“春运”大军，形成了在短短几天内几亿人口迁移的壮观场面。美好的愿望会激起无数人的相同情感，共同分享“春节”带来的欢乐。科学的发展缩短了人们之间的距离，追求和平幸福的愿望使迎接春天的节日成为更多的人参与的活动。“拥抱春天，抒发希望”，这是中国春节的魅力，文化的力量！在新的科技基础上形成的民俗，是历代青年人的创造，由于新鲜活泼，充满活力，影响面更广，传播力更大。中国的“大年”引起全世界的注意，2012 年中国“龙”年即将到来之际，美国国会和白宫对全球华人的祝词写道：“值此 4710 年新年之际，向全球的中国人和华裔表达龙年的节日问候！”这里讲的 4710，是按黄帝历计算的，所谓“黄帝历”是唐代学者李守节根据《史记》推演出来的，孙中山就任中华民国临时大总统后向全国发表改元改历时应用的：“……改用阳历，以黄帝纪元四千六百九年十一月十三日，为中华民国元年元日。”美国以黄帝纪年向中国人民祝贺新年时，是 1981 年 2 月 3 日，时任总统为里根。中国表达“年”的时间所包含的内容如此丰富，是历代“革新”的成果。

四　生肖文化是中华民族对时间文化的艺术创造

如果说“二十四节气”是人对自然规律的总结；那么“十二生肖”就是人对无声无息无影无形时间的掌控和运用。是人对时间从自然王国到必然王国认识上的一个飞跃。用动物生肖来记年，再加上用天干和地支进行配置，使无形时间有了形。生肖是中华民族为每个年份创造的“吉祥物”，使每个人一出生就有了一个陪伴终生的好友。生肖文化使每个年份均有了个性，充满浪漫色彩，这是中华民族在时间文化上的伟大发明创造，给全世界人民迎春时节，带来无尽欢乐和共同的民俗信仰的选项。“一共十二个，每人有一个”：子鼠丑牛、寅虎卯兔，辰龙巳蛇，午马未羊，申猴酉鸡，戌狗亥猪。以十二种动物为形象的序列，“两两相对，六六循环；生动有趣，活泼自然”。用动物符号记载人的生辰年，这是中华民族的特殊历法，既体现民族风俗，又彰显民族思想。十二生肖是中华民族基本的民俗信仰，是一套内容丰富，历史悠久的“活文物”，从中可以发掘中华民族在节庆文化中革新精神的精华，体会生肖文化的浪漫色彩，增强民族文化的自信心和荣誉感。

第一，体现了天人合一。中国古代哲学认为“人”和“天”是一个相互依存的一个整体，“天”是自然规律，有自己的意志和规律；“人”是社会的主体，是大自然世界的一员，必须按自然规律办事才能发展自己，否则就会受到惩罚。中国人认为，“人”和“天”可以互动，“人”的善行可以感动天，“天”可以用某种方法实现“善有善报”。“天”是那样大，“人”是那样多，怎样才能使“天人互动”呢？我们的祖先用科学的方法把“天”分成12份，每份放进一位“神仙”，这神仙不能由人担任，而是请与人关系密切的动物担任，以示公平。这十二位动物是：

子鼠人丁旺、丑牛粮满仓；
寅虎林中吼、卯兔草中慌；
辰龙天上飞，巳蛇洞中藏；
午马大地走，未羊上山岗；
申猴尊为九，酉鸡若凤凰；
戌狗宜为友，亥猪百宝箱。

“神仙”是中国文化中特有的图腾类抽象形象，用十二地支和十二种动物相匹配，是中华纪年法的一大创造。十二生肖可以说是中国各族人民的一项基本民俗信仰，可是对于它的形成很难找到权威的文献和令人信服的解释。吴裕成先生所著《生肖与中国文化》提出：“陆深《春风堂随笔》则提出了一个颇具创见的说法，即十二生肖‘本起于北俗’，源自北方少数民族地区的古老的纪年风俗。这一观点，无疑有着开拓思路，扩展视野的意义。”笔者多年从事民族宗教事务工作并且多次到牧区进行考察，发觉陆深的说法值得注意。1980年，笔者当时在北京毛纺织科学研究所任副所长，参加由纺织工业部组织的山羊绒资源调研工作，在和牧民座谈时发现，他们在谈时间时，对于公元多少年说得并不清楚，但对于动植物的变化确很敏感。我从事民族、宗教事务工作后，对牧区情况一直关注，给我最深刻的印象是内蒙古阿拉善左旗经过几年治理，生态环境有了改善，发现了“贼头贼脑草原鼠”！牧民将此事当作大事在心中记了下来，开口就是“在草原上发现草原鼠的第几年”，以此为叙事的标准时间点。因为有了草原鼠就为天上的老鹰、地下的狐狸、野狼提供了食物，形成了生物链。草原鼠生命力极强、繁殖能力也强，在维护草原生物链方面贡献极大。以此为坐标，也就不难理解为什么“鼠咬天开”为十二生肖之首了。“鼠”居首，是从实际生产生活中得来的“头牌地位”。

第二，体现了众生平等。“十二”这个数字在中国古代奉为“天之大数”，是中国古代天文学的辉煌成果之一。把一年分为十二个月，是长期对月亮盈亏变化周期观测的结果。月亮圆缺十二次，植物枯荣一个轮回。掌握了“十二”这个“大数”，再配以与人关系密切的动物进行标属，形成纪年、纪月、纪日的方法，形成了中国特有的生肖文化。十二生肖中的动物是一个集中了各个动物优点的抽象物，不是特指某个物种。每个生肖均包括含了三个方面的内容：数字崇拜、体型特征、生活习性。以生肖“蛇”为例，用一首歌谣来概括：“六六大顺是巳蛇，身圆体长势啊娜，小龙无足行千里，为求发展把皮脱。”这四句话把生肖“蛇”的特点全点明了，在表达了求“顺”“圆”“长”的吉祥要求后，尤其是“为求发展把皮脱”这最后一句，把对“革新”精神的称赞说得十分到位，给人以启示。

第三，体现了事物轮回，揭示了事物循环向上的发展规律。中国的农历是以天干配合地支来进行纪年的，天干与地支相配的次序是从甲子、己丑开始，至壬戌、癸亥结尽，刚好60对，称六十甲子或六十花甲，然后再从甲子配起，周而复始，“螺旋形”前进。生动体现“否定之否定”的运动原理。在中国人的世界观中，世界是由木、火、土、金、水组成的。在六十甲子中，十天干分属五行：甲乙属木、丙丁属火、戊己属土、庚辛属金、壬癸属水。如甲子为木鼠，戊子为土鼠，庚子为金属、壬子为水鼠。藏族以这种指称来称每一年的“五行”属性，而汉族是以《六十甲子纳音歌》来确定的。以北京建国门街道《打春牛》活动中“春牛”的颜色为例，“丙申丁酉山下火，戊戌己亥平地木”，因此2017年（丙申）的春牛（火）为红色；2018年（木）为青色。中国自庚申年（1980）开始发行生肖邮票，为红底黑猴，因为未考虑“五行”因素，所以只好以十二年为一“轮”，如果考虑每年的五行颜色，就可以六十年“甲子”为一循环，形成系列，将是世界集邮史上的一大壮观景象。

五 挖掘民族传统节日的文化内涵，使中国优秀传统文化走向世界

北京地区的民族传统节日是以金朝的规定为基础的，据《大金集礼》记载：元旦、上元、中和、立春、春分、上巳、寒食、清明、立夏、四月八日（佛诞日）、端午、三伏、立秋、七夕、中元、中秋、重阳、下元、立冬、冬至、除夕等，都是法定节日，各级官员等都有一至三天的休假。[①] 这二十几个节日概括起来，可以用“三元七重，四时八节”来表述：“三元”系指正月十五上元节、七月十五中元节、十月十五下元节，是以月相变化而确立的节日，季节不同，月圆之时，人们感受不同，节日活动内容不同。“七重”，中国人忌单乐双，认为单数为“凶”，于是古代人们把单数的“月”和“日”重合之日当“节日”来过，“逢凶化吉”，于是出现了“正月初一（年）、三月初三（王母生日）、五月初五（端午）、七月初七（七夕）、九月初九（重阳）和二月二（龙抬头）、六月六（天贶节）”；“四时”：立春、立夏、立秋、立冬；“八节”：春分、夏至（天长节）、秋分、冬至（天令节）、清明节、中秋节、四月八日（佛诞辰日）、腊月八日（佛成道日）。这种架构，使我们祖先的时间生活安排得非常合情合理，既能满足生产不误农时的需求，又符合人们利用“节日”文化特色，加强人际交流、密切家族团结和地缘集团认同的情感需要。

“节日”是文化生活的结晶，是加强各民族交流的平台。根据社会发展需要，给传统节日赋予新的内容，是中华革新精神本质要求。传统节日是民族文化的重要载体，可以为当代生活服务。如农历九月九日是传统节日重阳节，因《易经》把“六”定为阴数，把“九”定为阳数，九月九日，日月并阳，两九相重，因此“重阳”，又叫重九。历史上，民间在这一天有登高的习俗。九月初九“久久”谐音，有长寿的含意。有一首歌谣把重阳节的活动讲得很清楚：

九月里，九月九，
爬山登高饮菊酒，
戴上茱萸避邪恶，
吃了花糕多长寿。

① 转引自韩世明《辽金生活掠影》，沈阳出版社2002年版，第295页。

由于在历史上，在这一天有祭祖和敬老活动。为了适应中国人口进入老龄化社会生活的需要，1989 年，中国将农历九月初九定为“老人节”，有组织地进行尊老敬老活动，使古老的节日焕发了新的活力。2005 年 6 月 17 日中共中央宣传部、中央文明办、教育部、文化部提出《关于运用传统节日弘扬民族文化的优秀传统意见》（文明办〔2005〕11 号），要求突出传统节日的文化内涵，精心组织好重要节庆活动，特别是组织好春节、清明节、端午节、中秋节等最具广泛性和代表性的节庆活动，对于传统节日给予了具体性的指导原则。2006 年 5 月 20 日，中国把传统节日春节、清明节、端午节、中秋节、七夕节、重阳节列入首批中国非物质文化遗产保护名录，从 2008 年开始正式把清明、端午、中秋列为法定假日开始放假。文化部又提出建立传统节日示范基地，进一步推动了传统节日活动的健康发展。十几年来，由于传统节日与互联网紧密结合，文化影响越来越大。北京市互联网信息办公室、首都互联网协会自 2010 年庚寅年以来，组织千龙网、新浪、搜狐、网易、百度、凤凰网、优酷网、爱奇艺、第一视频、人人网、西陆网、开心网、北京广播网、互动百科等网站，每年策划主办“网络大过年”线上春节民俗活动，然后把十几家网站收集的全球春节活动资料编辑成年度系列书籍《春节网事 × × 年》由北京出版社出版，为普及节庆知识和生肖文化发挥作用，受到社会广泛好评。2018 年端午节期间，光明网推出了《千年端午，赓续不绝的传统文化弦歌》活动，吸引了当代青年的注意。由光明日报、中央网信办网络社会工作局指导的“我心中的中国节”传统文化创意短视频征集活动在端午节期间掀起文化风暴，短短 4 天时间里，共征集短视频作品 3662 件，获赞 75.6 万，总播放量超过 2874 万次。2018 年经党中央批准，国务院批复，自 2018 年起中国将每年秋分设立为“中国农民丰收节”，这是第一个在国家层面专门为农民设立的节日。这是在脱贫攻坚的关键时期，全面建成小康社会的决胜阶段，实施乡村振兴战略的开局之年给全国农民一件具有丰厚底蕴的文化产品，是中国传统节日为现实生活服务革新精神的生动体现。相信通过这样一个节日，可以让人们以节日为媒，释放情感、传承文化、寻找归属，汇聚人民对家乡的山、家乡的水、家乡田园的情感的寄托，充分享受农耕文化的精神熏陶，促进中华民族大家庭的和睦团结和共同发展。

参考文献

[1] 石夫、韩新愚编著：《不可不知的中华二十四节气常识》，中原农民出版社 2010 年版。

[2] 郑一民、武晔卿著：《春节》，河北教育出版社 2006 年版。

[3] 孙兆麟：《图说二十四节气》，世界图书出版公司 2007 年版。

［4］王军云编著：《民间万年历》，中州古籍出版社 2010 年版。
［5］吴裕成：《生肖与中国文化》，人民出版社 2003 年版。
［6］刘筱红：《神秘的五行》，广西人民出版社 2004 年版。
［7］邱运华：《发掘民俗在当代文化建设中的正能量》，《民间文艺动态》2016 年第 2 期。

老北京中秋节的物件
——兔儿爷

解育君*

摘要：中秋节是中国第二大传统节日，兔儿爷作为老北京中秋节标志，更是一种特色文化符号。通过对兔儿爷的文化意涵的剖析，能够了解老北京的情怀，认识到传承中国传统节日文化的必要性。

关键词：中秋　兔儿爷　文化符号

中秋节是中国第二大传统节日，这是一个亲朋相聚、瓜果成熟、合家团圆、喜庆丰收的日子。嫦娥奔月、吴刚伐桂、玉兔捣药的美丽传说，祭月拜月赏月等传统习俗，早已深入人心。笔者在此想谈谈老北京中秋节的物件——兔儿爷。

兔儿爷是老北京中秋节的特色，在北京人心中有特殊地位。“若所谓兔爷，则诚北平名产。高下形色，靡不尽態，他处或无，有亦或不足逮也。”① 兔儿爷的起源不曾考证，纪坤的《花王阁胜稿》记载：“京师中秋节多以泥抟兔形，衣冠踞坐如人状，儿女祀而拜之。”② 这是兔儿爷最早的确切记载。清《都门竹枝词》中亦记载：“团圆果共枕头瓜，香蜡庭前敬月华。月饼高堆尖宝塔，家家都供兔儿爷。”③ 可见，到明清时期才有兔儿爷的称谓。

* 解育君，北京民俗博物馆副研究馆员。

① 张江裁纂：《北平岁时志》卷八，国立北平研究院史学研究会排印本，1936 年。

② （明）纪坤：《花王阁胜稿》，商务印书馆 1936 年版。

③ （清）杨米人：《都门竹枝词》，《中华竹枝词》（一），北京古籍出版社 1997 年版，第 102 页。

一　兔儿爷的制作及形象

制作兔儿爷的工序并不复杂，一般方法是先把黏土和纸浆拌匀，再用前后两半模具放入胶泥晒干，然后把胶泥刷上胶水合为一体，配上耳朵，勾勒出三瓣嘴，描金上色即可。“兔儿爷乃泥制，以极细润之黄泥，用砖模刻塑，亦有由手工捏塑者。普通为武将形，头戴盔，带狐尾，或半披战袍，惟兔嘴交叉，两耳竖立，背后高插纸旗或纸伞，或坐假山，或坐麒麟吼虎豹，身量有大小，图画有精粗。”① 兔儿爷的制作看似简单，但其手艺体现在造型刻画、描金工序、色彩搭配上。画兔儿爷最重要的就是“开脸儿”，即上色彩绘，勾勒面部表情。“三分坯七分绘”，只有理解了文化，倾注了心血，才能画出兔儿爷的神韵。

兔儿爷的形态各异，早期是仿照“月亮马儿”上的玉兔形象，白垩其身，人立环臂，臂有提线，牵线则双臂移动，形如捣药。② 后来的兔儿爷，除两个竖立的长耳朵和三瓣嘴外，以“戏曲化”的造型为主，结合现实生活，民间手工艺者也塑造出一系列形态各异、生动可爱的兔儿爷模样。“有顶盔束甲如将军者，有短衫担物如小贩者，有坐立起舞如饮酒燕乐者”③ 泥塑的衣着打扮、体态神情、行业特色完全反映现实生活。为体现人性化，与兔儿爷相匹配的“兔儿奶奶”形象，经艺术加工应运而生。1986 年《紫禁城》杂志上发表薄松年教授

图 1　北京民俗博物馆馆藏品

① 张江裁纂：《北平岁时志》卷八，国立北平研究院史学研究会排印本，1936 年。
② 翁偶虹：《北京话旧》中《漫话中秋节》一文，百花文艺出版社 1985 年版。
③ （清）让廉：《春明岁时琐记》，载《燕京岁时记》（外六种），北京出版社 2018 年版。

的《红袍金甲兔儿爷》一文，其中故宫收藏的兔儿爷老照片让我们清晰地看到了兔儿爷的形象。真是“细娘装束晚登车，欲向中秋斗月华。忽见红旗争引导，拜迎金面兔儿爷”①。

二　从兔神到儿童玩具

爷，是封建时代对地位尊贵男子的敬称。“兔儿爷”神化了月宫中的玉兔，赋予它艺术形象、人格魅力、超世力量，成为健康平安、医者仁心的化身。受嫦娥指派的玉兔，骑着虎、象、鹿、麒麟等瑞兽奔波于京城的大街小巷治病救人，挽救百姓于瘟疫之中。为纪念它的功德，人们把捣药的玉兔当作兔神祭拜。吴钖麟《齐天乐》词，其序云：八月十五夜，都下人家皆祀兔儿神。张恨水在《嫦娥奔月考》中指出：兔儿爷即玉兔。博咸文：月中何有，玉兔捣药。谢希逸月赋：引玄兔于帝台。注云：月者，阴精之宗，积成为兽象兔形。是则京俗以兔儿爷为月亮神，亦非无本也。② 《前清宫词百首》云：中秋分外月华明，领宴归来夜色清。不供嫦娥怜兔影，为侬捣药祝长生。③ 可见兔神在人们心中的地位。

关于兔神，学者有这样两种观点：一种认为从对月崇拜中衍生出对健康的需求是兔儿爷诞生的文化渊源之一，月宫玉兔是从对月崇拜的附属物中分离出来，成为独立的兔神。④ 另一种观点认为月光神码和兔儿爷是同一信仰的不同传播媒介，可以推断月光神码是描绘兔神在天上的情景，而兔儿爷是他在人间的样子。⑤

“男不拜月，女不祭灶”是民间的俗谚。中秋祭月一般由家中德高望重的女性负责主持。从小在母亲陪伴下长大的孩子们，学着大人的模样嬉戏玩耍，渐渐地形成儿童祭月之风，兔儿爷便是兼具祭拜和玩耍双重功能的中秋用品。“泥兔俗呼兔儿爷，範泥为之，人身兔首，衣冠施彩色，或坐或立，或擔或杵，惟皆贯角于头顶，小儿买之以为玩物。”⑥ 一般情况下，中秋节讲究的老北京人总要买几个兔儿爷回家，把大的作为神祇，以鲜果月饼相供，小的则作为孩子们的应节

---

① 参见（清）佚名《燕台口号一百首》，《中华竹枝词》（一），北京古籍出版社 1997 年版，第 116 页。貌美者俗称“细娘”。

② 张恨水：《嫦娥奔月考》，载彭国梁、杨里昂主编《中国传统节日之我们的中秋》，岳麓书社 2004 年版，第 64 页。

③ （清）佚名：《前清宫词》（一百首），载吴士鉴等著，石继昌点校《清宫词》，北京出版社 2018 年版。

④ 关昕：《北京兔儿爷文化探源》，《河南教育学院学报》（哲学社会科学版）2011 年第 5 期。

⑤ 于萌：《兔儿爷：从兔神和儿童玩具到民间艺术品》，《民俗研究》2008 年第 4 期。

⑥ 《北京指南》第二编（礼俗），中华图书馆 1918 年版，第 7 页。

耍货儿（儿童玩具），有的人家是先拜兔儿爷，然后送给孩子们玩耍。薄松年教授谈到的故宫收藏的两个兔儿爷，也是皇室从民间买给孩子们的耍货儿。对于老北京来说，兔儿爷“这雕塑的小品给千千万万的儿童心中种下美的种子”①。

作为旧京中秋的应节物品，兔儿爷从“别有无知小儿女，烧香罗拜兔儿神”② 开始，就毫无祭祀的庄重感，昭示出其祭祀功能的退化和玩赏功能的强化，它既是儿童祭拜的神灵，更是孩子们手里的玩具，一夜之间它完成了从兔神到儿童耍货儿的飞速转变。在孩子们的心中，它更是“银枪金甲巧装排，扑朔迷离总费猜。泥塑纸糊儿戏物，西风抬举上高台”③ 的儿童玩具。

时代赋予这一极具北京韵味的中秋节令玩物以新的特色。作为孩子们玩耍娱乐的泥塑玩具，北京民俗博物馆在中秋节开展了白描“兔儿爷”手工制作活动。即由博物馆准备好兔儿爷的模具、画笔、颜料等，由孩子们用画笔给兔儿爷“开脸儿”、着装、粉饰，自己动手描绘兔儿爷，然后作为劳动成果带回家去。这是一项家长和孩子共同参与的亲子活动，它通过亲自动手的形式传承了手工技艺，强化了孩子们的动手能力，培养了孩子们的自信性和成就感，广受学生和家长欢迎。

三　京城美景——兔儿爷山

旧时京城，七月十五一过，兔儿爷摊子就摆出来了。八月十五前半月，东安市场、前门五牌楼、后门鼓楼前、西单、东四牌楼等处，各大庙会集市及繁华地区的街道两旁，均摆出楼梯式的木架，上面的兔儿爷，“饰以五彩粧颜，千奇百状”④，大小高低，形态可掬，“在街上的‘香艳的’果摊中间，还有多少个兔儿爷摊子，一层层的摆起粉面彩身，身后插着旗伞的兔儿爷——有大有小，都一样的漂亮工细，有骑着老虎，有坐着莲花，有的肩着剃头挑儿，有的背着鲜红的小木柜……”⑤ 在老北京的“兔儿爷山”前，人们“集聚天街月下，市而易之”⑥，成为中秋佳节的街头美景。难怪清代杨静亭《都门杂咏》（中秋）云：“旧债莫题万愁删，忘却时光心自闲。瞥眼忽惊佳节近，满街争摆兔儿山。”⑦

---

① 老舍：《四世同堂》第十四节，人民文学出版社 2008 年版，第 114 页。

② 张朝墉：《燕京岁时杂咏》，《中华竹枝词》（一），北京古籍出版社 1997 年版，第 384 页。

③ 夏仁虎：《旧京秋词》，收入“燕都风土丛书”，张江裁校，1939 年刊行，排印本。

④ 潘荣陛：《帝京岁时纪胜》（彩兔），北京古籍出版社 1983 年版，第 30 页。

⑤ 老舍：《四世同堂》第十四节，人民文学出版社 2008 年版，第 114 页。

⑥ 潘荣陛：《帝京岁时纪胜》（彩兔），北京古籍出版社 1983 年版，第 30 页。

⑦（清）杨静亭：《都门杂咏》（中秋），《中华竹枝词》（一），北京古籍出版社 1997 年版，第 177 页。

20世纪50年代初的中秋节，北京的街头仍有许多兔儿爷摊子，后来兔儿爷与许多传统的东西被新中国当成封建迷信抛弃了。十一届三中全会以后，提倡解放思想、改革开放，令人欣慰的是伴着《骆驼祥子》《四世同堂》等反映老北京生活的影视剧播出，兔儿爷于20世纪80年代重新出现，老北京中秋节的应节物品兔儿爷再现京城。2002年，北京民俗博物馆除主办春节庙会外，率先启动了弘扬中国传统节日文化的端午民俗游和中秋民俗游活动。2003年起，逐年增加了元宵节、二月二、清明节、七夕节、重阳节等活动，不断深入挖掘中国传统节日的文化内涵。目前，“我们的节日”系列文化活动已成为全国性的节日文化品牌。每逢中秋节，北京民俗博物馆都在其馆址东岳庙摆起了兔儿爷山，从色彩斑斓的“兔儿爷山”上请一只“兔儿爷”回家，既符合老北京的中秋习俗，又给中秋佳节增添了喜庆祥和的气氛，更是一种独特的中秋祈福活动。花团锦簇的“兔儿爷山”前，人们驻足观赏、摄影留念，别有情趣。

图2　北京民俗博物馆中秋节活动——兔儿爷山

四　北京中秋节的符号

2006年北京高考作文题目是《北京的符号》，从传统到现代，太多的人文、建筑、老字号等都是当之无愧的北京符号。祁老爷子“想到他的子孙将要住在一个没有兔儿爷的北平，随着兔儿爷的消灭，许多许多可爱的，北平特有的东西，也必定绝了根”①！从这段文字描述中，可以看出兔儿爷就是北京中秋节的

① 老舍：《四世同堂》第十四节，人民文学出版社2008年版，第118页。

文化符号，体现老北京人的情怀和记忆里的那抹乡愁，从而认识到传承中国传统节日文化的必要性。

“粉脸是那么光润，眉眼是那么清秀，脸蛋上没有胭脂，而只在小三瓣嘴上画了一条细线，红的，上了油；两个细长白耳朵上淡淡地描着点浅红；这样，小兔的脸上就带出一种英俊的样子，倒好像是兔儿中的黄天霸似的。它的上身穿着朱红的袍，从腰以下是翠绿的叶与粉红的花，每一个叶折与花瓣都精心地染上鲜明而匀调的彩色，使绿叶红花都闪闪欲动。”① 老舍先生描绘的兔儿爷形象早已镌刻在老北京人的心中，难怪有人建议把兔儿爷作为北京奥运会的吉祥物。直到20世纪80年代，兔儿爷才重现京城，在工艺美术大师双起翔等一批老民间艺术家手中脱颖而出。

兔儿爷成为民间工艺品受到热捧是乘着国家重视非物质文化遗产保护的东风而起的。北京市级非遗传承人双彦（双起翔儿子）的泥彩塑艺术创作工作室蜚声京城；“刀马人”韩增启的儿子韩宝才制作的兔儿爷别具特色。手工技艺的兔儿爷数量虽少，却注入了艺术家的灵感与心血，避免了千兔儿一面的尴尬，值得弘扬传承。随着时代变迁，以吉兔坊为代表的模具制作也逐渐被大众接受。兔儿爷完成了从兔神——儿童玩具——民间手工艺品的蜕变，其形象与制作工艺都有所改进，成为享誉中外的老北京特色手工艺品，吸引着众多的中外游客。

2008年，中秋节成为法定假日，2010年北京邀请奥运会吉祥物“福娃”设计者吴冠英先生设计了新版兔儿爷，使其成为北京中秋节形象大使、文化符号。

图3　吴冠英先生设计的新版兔儿爷

① 老舍：《四世同堂》第十四节，人民文学出版社2008年版，第117页。

新版兔儿爷、传统翻模兔儿爷、手工捏制兔儿爷同台竞技，更有众多民间工艺大师、非遗传承人作为文化使者走出国门，展示中华民族传统手工技艺，促进了中外文化交流。北京中秋节的兔儿爷就像余光中笔下的《乡愁》一样，勾起了众多旅居海外华人儿时的美好回忆，寄托了其无限的思乡之情。

岁时节令、传统节俗是重要的文化遗产，它对一个国家和地区的影响力和渗透力是无形的。节日习俗中的标志性物件（如兔儿爷）是活态的民俗事象和物化的民俗实物，它倾注了民族情感、培养了文化自觉、点燃了文化自信，把传统节日中的民俗事象、民间记忆、民间表演等非物质文化内涵通过丰富多彩的民俗活动在继承中“活”起来，是加强文化遗产保护的重要举措。

笔者认为老北京中秋节的兔儿爷，既是一种文化符号，又是一种精神寄托，还是一种对外交流的媒介。在提倡文化大繁荣的今天，那些代表着中华文明的传统节日习俗应该得以深入挖掘、传承发展，透过习俗与实物，展示五千年中华文明的真谛更是文物工作者和民俗研究者的使命。

“文化依然是民族生存发展之基，每个民族必须有属于自己的文化。在民族国家还将长期存在的人类社会，民族文化的主体性仍要加强。”① 面对各种“洋节”泛滥的当今社会，彭林教授的一席话，提请全国人民共勉。

传统是能够活到现代的过去，是使现代不断获得意义，以及在社会生活当中，起着重要作用的过去。②

① 彭林：《文化是民族生存发展之基》，《人民日报》2016 年 9 月 5 日。

② 2007 年 2 月，中国社会学学会会长郑杭生先生在第三届东岳论坛开幕式上的讲话。

陕北洛川农村年文化变迁与社会治理困境*

高志奇**

摘要： 陕北洛川农村有着非常特殊的年文化。伴随社会变迁，陕北洛川农村年文化也发生了变迁。通过分析陕北洛川农村年文化变迁，不难发现当前陕北洛川农村社会治理出现了一些新困境。这些困境不是孤立的，不应被小视。要立足新时代，妥善解决这些困境，以促进陕北洛川和谐农村的实现。

关键词： 陕北洛川　农村　社会治理　年文化　社会变迁

春节，俗称过年，是中国的传统佳节，也是中国最重要的节日，所以中国的年文化非常有特色。年文化是中国文化的一个特写，它不仅可以反映出中国人对来年生活的期望，同时也能看出中国人有自己的精神生活境界，无论过去一年怎么样，毕竟都过去了，过去了就让它过去，重要的是应该做好来年的事情，这体现了中国人的豁达与乐观。因此，过年对中国人来讲，有着非常特殊的意义，它不仅仅是一家人聚在一起吃饭说笑，更重要的是可以总结过去，加强人际交流，为来年做更好的规划，希望在新的一年里能少走弯路，过上更好的生活。然而，随着社会的快速变迁和城市化进程的加快，年文化被冲击了。

* 基金项目：陕西省教育厅2017年专项科学研究计划项目“当前陕北地区农民政治信仰研究”（项目号：17JK0844）；延安大学校级科研计划项目“延安社区治理创新研究”（项目号：16BSRG10）。

** 高志奇，延安大学公共管理学院讲师。研究方向为社会学与社会发展，社会工作。

现在无论大家怎么重视过年，都不得不承认年味越来越淡。“没有年意了！没有年味了！恐怕是当代中国人一种深的失落，一种文化的失落。”[①] 不过，受传统习惯影响，逢年又不能不过，年的时间节点迫使年文化在这个特殊的时点上必须登上表演舞台。过年之所以越来越没有意思，年味越来越淡，最根本的原因在于中国社会发展，人民生活水平不断提高，使得过年与不过年并没有任何实质性的区别。习以为常的生活在平时本来就没有什么趣味，到过年时也自然增加不了乐趣，这必然使人们感到没有年味。事实上，过年不仅仅是一个简单的过节。与其他节日不同，过年一般都会涉及群体成员之间较为敏感的关系。过年是全中国人的节日，会涉及每个人与其周围亲朋好友的关系。所以，通过年文化变迁，通过过年可以看出一些社会问题，比如民俗问题、人际关系问题等。本文以陕北洛川农村年文化变迁为例，通过研究陕北洛川农村年文化变迁情况，探究当前陕北农村社会存在的一些突出问题，在此基础上，提出一些粗浅的农村社会治理建议。

一　陕北洛川农村年文化变迁概述

陕北洛川是一个在地理位置上相对比较特殊的地方，由于其特殊的地理环境，使得其有发展苹果产业的优势，所以洛川苹果甲天下。与陕北其他地方相比，洛川地势平坦，又离关中较近，因此其文化习俗既具有陕北的印痕，又具有关中的特色。陕北洛川农村非常重视过年，尤其特别重视拜年。当然拜年是有讲究的，必须行跪拜礼，而且只有男子才可以行跪拜礼。陕北洛川农村年文化变迁情况主要表现在以下四个方面。

（一）家族内拜年由实转虚

家族内拜年指的是同姓同家之间互相拜年。一般情况下，陕北洛川男子成家后都会与父母分家，于是拜年先拜自己父母，等拜父母结束后，再给其他家族成员拜。给本家其他成员拜年遵循先给长辈拜，再给年长者拜的原则。二十年往前，家族内拜年，都要端菜拿酒，让其他家尝尝自己家过年的酒菜。给父母拜结束后，同家族同辈的人会相约一起给其他长辈拜年。大家拜年不是简单拜结束就各自回家，而是会坐下来聊天，给小孩发压岁钱。现在的情形则是，同家族成员间拜年不再端菜，只拿酒，拜年时给长辈倒杯酒，接着下跪，然后就匆匆离开。大家都希望能早结束，这样就能早回家或者做其他事情，比如有

① 冯骥才：《年文化需要新的方式和载体》，《环球人文地理》2015 年第 3 期。

不少人过年会打麻将，甚至赌博。对于给小孩发压岁钱，现在问题也不少，不少人都希望别人能给自己小孩发压岁钱，至于自己是否会给别人小孩压岁钱，好像不是很在意，或者双方给的压岁钱不对等，继而产生不快，等等。因此，家族内的年味在最近几年也比之前淡了很多。此外，更重要的是，如果家族成员之间不和或有矛盾时，在过年时则会显得更加明显，因为不和或有矛盾时，就不会到对方家里去拜年。让人非常担忧的是，这种情况现在越来越多，直接影响陕北洛川和谐农村的建设。

（二）家族外拜年由形转空

家族外拜年指的是给同村其他家族或家庭拜年问好，这与家族内拜年相比要简单一些。家族外拜年与家族内拜年最大的不同有两点：一是时间不同，家族内拜年是大年三十晚上，而家族外拜年则是大年初一早上；二是拜年礼更为简单，家族内成员拜年端菜拿酒，虽然现在不端菜，但至少还拿酒，而家族外则仅行跪拜礼，不端菜，不拿酒。家族外拜年的变迁也很明显，20 世纪 80 年代之前，家族外和家族内拜年礼节是完全一样的，只是时间不同。与十二三年前相比，家族外拜年也有很大变化：一是时间越来越迟，以前大年初一早上，大家会早起早吃饭早拜年，现在是迟起迟吃饭迟拜年，大家都觉得拜年已没有什么意思，非常不想去；二是不少人的“年品”越来越差，应该说拜年是相互的，除了有矛盾之外，大家应该是礼尚往来，但是有些人只希望别人给他拜，他却不一定给别人拜，如果人家不去他家，他就说东道西，但是他去没去人家好像理所当然。可怕的是，品行差不见得就令人讨厌，而品行好也不见得就受人欢迎。所以，陕北洛川农村民风有继续恶化的趋势，需要进一步加强治理和引导。

（三）向年老者长辈拜年由有规定到无序

给年老者长辈拜年是陕北洛川农村拜年的主要对象，因为拜年行的是跪拜礼，只能对上，不可能对下。2000 年以前，给年老者长辈拜年，大家是按年龄和辈分开始的，先给辈分和年龄最大的人拜，再给相对大的人拜，现在基本不讲究了，谁近给谁先拜，谁远自然后拜，传统的长幼有序规则已基本被打破。另外，给多子的年老者拜年，也会有相对较多的问题，因为大部分老人在过年这天会选择在一个儿子家过年，有的是轮流制，有的是“扯皮制”，轮流制自然是一年去一个儿子家，而扯皮制就看谁的脸皮厚，这存在两种情况，一种是抢着要，这样其他人都得到他家里给老人拜年，如果家里有小孩的话，也会有人给发压岁钱；另一种是不愿意让老人到自己家里过年，当然也存在个别老人因与儿子儿媳关系不融洽，故意在过年这天给儿子儿媳难堪，不到儿子家里过年的现象，不过这毕竟是少数。所以，通过过年是明显可以看出家庭是否和睦，家人关系是否良好。

（四）向去世者拜年由繁转简

中国人有重死轻生的思想观念，对于去世的人十分尊敬，所以过年时都要先给去世者拜年，所谓死者为大即是这个道理。2000 年前的陕北洛川农村，在贴对联之前，先要上祖坟给去世的人拜年，然后才能贴对联，一旦对联贴上，就意味着正式过年，如果这个人欠了他人的债，贴对联前是可以要的，贴上对联之后不能要了，而且整个正月都不能要债。现在情况不同了，贴对联与上祖坟给去世的人拜年这二者之间已没有什么必然联系，可以在上坟前贴对联，也可以在上坟后贴对联。刚开始有人在上坟前贴对联，还会有人议论不妥，现在大家都习以为常。另外，对于去世未三年的老人，在大年三十这天则要将其灵位请回家里，设灵堂，以供大家祭拜。与给在世者行跪拜礼不同的是给去世者要跪拜好多次，以前都有讲究，现在则简单跪拜一下就行了，基本不会再像过去那样拜年，而且现在的人基本上已不知道给去世的人行跪拜礼到底要跪拜几次，只能是年轻的跟在年长的后面，年长的跪拜几下，年轻的就跟着跪拜几下。年文化由繁转简，意味着一些传统文化和习俗在农村消失了。

二　陕北洛川农村年文化变迁的原因

陕北洛川农村年文化变迁的根本原因自然是社会大环境的变迁所致。由于社会的快速发展，社会环境发生了巨大变化，自然会影响到人们的思想观念和行为。陕北洛川农村年文化变迁的主要原因有经济、政治、文化和社会四个方面，它们不是孤立的，而是互相影响互相制约，共同影响着陕北洛川农村的年文化。年文化虽然是过年时候才体现的比较明显，但它绝不是一个孤立的文化现象，通过年文化变迁可以看出农村社会的变化，尤其是民风与民俗的变化。

（一）农村经济相对独立，农民收入大幅度提高

中国社会是一个农业占重要地位的社会，土地与农民的关系直接影响着农村社会的正常运行。几千年来，政府主要依靠对农民进行征税以保证其财政收入。中华人民共和国成立后，尤其是党和国家将“三农”问题列为最重要的问题之后，为了谋求“三农”问题的彻底解决，国家进行了税费改革，最终使实行了几千年的黄粮国税被彻底取消。农业税与农业特产税的取消，使农村经济更加独立，农民的经济活动基本不受外在约束力的影响，农民的收入大幅度提高。中国有句俗语叫“有钱能使人变坏”，虽然这并不是一句至理名言，也不是放之四海而皆准的真理，但它的确能从一定程度上说明经济或者再准确地说是物质财富对人的影响。从现实角度来讲，越穷民风越淳朴并不是没有依据，而为富不仁在很多情况下之所以会存在是因为对富者缺乏有效管理。陕北洛川农村现在也面临着相似的问题，农民收入大幅度提高，使不少农民把什么都不放在眼里，而过年则更能反映出农民的生活状况，诸如过年时赌博盛行，很多年轻人不着家，在外面生事，甚至还有吸毒者。因此，陕北洛川的一些农村之所以现在能大幅度打破传统的年文化规则，最重要的原因就是农村经济相对独立，农民收入又有了较大幅度的提高，而文化建设、法律普及与民风治理又没有跟上，使经济、文化、法律和民风错位、脱节。

（二）农村社会法律约束力较低，农民自由度高

传统中国是一个“德治”国家，法律在农村的影响力相对较低，在大多数情况下，农村社会的正常运行主要依赖于传统习惯和家长权威。中华人民共和国成立后，由于当时的国情使然，户籍制的实行，进一步强化了城乡二元分割体制，使农村社会成为相对于城市社会的另一面而存在，这样农民的社会活动基本不会受到太多外在力量的影响和约束。如今，城乡之间交流增多，户籍制被逐渐打破，农村社会的治理难度开始增大。农村社会治理难度增大主要表现在四个方面：一是农村社会没有具有权威性的管理组织，现仅有的村委会在现实当中所能起到的作用在不断减小，家庭联产承包责任制实施以后，尤其是税费改革后，村委会在村上的作用有所削弱；二是农村干部素质普遍偏低，能力严重不足，不少人当村干部不是为了村民和集体利益，而是希望能给自己获得一些好处；三是大学生村官名为村官，但有很多都借调在基层乡镇党委和政府工作，没有在农村发挥应有作用；四是农村社会的特殊性使得农民的法治观念比较淡薄，再加上法律并不是所有的事情都能管，实际上，农村德治的力量更为强大。由此不难理解，农村社会法律约束力较低，农民自由度比较高在平时已经凸显出来，而过年时对传统年文化和习俗的不遵从仅仅是一个具体表现而已。

（三）农村传统文化影响力减弱，农民生活习惯随意化

农村与城市相比，最大的特性就是保留了大量的传统文化，拥有大量传统文化是农村社会与城市社会最根本的区别。“农村文化同一般意义上的文化一样，是一种变化着的文化，文化变迁是农村文化的一种属性。”① 随着现代社会思想对传统文化的冲击，传统文化在农村的影响力也在不断减弱，很多人已经不在完全按照传统文化和习俗做事情。就拿陕北洛川农村过年来讲，过去一定

① 刘豪兴、徐珂、刘长喜：《农村社会学》，中国人民大学出版社 2015 年版，第 189 页。

是先上坟，后贴对联，如果有人不按照传统规则来，肯定会引来众人说三道四，但是现在则不同了，不少人都觉得不一定得按照顺序来，自己想怎么做就怎么做，又不会影响别人，就算有人觉得不妥，也没有什么办法，所以农民的生活习惯越来越随意。农村传统文化的影响力之所以会减弱，主要是因为农民的物质化倾向所致，再加上人们的思想观念不想过去那样墨守成规，对什么问题和现象也都能看得开，现在大家都把主要精力放在如何赚钱上，而遵循传统文化并不一定能带来物质财富，反而有多余之嫌，这样大家对于传统文化所定下的规则便不屑一顾。在不少农民看来，自己想做什么是自己的事情，只要不违法，与他人无关。事实上，看似无关，其实是从根本上挑战了农村传统文化维系社会正常运行的权威，使传统文化丧失其应有的约束力。

（四）农村不良社会风气蔓延，农民易受感染

不同地方有不同的习俗和社会风气，社会风气一经形成就会成为一股很强的影响人的力量。陕北洛川农村近几年因为大力发展苹果产业，农民经济收入得到了大幅度提高，但是社会风气却有变坏的趋势。陕北洛川农村的不良的社会风气主要表现在这四个方面：一是家庭关系不和谐，中国人讲“家和万事兴”，即家庭关系的良好状况对人和事的影响，陕北洛川农民的收入是比以前提高了，但道德民风却在不断滑坡，诸如对老人不孝、兄弟姊妹关系不融洽、邻里矛盾冲突增多，等等；二是不少家庭收入没有用于正途，虽然陕北洛川农民的收入有了提高，但不少人的收入并没有用在征途，现在陕北洛川农村兴盛大办丧事，给去世的人过三周年或八周年，盲目攀比之风愈演愈烈，可见，陕北洛川农民的精神生活比较贫乏；三是赌博盛行，赌博不仅在陕北洛川农村很盛行，在陕北其他农村也是如此，尤其是过年时候，赌博之风更加猖狂，严重影响农村的社会风气；四是一些小孩沾染毒品，陕北洛川农村的一些男孩，由于家庭条件较好，早早辍学，不学无术，过早进入社会，由于年龄小，鉴别力和自控力较差，在一些不法分子的诱导下，染上了毒品，成为吸毒者，这严重影响农村孩子的健康成长。由此可以看出，由于陕北洛川农村不良社会风气的影响，很多年轻人学坏了，所以他们做出违背年文化习俗的举动自然也不是什么奇怪的事情。

三　陕北洛川农村年文化变迁折射出的社会治理困境

陕北洛川农村年文化变迁不应仅被看作是一个不遵从传统年文化习俗的问题。一方面，传统文化有被大家抛弃的危险，另一方面，新的文化规则又没有建立起来。因此，通过分析陕北洛川农村年文化变迁，探讨其背后隐藏的社会问题，对于农村社会建设与发展将有着巨大意义。

（一）农村社会人地矛盾凸显，社会治理难度加大

土地问题是农村的首要问题，也是农民最为关切的问题。家庭联产承包责任制实施以后，土地政策暂时不变，即家庭增加人口或减少人口，家庭土地数量保持不变。从表面来看，土地政策不变，也不会有什么太大的问题，因为农村的家庭人口数相对较多，增减人口基本能保持平衡。然而，当农村不少人口流入城市或从事其他行业时，原有的平衡就有被打破的危险。洛川在没有发展苹果产业前，由于土地收入较低，且人人有土地，所以没有什么矛盾。随着发展苹果产业带来的高收入，人地矛盾开始凸显，尤其对家里人口较多的家庭，他们已不能接受只增人而不增土地的政策。现在的问题是，陕北洛川人地矛盾不仅凸显，而且矛盾难以协调，即便是同家族的人，甚至是同一家人，也因为争夺土地而闹得不可开交，甚至出现大打出手的情况，还有些人到政府告状，希望由政府出面强行将土地重新划分。从目前的情况来看，人地矛盾在个别村庄已经非常严重，同村的人因为争夺地而形同路人。最近这几年过年的时候，年味明显淡了许多，以前大家是互相拜年，现在是挑着拜。

（二）农村社会法治观念意识薄弱，普法工作任重道远

十八届四中全会将依法治国提到了一个前所未有的高度，这说明党和国家正在尽一切努力推进中国社会的法治进程。从另一个角度分析，党和国家之所以如此重视依法治国，是因为现在社会存在有法不依，执法不严的情况，同时还说明国人的法治观念意识比较淡薄，还需要继续做好普法工作。对于农村社会来讲，法治氛围更淡，大部分农民基本没有一点法治观念。从陕北洛川农民在过年时的行为和谈话就能看出农村社会的法治观念是非常薄弱的，如没有驾照开车，如何躲避交警检查，再比如大家商量过年这几天怎么纠集一帮人赌博，甚至还有人谈到了吸毒，等等。虽然农村过年时大家说的话不一定都是真的，但农民言行还是能在一定程度上反映出农村社会的法治观念非常薄弱。如果农民的言行是真的，那么他已经违法了，但是自己并不知道，其他人也不知道，而且引以为豪，不以为耻。依法治国是针对所有人的，尽管农村社会比城市社会要落后，但它也是依法治国的对象。为了将依法治国落到实处，就必须注意观察农民的言行，进一步核实这些言行所反映的问题，继而针对问题开展普法工作和整治工作。要警惕农村社会法治观念薄弱所产生的负面效应，如果处理不好这个问题，将会使农村社会经济发展丧失基础，即农村社会不会因为农民富有而和谐，反而会矛盾重重，问题丛生。

（三）农村社会传统文化式微，文化建设工作依然艰巨

与城市相比，农村传统文化保留要好一些，所以城市年味远赶不上农村的根本原因就在于此。然而，通过陕北洛川农村年俗文化变迁可以看出农村传统文化也开始式微，逐渐丧失其维系农村社会运行的作用。陕北洛川农村传统文化当中有很多是优良的，如过年时互相拜访，给长辈行礼等，但是随着人们思想观念的转变，年文化发生了变迁，年文化正在被大家遗忘和抛弃。从形式上看，这是大家对年俗文化的挑战，实际上这是对维系农村社会运行规则的挑战。没有了礼节，自然就没有了规则，没有了规则，各行其是，则肯定会影响农村社会的和谐与稳定。尊老爱幼是中华民族的传统美德，这在陕北洛川农村过年时最能体现出来。陕北洛川农村在过年时晚辈会给长辈行跪拜礼，长辈也会给小孩压岁钱，这样的习俗已经慢慢成为记忆。在现代性越来越凸显的当下，文化变迁是必然的，但传统的优良文化不应被丢弃。陕北洛川农村年文化式微只是传统文化式微的一个例子，因为过年对每个中国人来讲都是非常重要的。年文化是传统文化在特定时段的一个缩影，它与其他传统文化是紧密联系的，而不是孤立的，而丢掉年文化则意味着丢掉了很多传统优良文化，绝不是简单的年味变淡问题。因此，农村文化建设工作依然艰巨。

（四）农村社会风气治理难度加大，短时间内难有大改观

当前，陕北洛川农村的社会风气越来越不好，诸如邻里不和、兄弟姊妹关系不融洽、村民人际关系紧张等。另外，越来越多的人过于注重丧事以及给去世的人过三周年或八周年纪念日，且盛行攀比。相反，对于一些积极的好事情反而没有多少人效仿，诸如供孩子上学，有人就觉得上学出来也没有多大出息，挣不了多少钱，上学无用论开始被不少人认可。对于陕北洛川农村出现的这些不良社会风气，现在竟然有越来越多的人表示认可，甚至推波助澜，如在一些村里，出现不好的事情，诸如村民之间发生了矛盾，其他村民不是帮助解决问题，而是煽风点火，唯恐事情闹不大，甚至有些人表面上是帮助解决，而背后却给另一个人说对方的坏话，使得农民之间的人际关系越来越僵化。对父母尽孝现在也已成为一个问题，兄弟之间都不愿意赡养老人，甚至为此成为仇人。曾经某村就发生过一件事情，给去世的母亲过三年不仅没有起到团结家人的作用，反而因为意外事件，使原本就不和谐的家庭变得更加矛盾重重。社会风气形成之后不仅有其影响力，更重要的是它还在不断传播，影响的范围由个人转向家庭，再由家庭转向其他家庭，最终影响到生活在这个区域的人。对于社会风气治理，不能使用武力或暴力，而教育在短时间内又难以起到应有的效果，况且大家并不一定愿意接受教育。“一方水土养一方人”，这个水土并不是简单

的自然水土条件，而更多是这个地方的风土人情与社会风气。因此，社会风气治理是一个长期的艰巨任务，不可小视。

四　构建和谐陕北农村的建议对策

（一）逐步尽快解决农村人地矛盾问题，做好土地流转工作

如果不能有效解决农村人地矛盾问题，将会直接影响和谐农村的建设。家庭联产承包责任制的实施，大大提高了农民的生产积极性，农村社会生产力得到了前所未有的发展。然而，人地矛盾的问题并不能忽视。农村土地流转工作确实需要做，但却不能盲目做。陕北洛川农村的人地矛盾问题比其他地方还要严重一些，其根本原因在于不仅要解决人地问题，还要牵涉果树问题。土地上的果树该如何赔偿，由谁买单等，这都是问题。在这种情况下，最好由政府出面，统一将长余土地以一定的标准征收回来，然后再重新承包给愿意种地的人。可以这样操作，政府以现有家庭人口数量为标准，每人分一定数量土地，其余都算长余土地，政府买走土地上的果树，赔付给现种地人，然后再根据土地和果树情况定价，承包给有种地意愿的农民。这样做可以避免农民直接接触，有助于减少矛盾，有助于提高土地使用率和生产效率，有助于优化资源配置。

（二）加强农村社会法制建设工作，将依法治国落实到农村

农村社会法制观念薄弱有其历史原因。虽然现在网络、广播与电视已经在农村普及，但是对于法制宣传并不能起到很大作用，其主要原因就在于普法节目真正看的人并不是很多，就算有人看也觉得离自己太遥远。比如农村出现的一些不良现象，过年赌博盛行，问题青年越来越多，恶霸势力抬头，有人觉得这种现象太糟糕，需要整治，而有人则去逢迎，成为里面的成员。最重要的是，不少人觉得这种情况已经这么久了，也没有见谁被国家的法律惩罚或制裁。事实上，农村懂法的人非常少，能知法并用法的人就更少了，要解决这个问题，需要从两方面着手。一是充分发挥大学生村官的作用，要将大学生村官真正下放农村，让他们在村上工作，以便于发现农村社会真正存在的问题，要定期向政府报告情况，并协助解决问题。二是严打农村违法犯罪者。过去农村社会的运行主要靠传统的乡规民约，但是受农民经济状况改善和农民思想观念变化的影响，传统的乡规民约已基本丧失了作用，不少农民的行为已经严重威胁到农村社会的良性运行。在这种情况下，就需要严惩农村的违法犯罪者，让依法治村落到实处，让法律在农村社会能够得到真正贯彻和落实。

（三）注重农村传统文化保护，去除农村糟粕文化

农村传统文化的影响力确实在减弱，从陕北洛川农村过年的情形来看，年味变淡即是传统文化丧失的最主要表现。曾经非常注重过年时人们之间的互相走访和问候，现在由于财富增长、道德滑坡及个体自主性增强，人们对此已不屑一顾。因此，保护农村传统文化，还需要从道德民风建设入手。现在对于不讲道德的人，确实没有好的制约办法或惩罚措施，从其言行来看，的确是难以入人眼耳，但是其言行还不到违法犯罪的地步，法律又没有办法管，所以“以德治国”在农村还需要进一步加强。现在，言行不良的人越来越多，基本处于外无力惩罚，内无力约束的状态，所以加强农村传统文化建设，让传统优良文化重新深入人心是解决这一问题最为有效的途径。针对农村盲目攀比的不良现象，需要出台相应的政策进行干预。由此可以看出，在加强农村传统文化保护工作的同时，还需去除农村的糟粕文化，二者应同时进行，才能使农村的文化环境转优。

（四）惩治不良社会风气实施者与传播者，净化农村社会风气

农村社会风气之所以越来越不好，就是因为有了较多的实施者和传播者。一般情况下，实施者和传播者基本是一个人群，这正好印证了中国的老话“物以类聚，人以群分”。因此，要解决这个问题，就需要对一些比较明显的不良社会风气进行整治。对大办丧事来讲，政府或村委应统一规定，制定一个适中的标准，无论什么家庭都必须按照这个标准操办丧事，只能比这个标准低，不能高，对于低者进行奖励，对于高者进行惩罚，当然这种办法没有办法分散实施，最好是由火葬场或成立相应的丧事管理机构统一管理，对于逝者，必须统一送到火葬场或丧事管理机构，由工作人员提供相应服务，逝者家属付费即可，这样就能有效避免盲目攀比大办丧事。对于不遵守者，应进行严厉惩罚。相信这样实施几次就会有非常好的效果。对于农村出现的家庭矛盾和农民人际关系紧张等问题，可能还需要探索一条新的道路，也许可以尝试奖励和惩罚并举的措施，对于家庭内部矛盾问题可以通过奖励来进行，比如奖励家庭关系和睦的家庭，以起到示范效应，从而引导大家去学习。对于农民人际关系紧张问题，则应以惩罚为主，惩罚不讲理和错误方。至于如何奖惩，还需要根据各村的实际情况进行探索实施。除此之外，还应加强村委会的权威性，要选拔德才兼备的人做村干部，明确村委会职责，发挥好村委会在农村的作用，再就是要将大学生村官留用村上，让他们多在农村待，与农民多接触，这样有助于发现农村社会问题的症结，更有助于找到有效的解决办法。

五　结语

农村实行家庭联产承包责任制后，尤其是税费改革之后，农村社会的变迁是非常明显的。除了农村社会的进步之外，农村社会的问题也更加凸显和严重，这些问题最终可以归结为农村社会的治理困境问题，需要探索较为有效的措施予以尽快解决。如果不能及时解决，长此下去，必将影响农村社会的良性运行和发展。陕北洛川农村有着非常特殊的年文化。伴随社会变迁，陕北洛川农村年文化也发生了变迁。通过分析陕北洛川农村年文化变迁，不难发现当前陕北洛川农村社会治理出现了一些新困境。这些困境不是孤立的，不应被小视。要立足新时代，妥善解决这些困境，以促进陕北洛川和谐农村的实现。

温州竹枝词节日风俗考

曹瑞冬*

摘要： 温州竹枝词的创作，始于宋而盛于清，并在清末民初走向鼎盛，标志着诗词走向世俗化的发展过程。其中关于过年、拦街福、清明节、端午节等节日的温州竹枝词是反映时代民生和地域风情的重要载体，包含了交际、饮食、信仰、服饰、游艺等风俗习惯，具有鲜明的地域特色和生产生活特点，呈现出温州独立的历史文化发展进程。

关键词： 温州竹枝词　节日风俗　特点

传承中国文化的不仅仅是唐诗、宋词、昆曲、京剧，它包含着与我们生活相关的每一个细节，而传统节日及其风俗是全体人民共同参与文明书写与传承的历史见证。同时，中国多样的地理环境和气候又促使传统节日以丰富多彩的风俗独立呈现，如温州在岁时节日中的交际、饮食、信仰、服饰、游艺等风俗体现出与民间信仰、商贸活动和文化活动相结合的特点。关于岁时节日的记载见于各个朝代的地方志和私人著述中，同时也能从源于民歌的竹枝词中考究民生风俗和地域文化的特点及影响。近年来从竹枝词角度考据民俗的研究比较突出，聚集于各地的竹枝词研究，其中周玉苹在《从温州竹枝词看清末民初温州的民俗》① 中从人生礼仪、民间信仰和岁时节令三方面论述温州的民俗心理及民

* 曹瑞冬，温州大学人文学院中国史专业硕士研究生。

① 周玉苹：《从温州竹枝词看清末民初温州的民俗》，硕士学位论文，温州大学，2013 年。

俗行为。李军红《温州竹枝词人生礼俗考》[1] 则从具体的生育、成人、婚嫁、丧葬礼俗论证温州人生礼俗的特点。但从竹枝词角度考证温州节日风俗的研究相对缺乏。本文通过竹枝词和其他史料互证的方法对温州过年、拦街福、清明节、端午节等节日风俗进行考证，并总结出温州节日风俗的特点。

一　温州竹枝词中有关节日风俗的内容概述

当下，学界推测竹枝词起源于唐以前，多以为是起源于巴渝一带的民歌，后经刘禹锡等唐宋诗人改编仿作，元明时期文人大量创作竹枝词，最终在清朝进入繁荣期。竹枝词是我国诗歌宝库中的重要财富，内容题材上关注民众生活和乡土风情，语言技巧上去粗存精、化俗为雅，反映了古代文化发展的世俗化、大众化和社会化趋势。作为民众生活的记录和地域特色的记忆，竹枝词在创作过程中逐渐关注岁时节日等地方性民俗，提供了丰富的社会史料，如蒋德璟《雷州上元竹枝词》、王彦泓《又杂题上元竹枝词》等记录上元节日气象，郎兆玉《都下清明竹枝词五首》、戴彬《清明扫墓竹枝词》等记录清明节日风俗，唐建中《端午竹枝》、刘希正《五日竹枝歌》[2] 等为研究端午节庆祝方式提供重要资料。

伴随着世俗化独立发展的过程，各地文人纷纷结合当地的民间歌谣创作具有地域特色的竹枝词。温州地处浙江东南，古东瓯越之地，是一座历史悠久的文化名城，其丰富多彩的区域文化为竹枝词创作提供灵感和蓝本。北宋年间，杨蟠作《永嘉百咏》，后大多散佚，宋元至明时期，仅存周行己、叶适、王自中、刘基、陈仲能等人创作的竹枝词 31 首。清朝是温州竹发展的繁盛时期，郭钟岳、钱子奇、方鼎锐、戴文俊，他们相互应和，共作《温州竹枝词》《东瓯百咏》《瓯江竹枝词》3 部共 300 多首，后有石方洛、洪炳文、杨青等人分别创作《楠溪竹枝词》《东嘉新竹枝词》《永嘉风俗竹枝词》，生动反映了清末民初温州民风民俗的变迁。而当下关于温州竹枝词的搜集与整理，据温州民俗学家叶大兵编著的《温州竹枝词》统计共有竹枝词 47 种 1653 首，附录 5 种 233 首，同时也有部分温州竹枝词被录入《中华竹枝词》《历代竹枝词》和《中华竹枝词全编》中，记录了温州历代的风土人情、民间文化和有时代特征的生活时尚，为当下研究温州历史和地区传统民俗提供了重要的文献史料。[3]

① 李军红：《温州竹枝词人生礼俗考》，硕士学位论文，浙江大学，2012 年。
② 王子今：《“竹枝词”的文化意义》，《河南科技大学学报》（社会科学版）2009 年第 2 期。
③ 曙辉：《叶大兵八十大寿添新作》，《温州日报》，2008 年 12 月 22 日。

竹枝词是文人对当地民歌搜集整理后的总结与创新，借力于诗词创作，客观还原社会面貌和民俗风情。而自清朝以来蓬勃发展的温州竹枝词不仅反映了温州的区域文化和民俗民风，还凸显了整个温州社会以精英高雅文化为中心向民间俗文化为中心的转化过程。温州社会生活的每一个细节，包括经济生产、民间信仰、岁时节令、人生礼仪、民间手工艺、民间戏曲等各方面的内容，这些生活细节和社会生态相互联系与影响，统一于温州的社会变迁和思潮变动中。其中温州人为迎合岁时节令而形成的节日风俗是民俗集中展示的大舞台，也是温州人民群体生活的共同记忆。一个人、一群人、一代人在时代中都经历着太多的苦痛和喜悦，中国人总会将苦涩藏在心里，而把幸福依赖于节日风俗呈现在四季的轮回中，把美好记忆以竹枝词等多样方式记录与传承。清代胡玠曾作《岀山竹枝词》6 首、《上元观灯竹枝词》10 首、《瓯江竞渡词》10 首和《端阳竞渡竹枝词》10 首，郭钟岳的《东瓯百咏》、方鼎锐的《温州竹枝词》、戴文俊的《瓯江竹枝词》和黄绍第的《瑞安百咏》也有部分涉及。民初，永嘉人杨青所创作的《永嘉风俗竹枝词三卷》，具体真实地记录了温州人生老病死、婚嫁、上学、科考、农事和赌博等传统民俗，其中《永嘉风俗竹枝词一》271 首以时令顺序详细记录了过年、拦街福、清明、端午、中秋等节日的交际、饮食、信仰、服饰、游艺各种风俗习惯其兄杨黄认为“风俗者，人心之酝酿也；人心也，道德之基础也；道德者，治乱之橐籥也。是故，风俗厚则治，风俗偷则乱”，并认为“余弟作《永嘉风俗竹枝词》若干首”旨在“力挽衰颓，共崇教治”①。当下，我们仍须关注社会变迁下的节日风俗，它们不仅是传统文化的重要组成，更作为一种潜在的文化资本对生产和生活产生重要影响。

二　节日风俗

（一）过年风俗

中国人在特定的时节，通过固定的风俗寄托对家人的情结，抒发对时节的感怀，折射出人民的生活方式和礼俗秩序，这就是中国的岁时节日。其中新年是温州民间最隆重的节日，从农历腊月开始，一直到元宵节，整整一个半月，温州人遵循许多规矩，举办大量活动，立足于团圆和幸福，表达对新年的希冀和祝福。

温州年前习俗中的腊八粥、吃春茶、买年货、掸新、捣年糕、祭灶王、贴

① （民国）杨青撰，谢作拳、伍显军编：《杨青集》，上海社会科学出版社 2005 年版，第 1 页。

春联在竹枝词中均有体现。“千声百杵斗英豪，真个健儿气力高。不怕雪花飞似掌，赤身露体捣年糕”①，描写了温州人在大雪纷飞时节制作年糕的热闹景象，而后将捣韧好的年糕压成牡丹、蟠桃等图样，这是竹枝词中的“印糖糕”：哥哥弟弟印双双，会做秤锤压米缸。侬却做成小元宝，窗前度伴银釭。张棡在民国四年二月二日记中写道：“是日，予家雇人炊箬糕。按此糕用糯米粉和糖霜掺和软韧，装入蒸笼之内，四周均用箬垫，用掌击之使匀如镜，乃上锅蒸之。蒸熟取出响遗亲友，称之送年糕。”② 另外，竹枝词中祭灶王的描写是这样的：“家家户户买饧糖，廿四黄昏祭灶王。家长家娘密密拜，俱求好话奏天堂。”③ 这是温州人用“贿神”的手段，给灶王吃糖，希望灶王在玉皇大帝面前不要说坏话，以祈求来年风调雨顺。廿四夜也称交年，自此日起直到年关除夕，还需要做好“掸新”的习俗，分为“轩间厨下复厅廊，拥竹持竿打扫忙”和“长竿短帚扫蓬尘，一例厅堂与接新”④ 打扫和接新两部分。清扫房屋，俗称“掸檐梁”，因“尘”与“陈”谐音，扫尘有“除尘布新”的含义，用意是把一切霉运、晦气统统扫出门。这一习俗寄托着人们破旧立新的愿望和辞旧迎新的祈求。⑤ 待到春联贴好、年货买齐，温州人便开始辞旧迎新、拜神祭祖、拜年看戏，尤以一桌“分岁酒”将过年气氛推向高潮。“分岁酒”一般指年夜饭，它从腊月开始准备，最后在除夕夜呈现一桌丰盛的晚宴，吃过分岁酒，然后大家自寻娱乐，彻夜不眠，俗称“守岁”，恰如“着得一裤红袄红，争看热闹跑街中。归来守岁三更座，不是呼卢便睡虫。”⑥ 旧的一年在辞岁、守岁中结束，新的一年在爆竹声中开始，温州的正月初一是一年中最隆重的节日。早起家家放爆竹，叫“开门炮”，然后设堂案，挂祖像，供果品，点香烛，拜祖祭天地。先向上辈拜新年，而后平辈互拜，互相祝贺。这天不扫地，不洗衣，更不倒马桶。忌讳争吵，不讲不吉祥的话，不做不吉利的事。⑦ 正如竹枝词所记录的新年第一件事是“头香先上瓯王庙，辟地难忘食土功”，拜六神，接三神，祈求人口平安，家业兴旺后，便按照“乌靴袍褂红缨帽，个个人间快活仙”⑧ 的记载在邻里和亲友之间，往来拜年，恭贺新禧。除此之外，温州人在过年中还有送元宝、长八日、看戏等风俗。送元宝是春节期间，两人搭档，手持铜钱串和万年青树枝，挨门念

① （民国）杨青撰，谢作拳、伍显军编：《杨青集》，上海社会科学出版社 2005 年版，第 21 页。
② 张棡著、俞雄选编：《张棡日记》，上海社会科学出版社 2003 年版，第 63、188 页。
③ （民国）杨青撰，谢作拳、伍显军编：《杨青集》，上海社会科学出版社 2005 年版，第 22 页。
④ 同上书，第 21 页。
⑤ 郭树清：《崇明风韵》，文汇出版社 2011 年版，第 48 页。
⑥ （民国）杨青撰，谢作拳、伍显军编：《杨青集》，上海社会科学出版社 2005 年版，第 23 页。
⑦ 徐顺旗主编：《永嘉县志下》，永嘉县地方志编纂委员会编，方志出版社 2003 年版，第 1199 页。
⑧ （民国）杨青撰，谢作拳、伍显军编：《杨青集》，上海社会科学出版社 2005 年版，第 2 页。

《送元宝》谣，正如竹枝词所描写：赤脚蓬头刘海仙，万年青上挂金钱。许多元宝挨家送，昨夜黄昏新下天。而“谁知送了大元宝”竟有“换片年糕薄薄来”①的好结果。另外，温州地区过年中以祈福占卜活动最盛，据瑞安县志记载：“谷日，俗呼长八日，宵分，贫富皆于庭中燃薪，诸巷陌市肆亦然，爆竹如雷，火火烛天，群儿嬉戏跳掷，以庆其会。”② 温州人在正月初八以“原来长八是良辰，嘉福天宁佛事新。要到太平不怕远，黄龙一路走香轮”③ 等活动祈求保佑全家安康。同时，温州地区也举办一系列盛大的集会庆祝春节，比如，“当年元日闹纷纷，石埠殿中看戏文。一事教郎真羡煞，台前满眼帽红缨”。描写的看戏景象，而后到农历正月十五的上元节，各地张灯结彩、舞狮舞龙、跑马灯、踩高跷、跑旱船，在闹花灯中拉下春节的帷幕，如平阳县志记载：“街坊结竹挂彩张灯，庙宇犹盛数日，妇女游观，杂踏笙歌之声辙晓。”④ 上元节的盛况还体现在各种娱乐活动上，比如温州一带在元宵节有猜谜习俗，“谁家院落庆良宵，吹灯弹丝韵最娇。不作狂游开雅会，春灯谜里斗诗瓢”⑤，已成为温州人民一种喜闻乐见的文化活动形式。还有，舞龙灯也是温州元宵节的重要民俗活动，张棡曾在光绪十四年正月廿七日的日记中写道：“一人假装妇人，随灯后作打‘打连镶’之戏。旋有大龙灯继之，龙头约二丈长，高亦如之，其下约数十人持竿擎高，前有数百人持绳牵挽，更有百余人鸣锣呐喊，其前导则数人俱反披羊皮褂，手执高照徐行，后面或数十人，或百余人不等，俱抬龙身与龙尾而走。蜿蜒街市，俨如山径，所谓烛龙衔耀，照彻九衢者矣。”⑥ 然后到大户人家的庭院舞龙，灯师在鼓乐声中唱龙灯歌，这是竹枝词记录的“参龙”：参龙伯伯好喉咙，纸马菜篮揭手中。参遍诸天神保佑，长袍大帽走西东。⑦ 春节是承继旧岁、开启新年的重要节日，它所集中展示的节日风俗折射出人们的美好追求和幸福祈求，却从交际、饮食、信仰等游艺活动观察到温州人表达幸福的特有方式。

（二）拦街福、清明风俗

每个人、每个地区、每个民族对相同时节的感悟是不同的，因而他们表达感悟的方式也是不同的，就比如有的人把美好的春天藏于心底，细细品味，有的人要用繁盛和多样的风俗来表达对自然的敬畏、对神明的虔诚、对祖先的感

---

① （民国）杨青撰，谢作拳、伍显军编：《杨青集》，上海社会科学出版社 2005 年版，第 3 页。
② （清）张德标修，（清）黄征乂纂：《嘉庆瑞安县志》，中华书局 2011 年版，第 455 页。
③ （民国）杨青撰，谢作拳、伍显军编：《杨青集》，上海社会科学出版社 2005 年版，第 4 页。
④ （明）朱东光：《（隆庆）平阳县志》，明隆庆五年刊清康熙间增钞本。
⑤ （民国）杨青撰，谢作拳、伍显军编：《杨青集》，上海社会科学出版社 2005 年版，第 5 页。
⑥ 张棡著，俞雄选编：《张棡日记》，上海社会科学出版社 2003 年版，第 63 页。
⑦ （民国）杨青撰，谢作拳、伍显军编：《杨青集》，上海社会科学出版社 2005 年版，第 6 页。

恩、对未来的希冀。从农耕时代一路走来，岁时节日的表达方式趋于世俗化、城市化、商业化和娱乐化，如温州城内每年农历二月初一从康乐坊开始，至三月十五日五马街止，主要街道依次举办祈福活动，温州地方性节日被称作“拦街福”。拦街福与春祈、禳灾和驱瘟活动紧密结合，清同治年间戴玉生《瓯江竹枝词》：“春许冬还愿若何，家家齐唱太平歌，拦街不用多祈福，但得平安福已多。”① 古代温州民间有“春许冬还”的习俗，即春天应该举行春祭，以许愿形式祈求天神保佑当年生产丰收和一方平安。由此看来，拦街福最早形成于温州人的信仰崇拜，正如拦街福是为了三月三的迎神赛会活动作铺垫，把东岳庙会推向高潮，如郭钟岳于同治十一年作《东瓯百咏》，其中“三月赛”的条注：“三月赛，不岳会迎神，六衙灯火，半月不绝。”其诗云：“光明世界瓣香烧，东岳巡方接翠轺。三月烟花刚上巳，六街灯火又元宵。”② 但拦街福习俗慢慢地从农耕信仰变异为丰富多彩的文化娱乐活动，从娱神转向为娱人。民国十六年（1927）杨青在《永嘉风俗竹枝词》中详细描述了拦街福的各种风俗：“当年豪富不知愁，西郭浦桥搭彩楼。南郭东郊扮串客，满城儿女任遨游。（搭彩楼）贪看夜市未阑珊，转过城南人更搀。只恨遭冤龙喷水，无端湿透碧桃衫。（夜市）西漆南油闹满城，春灯春色总春声。小街僻巷花门竹，不唱龙船便道情。（唱龙船）每年赛会好时光，多有健儿到地方。吐火吞丸做把戏，比拳舞棒丢刀枪。（赛会）风尘信有貌倾城，绳伎双缸试一呈。走遍两京南北路，堕不破裂名声（杂技）。”③ 温州商人、店铺纷纷抓住拦街福创造的有利条件，以减价的方式招徕顾客，凭着节日的噱头刺激人们的消费，极大促进了城乡交流和商业发展。外地人称“拦街福”为“温州人的狂欢盛宴”，如今的拦街福融合节庆活动“会、展、节、赛、演”五大要素，并突出温州特有的民俗文化、艺术文化以及商贸文化，从中可看出温州人积极、乐观的做人态度和热烈、实际的办事风格，而拦街福这一地方性节日也与温州地域特色紧密结合。

风俗的演变是为了更好地适应地区发展和时代进步，而温州充分把握外部背景，利用当地条促进风俗改良和民风改进，但也因此，温州节日风俗是拥有丰富内涵的统一集合。其中对自然的敬畏体现在“花朝节”的“摆花祭”上，戴文隽曾作《花祭》：“小小鳌山点缀工，中宵花祭入花丛。天香国色矜华贵，别有轻妆一捻红。”④ 该日，各家采集各种花卉，如牡丹、山茶、杜鹃、海棠和

① 温州鹿城区委员会，文史资料委员会编：《鹿城文史资料》第12辑，1998年12月，第168页。
② 潘超、丘良任、孙忠铨等编：《中华竹枝词全编（四）》，北京出版集团2007年版，第511页。
③ （民国）杨青撰，谢作拳、伍显军编：《杨青集》，上海社会科学出版社2005年版，第8页。
④ 雷梦水、潘超等编：《中华竹枝词1—6》，北京古籍出版社1997年版，第228页。

盆松之类，并沿街摆设，供人观赏。另外，对祖先的感恩和怀念借力于清明风俗表达，温州人讲究扫墓，不仅体现在“挂柳钱”“加土”的等祭扫仪式上，还要怀抱虔诚的心告慰先人，尊重长辈，爱护亲人。《泰顺县志》有这样一则清明轶事：“下洪人，字秉全，幼有胆力，父早卒，事母张氏至孝。会清明，随母祭父墓，归途遇虎母大惧，完以身蔽母投虎以石，虎怒咆哮张口作扑势，路旁有大竹完举之，直刺虎喉透项立毙。见者以为神助。后张卒丧葬尽礼岁时祭祀必诚必敬时论重之。”① 而关于孝道在竹枝词中也有体现：“劝郎积德当黄金，佳节还须负锸寻。多少荒坟去加土，埋胔一片古人心。”② 除此之外，清明节插柳植树也是一项重要的风俗，《泰顺县志》载：“清明插柳于门，小儿戴柳圈先日以鼠麰叶，俗曰绵麰，或蓬蒿和米粉馅糖为馒头，谓之燕瓷並酒醴以祭先墓，子姓享馂於墓下，墓多者至旬日始毕。”③ 正如竹枝词中记录的清明饼：“描金小榼送人情，米饼家家做现成。多谢大人亲馈赠，送青节里过清明。”而温州的清明习俗是以家庭或宗族的信仰展开的，带有告慰亲人的喜悦，也有留下人生遗憾的伤感，更有亲近自然、感悟新生的欢欣，相较于拦街福习俗，清明习俗趋于温州的乡土情怀、血脉亲情和自然感悟，在浓情蜜意中迎接春天。

（三）端午风俗

人类传承与发展节日风俗，是为了有效地展现精神面貌和思想情感，而当个人融入家庭，进而走向社会，我们就必须在统一的组织中寻求自身价值的契合点。对温州人民而言，端午节的意义在于将个人价值和地区整体利益紧密结合，体现于繁盛的社会活动和广泛的社会交流上。温州人利用温州水道纵横交错，支流密布的特点，每年农历端午节期间，各地都有举行龙舟活动之习俗，这也是温州地区最为隆重的节日欢庆活动之一。温州龙舟竞渡既是对龙腾崇拜文化风俗的崇拜和衍变，又是表达对庆丰收、祈福、酬神的举措，更是对屈原爱国精神的嘉许和追忆，它最早起源于春秋战国时期，并在宋朝时以酬神请愿庆丰收为主要活动，宋·叶适《永嘉端午行》诗曰：“起身齐看船势侧，梲安不动涛头高。古来峥水斗胜负，湖边常赢岂其数。岸腾渡沸相随流，回庙长歌谢神助。只今索莫向能为，败鼓搅壕观者稀。千年风土去不返，醉里冤仇空展转。”④ 描绘了当时的龙舟竞渡情况和端午祈福酬神的习俗。而到明清时，温州龙舟活动更加流行和热烈，与龙舟有关的庆祝活动也更加丰富和热闹，清·王

① （清）林鹗：《（同治）泰顺县志》，分疆录卷之八，清光绪四年刻本。
② （民国）杨青撰，谢作拳、伍显军编：《杨青集》，上海社会科学出版社 2005 年版，第 9 页。
③ （清）林鹗：《（同治）泰顺县志》，分疆录卷之二，清光绪四年刻本。
④ （清）李琬：《（乾隆）温州府志》，温州府志卷之二十八，清乾隆二十五年刊民国三年补刻本。

德馨诗云："更约仙门看斗龙，蜂屯蚁聚丰村农。分明欢乐场中事，竟似冤家狭路逢。望见船头挂锦标，城西两岸正喧嚣。舟人也解蛾眉妒，故把船停卖醋桥。"① 描绘了龙舟水上竞技和岸上娱活动的欢乐场景。除此之外，温州有许多水上台阁的观赏船。当台阁缓缓游行，塘河两岸彩红披挂，迎风飘扬，香烛腾逸，人山人海，而台阁上的人物衣冠鲜艳亮丽，彩旗五彩缤纷，光彩闪耀，笙歌悠扬动听。清郭钟岳曾作："龙舟竞渡闹端阳，五色旌旗水上扬。争看秋千天外荡，艄婆笑学女儿装。"《温州竹枝词》也有："午日江城竞渡时，倚楼画阁望迷离。半天忽动秋千影，龙女腾空作水嬉戏。"② 但端午龙舟竞渡也引发了许多问题，张棡曾在日记中写道："端午既近，各地愚民又有龙舟之举动，于是开殿门、擂大鼓者，时有所闻。惟此俗相传既久，然而舟划必斗，船斗必争，争则互殴，落水纷纷，易至酿命，而以讼破家者累累矣，可谓伤心惨目。"③ 所以，龙舟风俗曾一度被禁止。我们也须明白，人们依赖节日风俗这一形式表达着许多思想情感，但倘若以风俗的名义疯狂攫取财富，带来只会是社会秩序的混乱和利益关系的失衡，而节日风俗于当下的价值在于我们如何以健全心态看待文化得失，进而取精华、去糟粕，充分发挥它在道德改良和风俗改进方面的作用。最后，我们必须承认温州的地理位置和自然风光很大程度上促进龙舟风俗的流行，同时温州的端午节也有许多迎接夏季的风俗，如永嘉县志载："悬菖蒲艾蒿于门，晌午酌菖蒲雄黄酒，食角黍，以五色缕系小儿手，名长命线。各乡愁俱操龙舟竞渡祈年赛愿。"④ 如竹枝词中的《菖蒲剑》："菖蒲似剑剑儿长，天赐驱邪镇一方。今日家家门口挂，尽诛奸佞保贤良。"⑤ 而在温州一带的风俗是为了夏季驱蛇虫鼠蚁："看看阶前日向中，悬蒲插艾总从风。蛎灰烧酒门台角，喷遍四隅驱恶虫。"⑥

（四）其他节日风俗

岁时节日，或许有一天会淡化成日历上一个寻常的符号，定格为记忆里的一种颜色。但只要不变的时节如期而至，它们终将在中国人的生产生活中浓墨重彩地绽放。温州人通过节日风俗来感知四季的轮回，又依据当地的宗教或神话信仰丰富节日内涵，如他们将牛郎织女的坚贞爱情以七夕的方式铭记和歌颂。七夕也称乞巧节，据永嘉县志载："昔日夜晚，妇女在中庭陈设瓜果祭拜双星，

① 中国人民政治协商会议，温州市瓯海区委员会文史资料委员会编：《塘河文化》2005 年第 2 期。
② 叶大兵编著：《温州民俗大观》，文化艺术出版社 2008 年版，第 37 页。
③ 张棡著，俞雄选编：《张棡日记》，上海社会科学出版社 2003 年版，第 125 页。
④ （清）张宝琳：《（光绪）永嘉县志》，永嘉县志卷之六，清光绪八年刻本。
⑤ 顾绅：《尚友居吟草》，未刊本，2010 年，第 102 页。
⑥ （民国）杨青撰，谢作拳、伍显军编：《杨青集》，上海社会科学出版社 2005 年版，第 14 页。

村姑三三两两聚在眉月下穿针，穿进者为乞得巧。一些妙龄姑娘，在七夕佳节还有结拜'盟姐妹'的风俗。"[①] 正如《温州竹枝词》诗云："双星初渡倍光芒，指点人间衣食先。乞巧情联盟姐妹，香球点火似骄阳。"[②] 另外，温州一带的地藏王节、中元节习俗体现出当地的民间信仰与佛教、道教等宗教信仰相互交融。中元节又称"七月半"或"盂兰盆会"，温州人在此节日有纪念祖先和亲人的风俗，据《泰顺县志》载："祭四时节序于家堂祭祖先，父母生辰亦多祭者，宗祠一岁祭俗，多于中元设盂兰盆会，遵礼之族祭以冬至或以立春日清明祭墓，墓多有祭田子孙轮值备。"[③] 而"盂兰盆会"有许多风俗，包括"肉林曾说肇凶顽，遗俗犹传摆肉山。借问盂兰超恶厉，休教肉薄鬼门关"的摆肉山、"世上于今用钞票，纸钱依旧送开元。定知三代宗亲者，说到铜钱也断魂。"的烧纸钱和"铜钱谁肯轻挥霍，乞丐一文骂出门。毕竟纸钱轻易举，街头巷尾布孤魂。"[④] 的布孤魂。这些俗以道教的神明信仰为中心，将祖先祭礼与宗族建设联结在一起，成为温州地域特色的重要组成。同样的，中秋节起源于古代对月的崇拜和月下歌舞觅偶的习俗，杨青《中秋》诗云："难得人生金叵罗，如盆月色卷帘波。阖家大小团团饮，人到中秋乐事多。"[⑤] 赏月、吃月饼等风俗寄托着温州人对亲人的祝福、对团圆的希冀和对完满人生的追求。除此之外，永嘉、瑞安等地的富实和小康人家，在中堂摆设几张方桌，围以锦围，置"小摆设"。小摆设模拟文昌帝君庙，设神像、几案、车马、兵器及执事等。民俗学家叶大兵曾考证说，这一夸富摆设习俗是古代温州在中秋祭拜"月光佛"的基础上发展而来的。温州许多节日风俗最早都是从宗教信仰发展而来的，但永嘉学派的"事功"之学及温州的市镇化进程促使当地人追求铺张、炫富和积极的生活方式。温州人积极展现节日的甜蜜，还体现在九月初九重阳节登高赏菊上，薛季宣曾作《重阳马上看菊》："秋菊粲真色，落若千金卮。对此好时序，馨香散幽奇。烂漫在伊昔，邂逅不可期。吾来倦逢迎，玄黄马常驰。二子复何事，相从意熙熙。奔走尘埃间，一见蹙我眉。向之念佳赏，惭颜朵人颐。"[⑥] 另外，据光绪《永嘉县志》载："重阳登高览胜，搡粉糕为人物花卉之玩以遗小儿，名曰登糕。"[⑦] 所谓的"登高"是人们追求幸福生活的直观反映，从中可以发现，岁时节日的世

---

① 徐顺旗主编：《永嘉县志下》，永嘉县地方志编纂委员会编，方志出版社2003年版，第1200页。
② 叶大兵编著：《温州民俗大观》，文化艺术出版社2008年版，第69页。
③（清）林鹗：《（同治）泰顺县志》，分疆录卷之二，清光绪八年刻本。
④（民国）杨青撰，谢作拳、伍显军编：《杨青集》，上海社会科学出版社2005年版，第16页。
⑤ 同上。
⑥（宋）薛季宣，张良权点校：《薛季宣集》，上海社会科学出版社2003年版，第73页。
⑦（清）王棻：《（光绪）永嘉县志卷六风土志》，清光绪八年刻本。

俗化表达在温州地区得到了比较充分的实现，他们在交际、饮食、信仰、服饰、游艺等风俗习惯上积极展现炽烈的情感，统统反映出温州人注重讲究实效、功利，强调个人、个性、能力的思想及其与商品经济意识融合的价值取向。

三 温州节日风俗特点

（一）好巫尚鬼，禳灾求吉

岁时节日从农耕时代一路走来，其风俗最初是从宗教或神明信仰开始的，而温州古来就是一个“信鬼神，好淫祀”的地区。温州地区有众多的寺观、庙宇、古迹和祠祀，其中最具地方性的节日拦街福主要围绕各地的祠祀展开，包括温州城隍庙、乐清江东王庙、永嘉忠烈庙和陈靖姑等，杨青在《永嘉风俗竹枝词》中列举出拦街福中的祈福迎神活动：“共道娘娘实显灵，果然十四放佳晴天。上塘昨夜烧香去，恰恰观灯赶转城。（上塘娘娘）迎神先日扮符司，贯甲顶盔扫路歧。此日榛荆满天下，扫清街道却伊谁。”① 我们可以将温州的节日风俗提炼为一种节日信仰，普通百姓寄希望于鬼神、风水和命运，而岁时节日象征的平安、幸福、财运、团圆、吉祥、健康等一切美好信仰则构建出人们心理需要的力量。温州节日信仰作为民间信仰的一部分，信仰对象自然是那些能为“凡人”禳灾求吉的神明，据《瓯海轶闻》载：“陈守元女弟为陈靖姑，有道术，曾诛白蛇妖，闽主封磷为顺懿夫人，食古田三百户，以一子为舍人。靖姑辞让封邑不受，乃赐宫人三十六为弟子，后数岁，逃居海上不知所终。其所传：遇馁妪以饭饭之，遂授以秘篆符籙，驱使五丁，鞭笞百鬼，后斩白蛇为三，化为三女子云云。皆与今俗说夫人灵迹相符，则是神为靖姑无疑。”② 所谓的“禳灾求吉”是人们传承节日风俗最原始的动机，也是最根本的动力，他们既需要神明来保佑自身平安幸福，更需要神明来充当广大民众的代言人，而岁时节日人们表达情感和思想的重要舞台。但“禳灾求吉”的目标实现不完全诉诸于神明，还体现在温州节日风俗“好巫尚鬼”的特点上。温州人在春节、清明、中元和重阳节都有仪式繁琐的祭祖仪式，据《泰顺县志》载：“中元旧俗用僧道，设兰盆会于祖祠，多束纸钱焚荐。守礼之族惟酒馔、多束纸钱銀箔为奠。”③ “好巫尚鬼”一方面是趋吉避邪、禳灾求吉心理需求的体现，另一方面是对家族伦理和传统礼教的回应。儒家文化千百年所倡导的重伦理、尚礼仪精神深深地沉

① （民国）杨青撰，谢作拳、伍显军编：《杨青集》，上海社会科学出版社 2005 年版，第 7 页。
② （清）孙衣言撰，张如元校笺：《瓯海轶闻》，上海社会科学出版社 2003 年版，第 1482 页。
③ （清）林鹗：《（同治）泰顺县志分疆录卷之二》，清光绪四年刻本。

淀在温州的民风习俗中，并在各种民俗事象的具体运作过程中时时得到表现。据《温州府志》载：“今所居定矣，祠庙其可缓乎？实欲奉三代貤，赠祖考彰。”① 温州人民在岁时节日中祭祖的风俗层出不穷，如过年中的“祭家先”：“风日融合第四天，收真家例祭家先。豆笾收拾重开饮，诗礼人家子孙贤。”② 还有清明时的祭扫：“罨子玲珑担出城，纷纷祭扫趁清明。太公坟上年年到，不是扫青是踏青。”③ 温州民俗长期以来就贯彻着对祖先的崇拜、对老幼的爱护以及家族和睦相处的伦理观念，反映出温州人民崇德重礼的精神。

（二）商贸鼎沸，文化交融

岁时节日存在关怀意义上的大众和世俗主题而不是常人所云的宗教信仰，使其高出于崇德重礼的传统文化精神，足以与时代创新精神媲美。温州节日风俗的宗教性传承和世俗化发展，乃至当下的保护式回归，都表露出温州社会发展的重要现实：文化不再是少数人的特权，而是广大人民寓理智与情感于生产生活中所形成的思想与精神。从个人的神明崇拜到家族的崇德重礼，温州人的社交网络日益广泛，最终拓展为兼顾城乡、市镇和海内外的社会关系中，如温州的岁时节日大都存在社会集会活动，光绪《永嘉县志》载：“元宵三日为期，士女游观者众人。二月朔，通衢设醮禳灾，名拦街福，以后循次诹吉为之，至三月望日而止。上巳，与忠靖王出巡卤簿，仪从甚盛，彷佛乡傩遗意。城内外通衢大道设幕，张灯僻巷，编竹为门，名花门竹。或十数家二十余家沿街具仪致祭，城南一带尤极华丽，以古玩名花陈设当途，曰摆花祭。”④ 温州不论男女、阶级和身份俱可参与节庆活动，但这些活动并不局限于传统的赏灯竞渡风俗，而是与商贸活动相结合，并在清朝达到鼎沸。所谓的商贸活动是各商店利用节日条件，以降价手段招徕顾客，销售商品，不仅有南北货、农土特产、日常百货、文房四宝以及竹木农具等，还有当时稀有的东西，如留声机、幻灯、西洋镜和鸟兽标本等，杨青曾作《留声机》：“新来机器留声筒，此曲分明二进宫。乡下老娘叫怪绝，有人暗里赌喉咙。”⑤ 这些商贸活动大大促进了温州的商业发展和城乡交流，可以将其归结于农村生产水平的提高带来市镇的繁荣，而文化领域则呈现出与城市化进程相一致的大众化和世俗化过程。正如温州竹枝词和其节日风俗，作为互相补充和印证的对象，两者在同一时期达到鼎沸状态，不仅仅体现在其外在形式趋于多样和丰富，更在于其内涵从传统走向现代，从推

① （明）张孚敬：《（嘉靖）温州府志温州府志卷之五》，明嘉靖刻本。
② （民国）杨青撰，谢作拳、伍显军编：《杨青集》，上海社会科学出版社 2005 年版，第 4 页。
③ 同上书，第 9 页。
④ （清）张宝琳：《（光绪）永嘉县志》，永嘉县志卷之六，清光绪八年刻本。
⑤ （民国）杨青撰，谢作拳、伍显军编：《杨青集》，上海社会科学出版社 2005 年版，第 9 页。

崇礼教到贴近现实。其中岁时节日既作为展示民俗的重要舞台，也是各文化互相交融的重要契机，如拦街福是集灯彩、舞蹈、戏剧、音乐、展出等各种活动为一体的节日，而这些也成为温州文人的创作源泉。他们眼中的温州和温州人是这样的："温州好，士女太缤纷，净履鲜衣来个个，观灯竞渡一群群，是处惹香尘。"① 温州立足于农耕文明，并在海洋时代中不断吸收外来文化，最终形成具有鲜明特色的区域文化，而岁时节日的风俗作为文化融合的产物，也融入了温州人民的生产生活的每一个细节，至今仍对温州的社会经济发展产生重要影响。但我们必须承认，节日风俗既不能诠释文化的全部概念，同时也不能作为人们生产生活的一切依据。《后端午行》诗云："一村一船遍一邦，处处旗脚争飞扬。祈年赛愿从其俗，禁断无益反为酷。"② 当温州节日风俗展现出商贸鼎沸和文化交融等世俗化特点时，它便在一定程度上背离于人们举办节庆活动的初衷：诉诸美好愿望和寄托理想情怀。所以，当下的回归传统须立足于健全的文化心态，以包容的态度看待文化得失，以创新的视角追求发展。

参考文献

[1]（民国）杨青撰，谢作拳、伍显军编：《杨青集》，上海社会科学出版社 2005 年版。

[2] 雷梦水、潘超等编：《中华竹枝词 1—6》，北京古籍出版社 1997 年版。

[3] 潘超、丘良任、孙忠铨等编：《中华竹枝词全编 四》，北京出版社出版集团 2007 年版。

[4] 叶大兵编著：《温州民俗大观》，文化艺术出版社 2008 年版。

[5] 叶大兵编著：《温州竹枝词》，文艺出版社 2008 年版。

[6] 周玉苹：《从温州竹枝词看清末民初温州的民俗》，硕士学位论文，温州大学，2013 年。

[7] 李军红：《温州竹枝词人生礼俗考》，硕士学位论文，浙江大学，2012 年。

[8] 王子今：《"竹枝词"的文化意义》，《河南科技大学学报》（社会科学版）2009 年第 2 期。

[9] 徐顺旗主编：《永嘉县志下》，永嘉县地方志编纂委员会编，方志出版社 2003 年版。

[10] 中国人民政治协商会议，温州鹿城区委员会，文史资料委员会编：《鹿城文史资料》第 12 辑，1998 年 12 月。

[11] 张棡著，俞雄选编：《张棡日记》，上海社会科学出版社 2003 年版。

[12] 温州市政协文史资料委员会编：《温瑞塘河文化史料专辑》，2005 年。

[13]（宋）薛季宣，张良权点校：《薛季宣集》，上海社会科学出版社 2003 年版。

[14]（清）张宝琳：《（光绪）永嘉县志》，永嘉县志卷之六，清光绪八年刻本。

[15]（清）王棻：《（光绪）永嘉县志卷六风土志》，清光绪八年刻本。

① 中国人民政治协商会议，温州市瓯海区委员会文史资料委员会编：《塘河文化》2005 年第 2 期。
② 温州市政协文史资料委员会编：《温瑞塘河文化史料专辑》，2005 年版，第 184 页。

［16］（明）张孚敬：《（嘉靖）温州府志温州府志卷之五》，明嘉靖刻本。
［17］（清）林鹗：《（同治）泰顺县志》，分疆录卷之二，清光绪八年刻本。
［18］（明）朱东光：《（隆庆）平阳县志》，明隆庆五年刊清康熙间增钞本。
［19］邱国珍编著：《塘河民俗文化》，中国对外翻译出版有限公司 2012 年版。

梦兆信仰下的仪式行为与网络社区形态研究

——以QQ、微信、新浪微博、天涯论坛、知乎以及贴吧为例

朱泽荣　赵　怡*

摘要： 信息技术的快速发展，带来了网络社区的兴起。网络社区作为一种区别于传统社区的社区形态，具有自身独特的特点。在以往的对于社区的研究中，仪式与社区的关系一直受到关注，仪式一定程度发挥着建构社区的作用。那这种视角在网络社区里是否适用呢？本研究在梦兆信仰的语境下，通过对QQ、微信、新浪微博、天涯论坛、知乎以及贴吧中梦的案例的搜集整理，在内容分析比较的基础上，借助于分享这一仪式行为，试图讨论这一问题。研究发现：受仪式行为的不同取向的影响，网络社区的形态具有公共性和私人性两种区分，体现着人们对于社区空间的不同建构。这种建构体现了网络社区的功能性与网络社区以认同为基础的缺场互动的特点。

关键词： 梦兆信仰　仪式行为　主流网络社区　私人性　公共性

一　引言

梦是一种常见的生活现象。无论是清晰逼真的梦或是模糊怪异的梦，大多

* 朱泽荣，北京师范大学中国社会管理研究院/社会学院，社会学专业，本科生；赵怡，北京师范大学中国社会管理研究院/社会学院，社会学专业，本科生。本文系宗教民俗学课程小组成果，参与成员还有：累累金史嫫、李依、叶巧莉。指导老师：鞠熙，北京师范大学中国社会管理研究院/社会学院副教授，博士，研究方向为宗教民俗学。

数人在大梦初醒后都想知道自己在梦中的经历意味着什么，是不是有什么特殊的意涵，是不是对生活的某种预示，这种想法就是梦兆信仰。由于对梦的这种信仰的存在，人们会在经历梦境之后自发进行一些仪式行为，以期能够阐释梦中所见所历，获得对神意的领会，对生活进行预示指导。现有的研究证明，仪式对于塑造社区记忆，维持社区整合，促进社区演进具有重要的意义。通过不同的仪式行为或是同一行为的不同取向，我们可以看到社区之间的同质性与异质性的一致与差异之处，它们凸显出了社区的不同形态。

在现代社会中，随着网络信息技术对生活的渗透，产生了一种新的社区形态——网络社区。这种新兴的网络社区的社区性受什么主导？人们仪式行为的不同取向构建出来的社区形态有什么特点？社区中人们的互动展现出的社区维持和整合的逻辑是什么？这些问题都是我们应该思考的，本文集中于讨论第二个问题，即仪式行为的不同取向所建构的出来的社区形态的特点及其彼此的关系。为解决这个问题，本文借助梦兆信仰这一语境，分析在网络社区中人们同一仪式行为——分享行为，所反映的不同行为逻辑来对上述问题进行回答。我们认为网络社区中的梦境分享行为，实质上受到梦兆信仰观念的影响，这种观念通过个人的生活史、认知经验和习惯记忆嵌入到人们的行为之中。根据研究需要，本文选用微信、QQ、新浪微博、贴吧、天涯论坛、知乎六个主流网络作为网络社区的代表，收集广大网友的“梦例”（即梦境分享案例，下文同），结合软件自身特点，展开讨论分析。

二　文献综述与研究介绍

（一）文献综述

“网络社区”是指基于现代网络平台，把具有共同需求、共同志趣的人们聚集起来的一种虚拟的网上用户共同体。目前学界关于“网络社区”的研究主要有两个特点。一是集中于对网络社区的特征描述以及同现实社区的特征进行比较。谢静[①]分析指出了网络社区与城市社区的互动关系，网络社区的虚拟性后果；王俊秀[②]则对虚拟社区概念、特点及其产生过程进行了回溯，对照研究了网络社会与现实社会，论述网络虚拟社区的构成特征；康永征、武杰[③]也对虚拟社

① 谢静：《虚拟与现实：网络社区与城市社区的互动》，《现代传播》（中国传媒大学学报）2010年第12期。

② 王俊秀：《虚拟与现实——网络虚拟社区的构成》，《青年研究》2008年第1期。

③ 康永征、武杰：《论新世纪虚拟社区与现实社区的关系》，《理论观察》2006年第3期。

区和现实社区的区别和联系进行了研究。二是集中于对网络社区的人际关系网络的研究。在张明、朱庆华[①]的研究中，他们运用网络分析法对图书情报学科领域的博客链接进行了分析；邱均平、熊尊妍[②]通过网络密度、中心度、因子分析法等分析了北大中文论坛汉语言文学版在信息交流中论坛的活跃度、活跃成员、主要话题等。[③] 这些研究基本都集中于讨论社区本身的属性、社区内成员的行动特点以及其与传统意义上的现实社区[④]的区别与联系，促进了对于网络社区特性的认识。

仪式，是指在特定的时间、场所和人群中，具有文化意义的行为实践。它有一定的规范制度，有一定的组织性，具有一定的“可复制性”，能够对参与事件的成员起到一定的强化作用。目前在关于仪式和社区关系的研究中，学者们普遍看到了仪式对于社区建构、维持以及正常运行的作用。首先，仪式有利于实现社区整合，它通过把人们聚集于一定的仪式空间，使人们进行集体活动来强化社区内成员的认同感、增强凝聚力。涂尔干早就提出过：“仪式作为表达并实践某种信仰观念的行动，通常在特定的文化圈中起到沟通、强化秩序和整合社会的功能，它使人们感受到所处群体的荣耀感和凝聚力，促进了社会团结的形成。”[⑤] 此外，拉德克里夫·布朗、维克多·特纳和格拉客曼都在他们研究中承认了仪式对于社会整合的促进功能。彭兆荣、张良和刘铁梁等中国学者也认识到仪式活动在促进乡村社会、聚落等“社区”整合、内部团结方面的作用[⑥]。其次，仪式活动能够保持群体的意义传递，促进传统文化传承，维持社区秩序、保持社区稳定。仪式可以通过沟通群内共同价值、减少内部纠纷，从而对社会稳定和平稳发挥作用。康纳顿指出仪式借助于“形式主义”和“操演作用”来传达和维持群体记忆或社会记忆。而这些共享的经验或共同的记忆通过再现，可以使现在的社会秩序合法化。[⑦] 奂平清[⑧]通过对西北弓村“转灯”仪式研究指出，这一仪式保持了村内人们对自己文化传统的社会记忆，增强了村民对村庄

① 张明、朱庆华：《Web2.0 环境下学术交流的社会网络分析：以博客为例》，《情报理论与实践》2009 年第 8 期。

② 邱均平、熊尊妍：《基于学术 BBS 的信息交流研究：以北大中文论坛的汉语言文学版为例》，《图书馆工作与研究》2008 年第 8 期。

③ 贾二鹏、陈建新：《国内外虚拟社区研究》，《新世纪图书馆》2011 年第 12 期。

④ 指聚集在一定地域范围内的社会群体或者是在共同的社会活动中培育出共同意识和情感的社会共同体。

⑤ 李沛：《祠堂，祠堂戏剧与社会整合——对温州夏村的研究》，博士学位论文，复旦大学，2011 年。

⑥ 引自杨文学《村落仪式与社区整合——云南彝族社区“阿朵村”为个案》，硕士学位论文，西北民族大学，2015 年。

⑦ ［美］保罗·康纳顿：《社会如何记忆》，上海人民出版社 2000 年版，第 3 页。

⑧ 奂平清：《社区仪式及其在社区社会资本创建中的作用——以西北弓村“转灯”仪式的实地研究为例》，《西北民族研究》2003 年第 4 期。

的社会认同，这进一步证明了仪式在维护社区秩序稳定方面的作用。最后，社区仪式还有利于社会资本的创建。奂平清在对弓村“转灯”的仪式研究中还指出，社区仪式通过人们的参与和沟通，直接创建了社区各个层面的社会资本。弓村的转灯仪式活动涉及地方社会的各个层次：个人、家庭、家族、聚落、社区和区域。在个人、家庭、家族和聚落的合作与支持下，社区作为一个整体在仪式中被呈现。这种仪式活动在培养社区共同行动能力的同时也创建了社区的社会资本，便于集中力量解决社区问题。

综上，研究者们从多个方面阐述了仪式活动对于传统社区的重要作用。在论述仪式与社区的关系上倾向于描述仪式是如何作用于社区的及对社区产生了何种功能。依循的是结构功能主义的视角，这对于理解传统社区具有重要的意义。但需要指出的是，这种角度在理解网络这个新生社区上是否可以继续沿用，在网络这个社区里仪式与社区的关系是什么样的？因此，在借鉴以上研究的基础上，研究将仪式这一视角引入网络社区，关注在梦兆信仰影响下的网络社区中，人们分享梦境这一带有通过仪式色彩的行为所反映出来的网络社区的样态。从仪式的角度来分析当前各大网络社区的差异，从同一仪式行为的不同取向寻找具体网络社区的特点，讨论仪式与社区的关系。

（二）研究方法与资料介绍

研究使用的资料是通过对 6 种网络社区中的内容进行检索、筛选所得，资料收集共进行了 2 次，分别在 2018 年 4 月和 6 月。在获得一手资料的基础上，我们对资料进行编码整理，运用内容分析法和文献法，参考相关文献和理论框架对所得材料进行分析。研究一共到 155 个梦例，其中微信 8 个、QQ 5 个、新浪微博 38 个、贴吧 34 个、知乎 39 个和天涯论坛 31 个。

三　私人性蜘蛛网式的“差序化”社区：QQ、微信和新浪微博

费孝通提出的“差序格局”[①] 的概念，一直以来都为我们理解人们的关系和行为提供了很好的角度。“差序格局”所要突出的“关系”显然不可能涵盖所有类型的人际关系，其本质上是以私人关系为主要连结的个人“关系”网络。[②] QQ、微信和新浪微博三个软件所构成的社区，都是以用户个人的“关系”为核心而形成的，展现的是一种私人空间状态下人们的行为。梦例的分享在其中就

① 参见费孝通《乡土中国》，北京出版社 2011 年版。
② 沈毅：《迈向“场域”脉络下的本土“关系”理论探析》，《社会学研究》2013 年第 4 期。

像是在蜘蛛网里一样，有“差”有“序”的进行。在这个私人性的空间形塑下的社区里，其内部不同的网络社区又表现出各自特有的社区特点，但都有一个核心的议题：认同的获取。

（一）他人认同型社区：QQ和微信[①]

QQ和微信是熟人社交圈的代表，其社区构成最明显的特征是用户个人强关系主导、弱关系辅助共同构成，人们在这个社区里的行为受到熟人社交观念和独属于个人的私人空间意识影响，是人们渴望获得一种来自他人认同的表现。这种认同通过点赞、评论、分享等方式获得，相应的这种认同又在维持着这个社区的整合。熟人社交的方式，形成了一种天然的防御机制，既阻断了陌生人的窥视，又给定了该社区人们的交往规则——建构维护适合在熟人交往中的“舞台形象”。

在QQ和微信里，梦例分享有两个特点：一是数量少。我们尽可能地拉长收集的时间和扩大收集的范围，[②] 也只得到与微博梦例约1/3相当的量。我们推测一方面可能是因为人们通常倾向于把梦当做虚幻的东西，所以较少把其视为实际生活经历的一部分，在QQ空间与微信朋友圈进行分享；另一方面也有可能是人们觉得自己的梦不够有趣或者无其他意义，不能引起熟人圈大多数人的兴趣与促进良性互动，于是放弃此类梦境的分享，从而避免影响熟人圈里的已有形象。二是单纯梦的内容分享。这些梦多来源现实，但又比现实更为荒诞，多是一种现实的奇怪映射。如梦见学院全体同学集体进鬼屋；梦见近视的自己戴了八层美瞳；梦见自己上午的课全被取消了，等等。在这些梦中，学院全体同学、近视的自己戴美瞳，有一上午满课，这些都是真实存在的情况，而梦中的内容却是无厘头的。我们认为，人们在QQ和微信分享梦例，大多是想记录自己生活中有趣的或是容易引起人们情感共鸣的事，从而激起大家的兴趣和获得情感共鸣，既可以提高自己在熟人圈中的“出镜率”，也可以让梦境中的相关者或是有共鸣者与做梦者发生互动，获得认同与情感满足，从而维系或加强双方的联系。

（二）自我认同型社区：新浪微博

新浪微博是一个基于用户关系的信息分享、传播以及获取平台。虽然它也是基于用户关系形成的，但它的私人空间边界比较特别——超强的个体自我表

① 考虑到资料收集的原因和不同软件背后的网络社区的特点，在研究中将其视作一类。因为它们的社区具有同构的特点，基本都有一个“朋友圈”式的分享空间，都是熟人社交，圈子里的人很大程度上具有重合性。即使专门的，例如“企业微信”，也是依托工作关系建立的，也可视作熟人社交圈。

② 时间上分两次进行，范围上对小组里的5个人的QQ和微信都进行了收集。

达和最大限度的对陌生人开放兼具。新浪微博上动态是完全公开的，查看和发布具有很强的随意性和时效性。同时其较强的匿名性，使得新浪微博就像是一个“广播电台”一样，可以面对许多人传递自己的信息，并大大降低信息被熟人看到的几率。这种熟人交往控制的弱化，使得在这里面分享的人更多像是在寻求一种自我认同，不管什么东西，只要在这里进行分享，广播出去被某些认同或是不认同的人看到，自己的心绪就会改变。这种对于分享的迷信，其主导的就是个人自我认同的获得，是自我调控的途径。

在新浪微博中，梦例分享的数量庞大，总体来看也具有两个特点。其一，是评论极少，互动的热度很低。每个分享者所收到的评论都很少，许多分享甚至没有收到评论。这可能与其匿名性和广播式的信息传递特点有关，分享者仅仅是想找个没有熟人控制地方记录梦境，就像写日记一样，不需要别人的过多关注，而只重视个人内在的思想情感变化，营造一个真正独属于自己的私人空间。其二，是多数梦例分享都是与现实生活状况密切相关的不好的梦。这些不好的梦影响着人们的心理感受，制造着不舒服的体验。人们的分享只是把微博当作了自己的情感“树洞”。把不好的东西丢进去，以获得新的状态体验。我们发现，这些梦多与亲人、前任有关，换言之，主要集中于家庭与爱情两大板块。在关于家庭的梦例中，有父亲梦见女儿哭诉没有朋友，醒来后心里不是滋味；有梦见死去奶奶，醒来后十分思念；还有梦到妈妈不听自己想法，与其赌气，实是想要妈妈的安慰，醒后感慨长大，等等。在关于爱情的梦例中，有梦见前男友的快乐新生活，醒后难以释怀；有梦见自己被抛弃，惊醒之后一直流眼泪，感叹用情至深；也有梦见和心心念念的女人结婚但之后被抛弃，醒来之后不能找回自己，等等。由此我们认为，人们在新浪微博上分享梦例，大多是对于梦境本身的记录和把相应的心理活动表达出来。在具有公开性、匿名性特征的新浪微博平台中，这种由不好的梦境带来的情感宣泄与信仰不会被相关的熟人发现，只会被某个不知道的“听众”知道，这许对做梦者情绪舒缓起着一定作用，调节着他们的状态。这种幻想出来的某个人实际上就是梦者本人，人们的分享寻求的正是对自我的认同，对自己的价值与意义的肯定，是一种自我的表达。

综上，我们发现这三个以用户关系为核心的软件，梦例分享的仪式行为表现出不同的取向，受到“关系”的亲疏远近的影响，具有“差序化”的特点。每一个梦的分享者就像是蜘蛛网上的蜘蛛，居于社交圈子的核心，不同的软件社区就像是掉到网上的猎物，满足着人们不同的认同需求。这种与做梦者现实生活状态紧密相关的流水账式的故事文本内容的梦例分享行为，在梦兆语境的背景中，更加突出了不同软件社区的特点，体现出对于社区空间的私人化建构。

四　公共性的"仪式化"社区：天涯论坛、知乎和贴吧

公共空间的消减在传统的社区研究中一直备受关注，对网络社区的关注自然也离不开对公共空间的讨论。公共空间具有空间聚合的作用，它将行动者们汇聚在同一个空间下，通过在此空间里创造的集体意义，影响着人们的行为。作为开放性的讨论式平台，天涯论坛、知乎和贴吧这三个软件在营造公共性的空间上具有重要的作用，受此影响人们所构建出来社区形态也带有很浓厚的公共空间性色彩。我们看到，分享行为在这些讨论式平台中更容易出现，基本已经成为一种仪式化的行为。而梦例的分享也是如此，但梦例的分享还有一个显著特点，就是如果考虑梦兆信仰的语境，则离不开一个核心的要件：仪式场存在与否。布迪厄的关于场域和惯习的观点有助于我们理解这一问题。梦兆信仰的记忆在我们的成长过程中慢慢地铭写进了我们的身体里，形成了我们的一种惯习，这种惯习在相应的仪式场中才可以清晰地被看到，[①] 也只有在仪式场中，人们的地方性知识与地方性文化才能赋予人们交流的共识。

（一）一般性社区：天涯论坛和知乎[②]

天涯和知乎关于梦例的分享仪式，只具有一般的仪式性行为，没有相应的仪式场域背景。人们在这两种网络社区进行分享，没有强烈的仪式感和内心期待，因此他们在这两大网络社区分享梦例时往往不会花太多的精力斟酌挑选发布自己梦例的模块，只可能随意选一个自认为可能合适的模块倾诉，但该模块是否真的可以提供适宜仪式场域却很难说。社区自身的特点影响了处于其中的人们的述梦行为，这种缺乏相应场域的分享，使得梦例背后的梦兆信仰观念被弱化，独特的场域知识与文化不能够被唤醒，很多分享变成了只是单纯的话题由头，并不具有明显的梦兆信仰的色彩。在这种情境下，分享仪式建构出来的

---

① 布迪厄认为："习性与场之间的双重的、模糊的关系。从习性的角度，我们可以观察到理解、欣赏和行为的纲要式、持久的、可相互置换的体系，它们产生于铭写在人的躯体中的社会制度；从场的角度我们可以观察到客观关系的体系，它们是铭写在事物或机制中的制度的产物，这些事物和制度具有物理学意义上的客体的准现实性。"参见［法］布尔迪厄《文化资本与社会炼金术—— 布尔迪厄访谈录》，包亚明译，人民出版社 1997 年版，第 174、179 页。

② 从仪式场的角度来考虑，因为天涯和知乎里面分享讨论的内容非常的庞杂，基本是现实生活讨论的话题都会出现，这在一定程度上掩盖了梦例分享在这种讨论式社区里的呈现形态，梦例的分享行为不能显著地展现出受其影响下这类社区特点，行为呈现出同质性。所以在讨论时我们将天涯和知乎放在了一起，归为同一种社区类型，核心是他们没有营造出一个明确的仪式场，仪式化的分享行为没有得到仪式场的支持，独属于不同特质社区的地方性知识与地方性文化不能够被有效唤起。

这两种网络社区趋于同质，表现为一般性社区。

在天涯论坛上，我们所收集到的梦例大多是近期的，信息的时间跨度较小，最早出现的梦例是2016年，详见表1。这些分享的梦例内容繁多而生活化，有与近期现实经历密切相关的、有反映内心状况的、有荒诞难解的、有恐怖惊悚的、也有预示潜在情感状况的，等等。人们分享行为没有明确的倾向，分享的讨论点在于是否有足够的兴趣点。分享的具体取向多元，有单纯的分享自己的故事，想通过内容分享来消解梦给自己的困扰；也有人表现出求助意愿，寻求网友帮助解决困惑；还有人是想通过分享获得他人的关注或安慰。人们不同的分享取向，虽然一定程度上体现出他们对梦兆的信任程度不同，但却没有明显的表现，只是众多的分享行为中一种，更像是发挥着一种娱乐消遣的作用。从分享浏览量上来看，网友们浏览量最高的是涉及重要人际关系的、求解类的、类似经历性的、应验了的梦。如表1中，人们对涉及感情的梦关注量很高，因为情感关系不管是在过去，现在还是将来都与人们密切相连。所以当梦境与此相关时情感的唤起更多，很容易引起人们的讨论兴趣。求解和经历共鸣的也是如此。

从贴子对应的模块来看，我们看到一个有趣的现象，——同一个贴子在不同的问题模块中浏览量差别非常大，例如：“与初恋多年不联系，但最近做梦总梦他，求解”这个贴子，它在“婆媳关系”模块中的浏览量是1135次，而在“灌水专区”中浏览量仅为54次，见表1。

表1　　　　天涯论坛梦例（部分）

主题	浏览（次）	评论（次）	模块	时间
与初恋多年不联系，但最近做梦总梦他，求解	1135	3	婆媳关系	2016
与初恋多年不联系，但最近做梦总梦他，求解	54	2	灌水专区	2016
一直做梦梦见前男友，怎么办	1188	31	情感天地	2017
每天做梦都梦到前夫和婆婆，快崩溃了，真没有日有所思夜有所梦啊	764	2	娱乐八卦	2017
有没有经常做梦的人，分享一下吧（故事汇）	1497	92	娱乐八卦	2017
做梦老梦到佛、观世音菩萨，不知道啥意思	537	6	莲蓬鬼话	2017
求高人，我半夜做梦醒来之后，总能看到床边有个人影走来走去，稍晚睡点必被鬼压床	1708	15	莲蓬鬼话	2017

续表

主题	浏览（次）	评论（次）	模块	时间
做梦不好来次说破	89	0	莲蓬鬼话	2017
做梦求解	68	1	莲蓬鬼话	2017
刚刚做梦掉牙，开个贴，说破此梦	52	10	娱乐八卦	2017
老公打算打掉我肚里孩子，晚上做梦梦到我身上有拉链，拉开有个婴儿扑向他说恨他	1060	23	莲蓬鬼话	2018
每次做梦梦到父母拿刀追我，求各位大神帮帮我	241	10	天涯杂谈	2018

我们两个模块进行比较，发现“婆媳关系”比“灌水专区”模块的主帖量和回贴量都高得多，结合现实我们认为这是因为前一个模块问题更具体，网友浏览此模块时大多受到已有的观念和现实影响，所以对其中所出现问题的关注度更高。为了得到更有效的解释，我们对所收集到的梦例所属的模块进行了整理（见表2），最后看到大多数梦例都出现在“莲蓬鬼话”“娱乐八卦”“天涯杂谈”这三个模块，其中“莲蓬鬼话”又占了一半以上，这似乎表现出说明人们的梦例分享是具有一定选择性的，述梦之前他们预先对自己的梦有了一个价值判断，这个判断会影响他们最终选择在哪个模块述梦，模块选择的不同体现出网民梦兆信仰观念的不同。这也在一定程度上证明了场域的存在可以反映惯习，并且惯习的表现受到场域的影响。关于梦兆信仰的观念虽然已经或多或少地铭写进了我们的身体中，但在没有相应的场域的社区中，并不能凸显出来，即使有也是受到其他信息和因素的冲击，并不能展现这种社区形态具有的特点。

表2　天涯论坛模块情况（部分）

模块	模块说明	主贴（万）	回贴（万）
婆媳关系	每一个妹子，终将经历婆媳	18	827
情感天地	有人的地方就有情感碰撞的火花	375	9641
莲蓬鬼话	国内唯一负有盛名的悬疑文学圣地，恐怖故事集散地，中国知名悬疑品牌。无数悬疑作家、编剧、出版人、导演。鬼吹灯，藏地密码，青囊尸衣……展示了文学在网络最繁盛的面貌	120	3311
娱乐八卦	娱乐圈风向标，引来无数娱乐圈人驻足。网友活跃，写手众多，爆料层出不穷	547	28396

续表

模块	模块说明	主贴（万）	回贴（万）
天涯杂谈	天涯社区人气、流量、影响力最大的板块之一，集自由、多元、包容为一体。倡导关注自我、关注人性、关注社会民生，反应灵敏、传递迅速、观点明晰，对现实有着舆论监督和振聋发聩作用	496	14326
灌水专区	水区本色，乐在三分，灌水有理，其乐无穷	184	7425

知乎与天涯相似，在梦例的呈现上虽然有较为明显的求教的色彩，能在一定程度上体现梦兆的观念，但是依旧没有一个恰切的仪式场域进行操演，其社区形态也呈现出一般性，详见表3。在知乎上一个被讨论的核心问题往往可以保存很长时间，比如表3中讨论了6年的问题。从总体的关注量来看，知乎的关注度要比论坛低得多，并且知乎关于梦例的叙述主要集中于诡异难解的梦和在现实中应验了的梦，涉及重要人际关系的（特别是情感关系）梦例的分享和关注都比较少。此外，人们在知乎上对于自己梦境的讲述最后都包含“求解”“为什么”“怎么办”等带有明显求助、求解惑色彩的词汇。这可以看出，在这个知识分享为主的社区，人们对于梦兆的讨论其实不多，整体上的讨论也多以科学化的解释倾向进行，分享在这里更像是一种向别人请教问题的行为，没有明确突出的仪式。人们的分享行为，是对梦的内容的疑惑以及内心深处的梦兆信仰，驱使他们采取一些行动来解决自己心里的恐惧、疑惑或期待的表现。

表3　知乎梦例（部分）

主题	关注（个）	回答（个）	发贴时间
连续做梦梦到同一个人是什么样的体验	51	34	2年前
梦中竟然意识到自己在做梦，这说明什么	98	29	6年前
老是做梦梦见鬼怎么办	12	5	3年前
做梦经常梦见蛇是什么意思	39	7	5年前
做梦梦到的事情，过几天竟然真的发生了，连细节都很一致，告诉我不只我这样	94	24	2年前
做梦时梦见一位女生，最后那位女生真的出现了，并成为我的同桌，怎么回事	294	196	1年前
做梦梦到第二天发生的事情，有没有相同经历的人	606	51	4年前

（二）仪式场社区：贴吧

贴吧是一个以兴趣为主建立的社区，兴趣本身就是一种动力。在这个社区里，人们会进行一些仪式场性的行动，一方面实现心理上的慰藉，获得释然，另一方面也是对于铭写在身体中的梦兆记忆的确认。在这个社区中，“求解”和“说破”是人们常进行的两种仪式，并且有相应的仪式场。这种仪式场的存在，使得人们的行为仪式性特征更明显，并且能够唤起人们的共同知识与文化，勾连起彼此间的共识，比起天涯和论坛，在这个明显的仪式场中我们能够更加清晰地看到梦兆信仰的存在，以及受其建构的社区在强化内部认同，沟通内部共享价值上的特点。

我们看到，关于梦的贴吧有许多，其中有三个吧最热门——解梦吧（6.7 万关注，96.7 万贴子，下同）、周公解梦吧（5.5 万，55.9 万）、梦吧（5.6 万，49.3 万）。考虑到分析的方便，我们选择最热门的解梦吧作为代表，对吧内两大仪式行为——解梦与说破进行分析，这两者都具有与范・根纳普所说的过关仪式的特征，也能表现出仪式场社区的特点。

“解梦”仪式，解读梦兆的隐喻和象征之意，实现心理舒缓。解梦吧中的解梦贴与求解梦贴非常多，占到五成以上，我们选取题为“如果你有疑惑的梦，让我来试试吧。LS2220 析梦”的热门精华贴分析。我们发现，求解梦者的梦多是荒诞的，与现实相关又脱离现实，大多含有特殊意象，如牙齿、龙虾、蛇、蜘蛛等。他们认为这些意象是某种前兆，具有特殊含义，对未来生活有某种隐喻或者暗示，求解是为了获悉这种含义。实际上，“解梦仪式”就是一种简单的通过仪式：人们梦到无法解释的意象时，困惑不已，认为这是对现实生活的一种预示，这种想法让个人脱离了稳定的生活状态，期待而又恐惧，梦中意象的真正含义究竟是什么？解梦师通过解梦告诉做梦者各种物象的含义，如梦见蛇是好事，蛇是吉祥物；龙虾与螃蟹是精力旺盛的象征；蜘蛛是吉祥物；掉牙则可能暗示了生活中一些事情无可奈何，等等。这些梦兆的解释使处于混沌状态的解梦者有了重新聚合的可能，他们几乎都会认同解梦师的答案，使自己重新回归正常生活秩序，但可能会因伴生一些新观念，新感触而有些许变化。这种简单的通过仪式和解梦师的解答既有传统关于解梦的“社会记忆”的影子，也有解梦这种活动给人们带来意义的认同再现。通过解梦人们既实现自己的通过，也促进了对于解梦社区的仪式认同，促进了社区内部的价值认同，社区成员很容易再次求助。

“说破”仪式，把不好或奇怪的梦说出来，借助某种神秘的力量避免不好的事情发生，减轻焦虑。我们按照时间顺序选取了解梦吧中从 2018 年 2—4 月的 10 个以说破为标题的贴子，发现有 5 个梦见掉牙，其余是梦见狗、乌云以及流鼻血。于是我们对高频出现的牙齿进行了分析，在周公解梦官网中，我们看到梦见牙齿，通常预示会遇到困难，需要努力去征服，梦见掉牙，则多表示有某种重要的关系会失去。掉牙多是不好的征兆，会让梦者不安和焦虑。而做梦者由于梦到了不好的意象，认为若不采取什么措施，不好的梦和奇怪的意象就会给现实生活带来持久真实的冲击，于是便在解梦吧进行说破仪式，祈求家人与自己平安健康。这种说破仪式也具有通过仪式的作用。做梦者在梦到不好的意象时，自己的想法思考使得自己与正常的生活状态脱轨分离，进入一种不稳定的状态，通过说破不好的梦及意象，其走出阈限阶段，获得了心理安慰，摆脱了对于梦境的紧张恐惧，回到了稳定有序的现实生活中。最终，通过仪式完成，不需再担心之前梦境可能存在的不好兆示。可见，这种说破仪式对于其缓解焦虑，减轻不适具有重要意义，而贴吧中专门化版块的存在，为他们在网络社区中构建了特定的仪式场域，让他们的仪式有效发挥作用，沟通彼此的共享价值，促进认同与社区的整合。

综上，我们看到这三个以讨论互动为主要功能的社区，为人们在虚拟的网络中营造了一个公共性的空间，这个公共空间发挥的作用不同，其相应的仪式场的功能也不同。特别是在梦兆信仰的背景下，解梦吧等营造的仪式场环境更能体现出这种空间的公共性和给人们在强化认同，促进凝聚，唤起内部价值上的意义。“说破”和“解梦”两种仪式，其实就是传统关于梦兆信仰的实践的“记忆”，在人们的生活过程中被人们所传递和维持，限于现实空间没有合适的场域，所以难以被观察到，而在网络社区中没有了现实的诸多限制，便更加清楚地体现出来了。

五　总结与讨论

梦兆信仰语境下网络社区的功能性。研究发现，在现实不确定性越来越明显的今天，寻求某种可以寄托期望、鼓舞自己的方式成为越来越多人的选择。这种方式可以依托某个人、某种兴趣爱好、某个群体或组织，而梦兆语境下的网络社区正是生长于这样的土壤中。通过“分享”这一仪式行为，网络社区发挥着调和社会人际关系、平衡个体心理认知、满足着个体工具性和价值性的追求的功能。具体来说，网络社区一方面满足了个体在一个特定时期或特定情境下的即时需求或是特定的目的，比如微信等的即时沟通互动满足的信息交流和情感交流的作用、“说破”发挥的化解焦虑作用，降低了个体面对现实生活和困难的沮丧与焦虑，发挥着趋利避害的功能；另一方面，网络社区也满足了个体寻求价值目标实现的功能，比如面对一些困扰自己的梦境，人们在贴吧这样有共同群体的社区里获得了共情的互动，相对合理的解梦的积极引导，这样可以让梦者满足一定合于自己内心预期的功利性的幻想，为建构积极的自我提供了精神上的激励。虽然我们提出网络社区发挥的功能有工具性和价值性的分别，但在研究中我们发现，不管哪种社区，都可以同时找到这两种功能的影子，只是在特定的情境下哪一种更为突出一点。而这也回答了研究提出的问题：功能主义的视角，在网络社区中依旧有极强的适用性，并且在某些层面上的功能性更加突出。

仪式行为的不同取向与网络社区形态之间的关系是双向的，凸显出了网络社区“缺场互动”① 的特性，更凸显出“认同”力量的重要意义。研究发现，在网络社区中，网络社区一方面发挥着整合社区内部的社会关系、黏合不同的社区成员和满足社区成员需求的功能；另一方面，受到不同形态社区本身的影响，在这一社区里的仪式行为也有着自己的特点，如贴吧和天涯。而这种互相建构的关系正是以认同为基础的“缺场”互动的体现。在网络社区里面，因为网络本身跨越时空的特点，使得互动的发生是在一个特定的空间里进行，这个空间给了人们极大的自由。在这种情况下，互动的发生和维续必须有一个纽带，这就是认同。只有当有了认同以后，不同的仪式行为才能在相应的空间里面找到相应的意义。这种认同，不同于传统的对于角色、地位的认同，它更具有主动性，是个体自身根据所处的处境、所处群体的共同利益取向和共同的意志，确认自己的位置、表达反抗、构建某种规范并实现个体自身甚至社会转型的一种积极的认同，是个体诉求的积极表达。

本文关于梦兆信仰下仪式与网络社区的研究也存在局限。首先，我们选取网络社区代表时，仅仅是按照流行程度、了解与熟悉程度挑选了六种软件体现的社区，最终我们的样本也来自于此，所以其典型性有待更进一步论证。其次，本文选取的研究方法主要是文献法和内容分析法，没有现实中的访谈作为支撑，有些推论可能有偏误。另外，由于社交软件匿名性和开放性的特点，梦境内容的真实性无从检验，对于现代社交软件使用者本身气质和特点并未进行细致考察，资料的真实性和可靠性有待论证。再次，在微信，QQ 这类私密性强的社交软件中收集梦例时，我们主要搜集的资料是基于自己的朋友圈，这很明显地排除了非好友，使得研究所收集的梦例可能在一定程度上缺乏代表性。最后，在分享仪式中不同的取向会影响人们架构的社区，但是人们所处的社区本身的特点也会影响人们的行为，这一点在分析时并未涉及，需要进一步讨论。

参考文献

[1]［英］埃德蒙·利奇：《文化与交流》，郭凡、邹和译，上海人民出版社 2000 年版。

① 区别于传统的空间地点一致的、发生在特定的地域中的“在场”互动。

[2] 梁宏信：《范·热内普“过渡仪式”理论述评》，《重庆邮电大学学报》（社会科学版）2014 年第 4 期。
[3] 刘涛：《神圣与世俗：人类学仪式与社会研究》，《青海民族研究》2016 年第 3 期。
[4] 罗惠翾：《从人类学视野看宗教仪式的社会功能》，《新疆师范大学学报》（哲学社会科学版）2009 年第 1 期。
[5] 陈锦均：《人类学宗教仪式研究评述》，《民族论坛》2013 年第 6 期。
[6] 韩淑云：《女哈吉与通过仪式——基于青海循化穆斯林女性朝觐者的调查研究》，《北方民族大学学报》（哲学社会科学版）2010 年第 2 期。
[7] 裘涵、田丽君：《虚拟社区的内涵及其建构的组织性路径》，《中南大学学报》（社会科学版）2006 年第 6 期。
[8] 谢静：《虚拟与现实：网络社区与城市社区的互动》，《现代传播》（中国传媒大学学报）2010 年第 12 期。
[9] 王俊秀：《虚拟与现实——网络虚拟社区的构成》，《青年研究》2008 年第 1 期。
[10] 康永征、武杰：《论新世纪虚拟社区与现实社区的关系》，《理论观察》2006 年第 3 期。
[11] 贾二鹏、陈建新：《国内外虚拟社区研究》，《新世纪图书馆》2011 年第 12 期。
[12] 张咏梅：《“网络社区”的社会学初探》，《科学·经济·社会》2003 年第 3 期。
[13] 张明、朱庆华：《Web2.0 环境下学术交流的社会网络分析：以博客为例》，《情报理论与实践》2009 年第 8 期。
[14] 邱均平、熊尊妍：《基于学术 BBS 的信息交流研究：以北大中文论坛的汉语言文学版为例》，《图书馆工作与研究》2008 年第 8 期。
[15] 杨文学：《村落仪式与社区整合——云南彝族社区“阿朵村”为个案》，硕士学位论文，西北民族大学，2015 年。
[16] 陈相超：《风险视角下的社区集体仪式——基于对浙东南钓艚社区拚龙仪式的人类学考察》，硕士学位论文，复旦大学，2013 年。
[17] 林志森、张玉坤：《基于社区再造的仪式空间研究》，《建筑学报》2011 年第 2 期。
[18] 奂平清：《社区仪式及其在社区社会资本创建中的作用——以西北弓村“转灯”仪式的实地研究为例》，《西北民族研究》2003 年第 4 期。
[19] 李沛：《祠堂，祠堂戏剧与社会整合——对温州夏村的研究》，博士学位论文，复旦大学，2011 年。
[20] [美] 保罗·康纳顿：《社会如何记忆》，上海人民出版社 2000 年版。

香飘千年　香行万里

——中华香文化交流会观点揽要

在北京东岳庙建庙700周年之际，2019年1月29日，由北京香文化促进会、北京民俗博物馆、中国国际教育电视台、云南民族大学香文化研究院、广东梅州圣品沉香博物馆联合主办的中华香祖香圣安座礼敬典礼仪式暨中华香文化交流会在北京东岳庙举行。

在古琴的伴奏下，历时一小时，完成了庄严神圣的中华香祖香圣安座礼敬典礼仪式。随后，中华香文化交流会在北京民俗博物馆（东岳庙）会议室召开。会议围绕“香文化”“香科技”“香生活”“香产业”展开，与会嘉宾从各自领域进行阐释交流。

楼宇烈先生（北京大学教授 北京香文化促进会名誉会长 中国佛教研究所所长）：

香文化历史悠久，渗透在生活的方方面面，是中国传统文化非常重要的部分。人应该有敬畏之心，敬畏应该祭祀，祭祀是表达我们的敬意。“列星随旋，日月递炤，四时代御，阴阳大化，风雨博施。万物各得其和以生，各得其养以成，不见其事而见其功，夫是之谓神。”（《荀子·天论篇》）这是中华文化里对神的概念。凡生于天地的皆有命，有生就有命。万物死，则折；人死，曰鬼。中华文明历来强调天人合一，尊重自然。我们需要敬畏神灵，祭拜祖宗、先师。在这个祭祀的过程中，香是看得见摸得着的，是表达我们心中敬意的一种载体。生命如何选择？五谷之香、百草之香，让我们的生活变得更加美满，处处都有香。

“香文化”就是研究人类使用香的历史，香的原料、制作、使用方法（焚、燃、熏、蒸等）、工具（香炉、香笼、香插、香囊等），香的各种功能（如美化环境、养生祛病、陶冶性情、祭祀致敬等），香的使用艺术（如香艺、香礼等），以及使用香的意义（如香道），等等。

这些年依靠现代化的生产手段来制香，污染了环境，伤害了我们倡导的天然。神农氏播种五谷，发明耒耜，亲尝百草，发明医药，日中为市，治麻为布，作五弦琴，制作陶器，重卦观象，创制腊祭，等等，成为众多行业之祖。神农尝百草，从天然植物里找到香。我们把神农作为香祖祭祀，基本得到共识。在历史的长河中，对香文化发展做出贡献的人很多，我相信将来还会有更多的香圣历史人物。通过今天的研讨活动让我们对香文化有更深刻的认识，更丰富的信心。

金泽先生（中国社会科学院教授　北京香文化促进会会长　云南民族大学香文化研究院院长）：

香文化已经存在两千多年，但论其文化韵味浓厚，这几年才慢慢走上有组织的进程。这个进程开始于八大处的保护环境，当时雾霾严重，讨论的重点是净化空气、文明烧香，真正搞起来发现香文化是博大精深的。2015 年“北京香文化促进会”成立，下辖学术专家委员会、香师专业委员会、天然香行业标准专业委员会、香文化产业园筹委会和环保公益专业委员会。香文化各项活动搞起来以后，逐渐有学术界、教育界、文化界、科技界及企业界的参与。特别是朝阳区文化委员会、北京民俗博物馆、国际教育电视台都积极地参与进来，并给予我们支持。香与祭祀、宗教、文化联系密切，香文化的本质即香生活、香科技。香文化是有凝聚力的文化符号，是我们努力的对象，更是向心力的象征。“北京香文化促进会”要扩展研究范围，加强宣传力度，深入挖掘香文化在礼仪、修身、养德、健康、环保等方面的重要作用，重新认识香文化，感知香文化的深刻内涵，与在座各位共同努力使香文化真正成为上接传统文化，下对大众生活改善之所需。借此机会，感谢不同领域、不同层面对香文化的支持，希望大家群策群力，把千年飘香的香文化在我们手里弘扬下去，把祖国各地的优秀香文化，展示给全国的老百姓。

高春利先生（北京市朝阳区文化委员会书记兼主任　香文化产业战略合作单位主席）：

首先祝贺中华香祖香圣安座礼敬典礼圆满成功！感谢各位来到北京民俗博物馆参加活动。

新北京定位为全国政治中心、文化中心、国际交往中心、科技创新中心。

科技是中关村，那朝阳要干什么？朝阳区要建设文化交流中心，承担更多文化功能，发挥核心作用。朝阳区有许多文化中心核心区的基础，作为全国首批公共文化服务体系示范区、全国精神文明城区，朝阳区对抢救和保护民族民间文化遗产高度重视，朝阳区文委的工作就是抓好落实，集聚优秀人才，汇聚优质资源，多做立标杆，树标志，承担引领示范作用，积极参与公共文化体系核心区建设。

香文化是华夏五千年文明的重要力量，香祖神农是人文始祖之一，炎帝神农文化是构筑新时代民族精神的宝贵财富，体现了社会主义的核心价值观，与朝阳精神契合。例如，坚韧不拔、自强不息的奋斗精神，敢为人先、开拓进取的创新精神等等。香文化产业战略合作单位成立以来，吸引了各方人才，做了大量的工作，朝阳区文化事业的大发展、大繁荣还要依靠各位专家学者献计献策，把有优势的文化资源联合起来，把全国热衷于传统文化保护的人联合起来，加强交流与合作，共同承担弘扬传统文化的重任，让博大精深的中华优秀传统文化发扬光大。今天的香祖香圣活动，就是首都发挥文化传承的重要层面，我们应该以此为契机，通过香这个媒介，深入挖掘香祖神农“明德馨香”的精神内涵，鼓励人们修身养性，追求高尚品德，提高精神素质，把香文化中的精华内容与传承中华民族优秀文化的核心要义结合起来，让更多的人了解历史，了解文化，让弘扬传承中华优秀传统文化成为文化自觉；让“爱国、敬业、诚信、友善”的理念深入人心，体现文化自信。作为文化工作者，深感责任重大，任重而道远。

蒲秉义先生（著名书法家 北京香文化促进会副会长）：

香文化与我们的生活联系紧密，文人墨客们不乏喜欢香文化者。例如，弹古琴要焚香，写书法要焚香等。我从书法角度来理解香、阐释香，把“香飘千年”“香行万里”书法作品呈献给香文化产业战略合作单位，希望香文化这一中国传统文化焕发勃勃生机。

黄丛林先生（北京市农林科学院研究员 中国经济林协会植物香料分会常务副会长兼秘书长）：

芳香种植产业如何发展是我关注和研究的课题。我认为香草产业要发展，主要做好以下工作：

第一重视科技支撑。首先开展全国范围内的中国香草资源调查，掌握香草植物第一手大数据资料。其次精选优质品种是促进产业发展的核心。再次重视栽培技术或者加工技术的研发，引入生物工程、高科技手段种植加工。最后经过药理、毒理研究，合理配比，有的放矢。

第二参与跨界融合。把香文化与旅游业、环保业、健康养生产业有机结合，相互促进。

第三增强文化自信。应该跟教育机构联合，让孩子们通过识百草，了解花之香，热爱大自然；通过各种传统礼仪，实践体验，认识香文化，传承香文化。谈到香产业，光做产品不行，还得文化，只有把文化加到产品里头，产品的附加值才更高。如香草茶、菊花酒、玫瑰酒、香草食品和香草菜肴等。产品是载体，文化是灵魂，只有这样，香产业才能做得更好更大。

第四改善日常生活。把香草应用到日化护肤品、药品、保健品中已经形成产业规模。比如说香草里提取的精油，菊花里的益横素治老花眼，薰衣草枕头等等，可以再深度研发，开发新产品。

曹彦生先生（北京民俗博物馆馆长 北京东岳庙管理处主任）：

非常荣幸香祖神农携十四香圣安座于北京民俗博物馆。北京民俗博物馆是国办民俗类专题博物馆，其馆址是集元、明、清古建于一体的全国重点文物保护单位——北京东岳庙。今天的中华香祖香圣安座礼敬典礼拉开了东岳庙建庙700 周年大庆的序幕，将来我们要将香祖香圣安座于北京中轴线上的北顶娘娘庙。

北京东岳庙以“神像多、碑刻多、楹联匾额多”著称，其西路历史上就聚集了众多的行业祖师殿宇，民俗博物馆本身就是收藏、展示民族民间民俗文物的场所，所以十五尊沉香木雕的香祖香圣像入住东岳庙·北京民俗博物馆应该说是众望所归。

北京民俗博物馆与香文化渊源很深。从倡导环保香开始，我们就参与其中，2014 年参与组织华香文化论坛并出版《华香文化论坛学术论文集》，2017 年，“香飘千年 时代香风——中国香文化成果汇展”及十九项主题活动在本馆举行。这些年博物馆承担了诸多香文化的展览展示，讲座交流等活动，我们成为香文化产业战略合作单位四家发起单位之一，北京民俗博物馆在香文化的传播、传承、挖掘、弘扬方面做出了应有的贡献。作为民俗博物馆，应该承担保护、挖掘、传承、弘扬优秀传统文化的重任。各位香文化的学者、企业家有幸相聚于东岳庙，共襄香文化盛世，这是我们的缘分。民间信仰是中国传统文化不可分割的一部分，北京民俗博物馆愿意借助其优越的地理位置、丰富的展览展示，不遗余力地为全国爱好传统文化包括香文化的同行、专家、产业链的企业家们，搭建平台，做好服务，共同携手弘扬香文化、传承香文化。

黄俊军先生（湖南省地方志编纂委员会党组成员 副主任）：

2016 年因探讨炎帝神农是香祖的历史渊源课题而结缘香文化。2017 年，在

《世界宗教研究》2017 年第 5 期发表《南岳衡山是中华香祖文化发源地——香祖师炎帝神农氏与南岳衡山的历史文化渊源解读》一文，我很感谢这个平台，它让我了解、认识了香文化，并把香文化作为今后的研究领域。

“南岳进香”活动历史久远，至今保留着传统习俗。南岳衡山是香祖师炎帝神农氏为民造福的圣地，是中华香祖文化的发源地。今天我们见证了一位香祖十四位香圣，其中五位跟湖南关系密切。第一位是炎帝，他的故里有五个，湖南就有两个。第二位是祝融。南岳山的最高峰命名为祝融峰，山上的庙就是祝融庙，供奉的菩萨就是火神。究竟这个庙什么时候有的，没有文字记载。隋朝南岳山上的道士在《南岳小录》中记载，只要到南岳山，就要进去祭拜南岳圣地菩萨。有说是炎帝，有说是祝融，民间说祝融比较多，我认为是炎帝神农。那个庙里儒佛道三家都有，这正是文化的多元性和包容性。第三位是屈原，自古以来大家都知道的，不加赘述。第四位是周敦颐，他的《爱莲说》大家都会背，他的理学思想和地位，有待于深入研究。第五位是黄庭坚，黄庭坚官至起居舍人，记载皇帝言行，季终送史馆，官不大，从六品，在历史上作用很大。黄庭坚本是江西人，由于话多，不被朝廷看重，先被贬湖南云州，后被贬广西宜州。据说湖南 98% 黄姓都是他的子孙。

有人觉得古代湖南是蛮夷之地，是朝廷发配的地方，但湘楚文化，人杰地灵，炎帝之所以葬在湖南，不是凭空而来。湖南号称一半是山一半是水，考古发掘很多。之所以说炎帝是香文化的始祖，是有考古论证、大量的史料、历史遗迹与民间传说佐证的。

杨明先生（江西中医药大学副校长 中国中药协会中药精油专业委员会会长）：

这个座谈会定位文化、科技、生活、产业四位一体，非常到位。我本身是研究中医药的，尤其是传统中药的炮制和制剂。中医药有五大优势资源，第一是文化资源，第二是科技资源，第三是卫生资源，第四是生态资源，第五是经济资源。这五大资源和我们今天谈的四位一体，再加上卫生这块，就不谋而合了。围绕这五大资源，不管从哪个角度开展工作都是对人类的巨大贡献。时间关系，重点谈两方面。

第一，做好教材和著作。中医药没有专著来研究中国香料学的理论、体系和方法，有必要先编著一套中医香料学，形成中医药独特的学科门类。如果没有人才、传承、接班人，再优秀的文化都会枯竭，只有人才传承下去，才能源远流长。我们先做香料学，教材已经编制出来，并开设了选修课。在中文版的基础上，我们又编制了英文版，正好应对了“香飘千年、香行万里”，香文化走出去战略。2019 年 3 月争取出版英文版的中医香料学，让外国人能够关注、认识、了解、接受中国香文化，把中国的文化植入到西方生活中。

第二，做好传承工作。1. 建立中医芳香处方数据库。只要跟中医芳香相关的处方都收集起来，每个处方的效用是什么？不断完善相关内容，建立现代的数据库。2. 建立一系列核心技术。（1）提香。从中医药研究开始，怎么样把精油的有效成分提取出来，形成提香工程，这是需要一系列的装备来完成的。（2）配香。怎么样研究中医理论来配比？形成综合的疗效？这是配香。（3）辨香。因为用香的话，不是每个人都适合同一款香，一定是辩证地施香，这也是中医很关键的技术核心。（4）调香。（5）建立质量标准。3. 医疗健康领域应用。开展机制研究、基础研究，这些研究对未来的科学支撑、产业支撑，都是很重要的基础作用。高校如果不扎实开展研究，整个行业就是飘的。针对心、肾、脾、肺、肝，尤其是肝，可以调达舒畅，治病从肝的郁气开始。针对焦虑、失眠、脾胃失常、预防感冒以及各种疼痛等，大概有十大病症是我们专注的领域。对于原料方面，大概有一百种，系统地进行研究，对于老年痴呆、失眠等，效果非常好。针对特殊资源，开展深入的资源、产业链的研究，共同打造产业链，共同开展科技工作。

高振宗先生（知名老中医）：

中医和香文化是直接相关的，研究香文化离不开中医。中药里面含芳香的药比比皆是，有植物香，有动物香，芳香药用对了可以救命，用错了就是害命。

香文化应用面广。有调料中的香料，所谓秘方，老汤，往往就是香料，比如十三香。芳香可以清除浊气，净化空气，比如乔迁新居时的植物花香，非典时期的芳香辟浊。

香要辩证使用。人的身体素质、行为方式、思维方式不一样，就要用不同的香给他调整。如头晕的加一点菊花，就是把植物里的香料用在临床上。针对香文化，大家可以充分交流，对中华民族的健康有益。

李干鹏先生（云南民族大学民族医药学院院长　云南民族大学香文化研究院副院长）：

新时期党和政府要带领全国人民追求更美好的生活，发掘中华香文化，把人民群众对文化的追求与现代科技结合起来，增强文化自信，这是很有必要和前途的。

我是民族医药学院的，主要做两方面的研究：一是天然植物药材的分析，二是做现代分析技术，也就是为城市化产品和卫生健康的环境方面，需要现代技术进行检测。具体到香文化促进会的平台下，我想要做两方面的工作。

第一就是要进一步发掘芳香植物资源。为什么？我的观点就是药香同源，中国的药香植物有上万种，现有的文献报告里提到的芳香植物有上千种，我认为可能不止，大多数的药材本身就有芳香成分和气味。我们通过现代的技术，利用现代的基因编辑技术等，来改进种子资源。

第二就是现代的种植技术。现代的科学技术能够实现在不同的地域环境条件下，都能够种植出比较好的芳香植物。希望香文化促进会筹建芳香的技术检测平台——标准化平台。这个平台做什么工作呢？对芳香产品，尤其是传统文化应用到的芳香产品，能够建立科学标准，提供分析检测服务，加强和企业的交流合作。

王耀进先生（云南石林耀奇香草谷董事长）：

云南石林耀奇农产品开发有限公司主要是做芳香植物种植的。云南是个植物王国，是世界上物种最丰富的地区，云南有三千多种植物，物种有九千多种。香文化和人文生活息息相关，伴随种植业，我们开展了芳香理疗、中医药香及旅游观光等项目，欢迎大家到耀奇香草谷来做客，香文化在这里看得见、摸得着、闻得香、用得好，很高兴成为北京香文化促进会的实践基地。

傅京亮先生（北京香文化促进会副会长　北京慧通香文化研究院院长）：

香文化是个古老而全新的命题。它邀天集灵，祀先供圣，是敬天畏人的体现，是礼的表述；是颐养性情、启迪才思的妙物，是祛疫避秽、安神正魄的良药。古代的医师、文人、名僧、高道等广涉香药、香方、制香、用香等多个方面，都对香的发展有重要贡献。今天香祖香圣移驾北京，使后人以祖师为先导，以香圣为榜样，树立人生自信、民族自信、文化自信。

中国是一个芳香植物的大国，香从本质上讲就是生活，生活用香一直是推动香文化发展的主要力量。在中华民族五千年的历史里，香无处不在，除祭祀用香外，香炉普及、香药治病、香气养生、祛秽至洁、居室熏香、宴饮熏香、熏衣熏被等等，涉及生活方方面面。香注重气，医注重味，二者相辅相成，香和中医始终是并驾齐驱服务众生。今后将香文化发展和科技联系起来，形成香产业，市场非常大，前景广阔。

梁华新先生（广东梅州圣品沉香博物馆馆长）：

沉香是极为稀少的香料资源和珍贵药材，自古就被列为众香之首，旷世奇珍。广东梅州圣品沉香博物馆之所以把香祖香圣沉香藏品捐赠北京民俗博物馆，一方面让中华香祖香圣安座更高平台，更好地弘扬香文化；另一方面让更多的人认识沉香，喜欢沉香、珍惜沉香。作为香文化促进会成员，我们有信心把我国的沉香产业做大做强做好。

刘增福先生（北京香文化促进会秘书长　云南民族大学香文化研究院副院长）：

本次活动由香文化产业战略合作单位北京香文化促进会、北京民俗博物馆、云南大学香文化研究院和中国国际教育电视台发起，广东梅州圣品沉香博物馆、云南石林耀奇农产品开发有限公司加盟而成。香祖是我们的精神寄托，要有敬畏之心，接香祖香圣的仪式翻开了香文化的新篇章。我们的“香飘千年”电视节目反响极好，今天，我们又拉开了“香行万里”的活动序幕，未来还将开展“香火全球，两岸传递”等一系列活动。从时间和空间上拓展香文化，共同携手推进香文化的传承与普及，服务于公共文化建设。

征稿启事

《北京民俗论丛》（以下简称《论丛》）是北京民俗博物馆主办的社会科学综合性学术年刊，由中国社会科学出版社出版，面向国内外公开发行。《论丛》开设栏目丰富，主要栏目设有“各地民俗研究”“非遗保护研究”“文物文献研究”“博物馆理论与实践”“东岳文化研究”“节俗专题研究”等。

2020年度《论丛》（第七辑）现诚向各界专家学者、博物馆同行征集稿件。有关事宜启事如下：

一、来稿须为作者本人原创，且未公开发表，稿件内容要求文字精炼、层次清晰、观点鲜明。来稿确保不涉及保密信息、署名无争议，因文字、引注、图片等引发的观点或版权问题，皆由作者本人承担。

二、本刊只接受word版电子文本。文稿须包括题目、提要（100—300字）、关键词（3—5个）、正文及作者简介（姓名、工作单位、职称、通讯地址、邮政编码、联系电话、电子信箱，务必准确）。

三、来稿一般以8000字左右为宜。编辑部有权酌情删改来稿，如不同意请予说明。

四、文中注释一律采用页下脚注，用阿拉伯数字编序，注明作者、书（或文章）名、出版单位（或期刊名）、出版年份（或第*期）、页码。（请遵循GB/T7714—2005《中华人民共和国作者编辑常用标准及规范》，2009年）。

五、来稿请勿一稿多投。本刊处理稿件自投稿日起以6个月为限，逾期如未接到采用通知，请自行处理。稿件概不退还，烦请自留底稿。

六、本刊已被《中国学术期刊网络出版总库》及CNKI系列数据库收录；作者文章有可能会以图书、期刊、电子出版物、信息网络传播等方式出版发行。如作者不同意文章被收录入该数据库或以其他形式出版发行，请在来稿时向本刊声明。

七、2020年度《论丛》（第七辑）征稿截止日期为2019年12月31日，出版日期为2020年。

八、本刊对用稿支付稿酬，所付稿酬包括本文第六条的报酬。

通信地址：北京市朝阳区朝外大街141号北京民俗博物馆《北京民俗论丛》编辑部。邮政编码：100020

电话：010－65514148转808

投稿邮箱：bjmslc@126.com